北京工商大学人才培养质量建设–学科建设–法学院学科建设资助（项目代码：19008021098）

大数据时代网上银行的
安全保障义务研究

李　晗◎著

DASHUJU SHIDAI WANGSHANG YINHANG DE
ANQUAN BAOZHANG YIWU YANJIU

中国政法大学出版社

2021·北京

图书在版编目（CIP）数据

大数据时代网上银行的安全保障义务研究/李晗著. —北京：中国政法大学出版社，2021.8
ISBN 978-7-5764-0099-1

Ⅰ.①大… Ⅱ.①李… Ⅲ.①因特网－应用－银行业务－法律－研究－中国 Ⅳ.①
D922.281.4

中国版本图书馆 CIP 数据核字(2021)第 181245 号

出　版　者	中国政法大学出版社
地　　　址	北京市海淀区西土城路 25 号
邮寄地址	北京 100088 信箱 8034 分箱　邮编 100088
网　　　址	http://www.cuplpress.com (网络实名：中国政法大学出版社)
电　　　话	010-58908285(总编室) 58908433（编辑部）58908334(邮购部)
承　　　印	北京朝阳印刷厂有限责任公司
开　　　本	720mm×960mm　1/16
印　　　张	16.25
字　　　数	265 千字
版　　　次	2021 年 8 月第 1 版
印　　　次	2021 年 8 月第 1 次印刷
定　　　价	79.00 元

摘 要

ABSTRACT

　　大数据时代，信息数据呈现爆炸式的增长，大数据以其大规模、高速性和多样性的特点，丰富和改变着人们的生活方式、思维方法和行为方式，给各个行业都带来了革命性的影响和变革。大数据时代的网上银行与实体银行、传统时代网上银行相比，呈现出诸多的新特征，产生了更多的新问题，带来了更大的新风险。从交易安全和信息安全的角度重构和完善大数据时代网上银行的安全保障义务理论体系，并在此基础上完善大数据时代网上银行安全保障义务的具体法律制度，是提升大数据时代我国网上银行安全保障能力、维护我国网上银行用户合法权益、促进我国金融法治发展、保障我国金融安全与稳定的必然要求。

　　一方面，网上银行发展到大数据时代，业务日益呈现开放性、高效性、个性化、新型化的新特点。网上银行用户通过网上银行办理业务的过程中产生了大量的个人信息，无论是储存于某一网上银行服务器中的静态信息，还是流动于各系统中的动态信息，都面临着被泄露和非法利用的风险，确保信息数据的保密性、完整性、可控性和不可否认性日益成为大数据时代网上银行安全保障义务的重要内容。另一方面，银行业是高风险行业，安全性是银行的首要经营原则。银行自产生之初，保障交易安全就是其首要的经营原则。大数据时代对网上银行的交易安全提出了更大的挑战，电子合同、电子签名以及电子支付的广泛应用，促进网上银行发展的同时也带来了巨大的风险，网上银行往往利用电子格式条款强制用户选择同意，电子签名技术的漏洞导致无法确定交易双方的身份，未经授权电子支付规定的不完善导致用户完全承担资金被盗的法律风险，因此，保障交易安全也是大数据时代网上银行安全保障义务的重要内容。

在网上银行的信息安全保障义务方面，我国目前未规定网上银行信息安全存储与传输的技术标准、各家网上银行《隐私政策》关于信息使用规则的规定过于原则化、缺乏对信息安全告知义务与协助义务的法律规定、未细化信息泄漏后的举证责任和责任承担、网上银行信息安全监管存在交叉执法与多头执法的弊端、未建立信息安全国际常态化合作机制。针对我国目前网上银行信息安全保障义务规定的不足，应规定网上银行信息安全存储与传输的完整性保护标准与保密性保护标准；网上银行《隐私政策》中的用户信息使用规则应当具体、明确；建立包含告知义务、协助义务与保密义务在内的网上银行信息安全附随义务体系；明确网上银行未履行信息安全保障义务时的责任承担；确立政府监管和行业自律相结合的信息安全监管模式；加强网上银行信息安全的国际合作机制。

在网上银行的交易安全保障义务方面，我国目前未规定数据电文到达指定接收系统以外电子合同的成立时间、电子签名的"技术中立"立法模式也存在缺陷、电子合同的格式条款损害网上银行用户的权益、未明确电子代理人出现错误后的责任承担、未明确未经授权电子支付纠纷中的责任承担和举证问题。针对我国目前网上银行交易安全保障义务规定的不足，在电子合同方面，要细化电子合同的内容、建立电子合同撤销制度、确立网上银行用户撤回电子合同要约和承诺的权利、明确电子合同成立时间、完善电子代理人制度；在电子签名方面，须适用"技术中立"和"技术特定"相结合的立法模式、规定网上银行的附随义务、完善电子签名的相关法律制度；在电子支付方面，具体区分经授权和未经授权电子资金划拨情形、明确未经授权电子支付纠纷的归责原则及证明责任、充分运用电子证据存证平台和司法区块链模式，完善未经授权电子支付法律制度。

第一章

传统时代网上银行的安全保障义务

第一节　网上银行安全保障义务概述

一、网上银行的含义

不同历史时期不同人对网上银行的认识存在较大差异，即使是专门从事银行业务研究的专家也对网上银行的内涵和外延有着不同的理解。在我国，最初对网上银行业务作出明确界定的是中国人民银行 2001 年 6 月 29 日曾发布施行的《网上银行业务管理暂行办法》，其在第 1 章第 3 条规定："本办法所称网上银行业务，是指银行通过因特网提供的金融服务。" 2020 年 2 月，中国人民银行发布的《网上银行系统信息安全通用规范》定义网上银行是指商业银行等金融机构通过互联网、移动通信网络、其他开放性公众网络或专用网络基础设施向其客户提供的网上金融服务。

在新加坡，网上银行业务被定义为"基于互联网技术或者计算机网络的电子传输方式，包括固定电路、蜂窝式移动电话或无线网络、网络应用程序及移动装置等进行银行业服务和产品的提供"[1]。在美国，网上银行业务指"能使银行用户通过个人电脑或其他智能装置进入金融产品与服务的账户并获取相关之基本信息的系统"。而根据著名的国际银行业监督组织——巴塞尔银行监管委员会 2001 年 5 月发布的《电子银行业务风险管理原则》，所谓"网上银行业务"，不仅包括"通过电子渠道提供的零售和小额银行产品与服务"，还包括"以电子方式提供的大额电子支付与其他银行服务"[2]。

---

　　[1]　See Monetary Authority of Singapore，Guidelines on risk Management Practices-internet Banking Technology Risk Management Guidelines，June 2003，p. 2.

　　[2]　参见郭德香："论我国网络银行风险的法律规制"，载《中州学刊》2011 年第 6 期。

综上所述，目前国内外的大部分学者认为网上银行也称在线银行，是指利用互联网技术进行传统的非现金类银行业务，完成网上支付与结算等电子交易中介服务的新型银行。[1]网上银行摆脱了时间和空间的限制，能够在任何时间、任何地点、以任何方式为用户提供便捷的金融服务。[2]各类网上银行业务为用户带来了便捷高效的生活方式，人们可以通过网上银行进行资金查询、转账、信用贷款、购买金融产品等各项资金业务和生活服务。但随着网上银行用户数量和交易金额的日益增多，网上银行也产生了诸多复杂的安全问题，如用户的银行账号和密码被盗取、资金被非法转账，再如银行金融机构疏于保护用户信息安全，致使用户金融信息被泄露和非法使用，从而成为网络诈骗案件激增的导火索，种种问题给用户个人和银行都造成了巨大的损失。

二、网上银行的兴起与发展

20 世纪 90 年代中期，随着互联网的普及应用，商业银行也开始走上网络的快车道，经营方式呈现出网络化的趋势。1995 年 10 月 18 日，美国联邦银行管理机构批准了世界上第一家网上银行，即"安全第一网上银行"[3]。

我国网上银行的发展起始于 1996 年，中国银行率先在国内设立银行网站，到 2002 年年底，我国国有银行和股份制商业银行全部建立了网上银行。[4]我国网上银行的发展大致可以分为传统时代发展阶段和大数据时代发展阶段，其中传统时代网上银行的发展又可以分为 PC 互联网时代发展阶段和移动互联网时代发展阶段。PC 互联网时代网上银行业务相对单一，仅提供通过银行网站提供账户查询等简单信息类服务，网上银行更多地作为各家商业银行宣传自身业务的工具。到了移动互联网时代，银行将传统的柜台业务移置到互联网上，增加了转账支付、缴费、网上支付、金融产品购买等交易类功能，移动互联网时代网上银行不再受制于单一账户的限制，并且开始转变为以用户为

---

〔1〕 参见帅青红、苗苗主编：《网上支付与电子银行》，机械工业出版社 2010 年版，第 208 页。

〔2〕 参见张丽娜、阎文斌："网上银行安全支付问题研究"，载《计算机工程与科学》2013 年第 6 期。

〔3〕 1995 年 10 月，美国三家银行 Area Bank 股份公司、Wachovia 银行公司、Hunting Bancshares 股份公司、Secureware 和 Five Space 计算机公司联合在 Internet 上成立全球第一家无任何分支机构的纯网上银行，即"美国第一安全网上银行"（SFNB）（Security First Network Bank）。

〔4〕 参见尹龙："数字化时代的中国银行业：网上银行的发展与监管"，载《金融研究》2003 年第 4 期。

中心，如中国工商银行、华夏银行等使用了批量软件同时完成向多个账户收支款项的结算业务，大大提高了工作效率，降低了银行经营成本。到了大数据时代，用户通过网上银行开展业务的种类基本可以替代线下实体银行的服务，在这一阶段，保障用户的交易安全和信息安全成为网上业务安全保障义务的主要内容，为了更好地履行这种安全保障义务，各类更加先进的加密技术和数字认证技术成为开展网上银行业务的必备安全工具，各家银行的隐私政策、用户服务协议也趋于标准化和规范化。随着信息技术的不断进步，网上银行必将因其低成本、超时空的便利而成为人们生活中不可缺少的一个组成部分。〔1〕

三、安全保障义务的含义

安全保障义务在我国民法学界有许多不同的称谓，如安全注意义务、安全关照义务、安全保护义务或者公共安全保障义务等，虽然名称有所差异，但其核心内容都是围绕着人身和财产安全展开的，主要是指从事住宿、餐饮、娱乐等经营活动或者其他群众性活动的自然人、法人、其他组织，在应尽的合理限度范围内使他人免受人身及财产损害的义务。安全保障义务通常是当事人之间在特定场合或者空间下，一方为了另一方的人身安全及财产安全不受侵害而产生的作为义务，应当履行且有能力履行这种安全保障义务而不履行，就会产生不作为的责任。〔2〕安全保障义务的设立，实际上是法官造法的产物，1902 年和 1903 年，有两桩案件分别在德国帝国最高法院审理，一件是因国家所有的一棵枯树折断而损伤原告，原告请求国家赔偿，另一件是由于区政府没有对积雪路面进行清扫并喷洒除雪剂导致原告在公用道路上的石阶摔倒。这两桩案件涉及的是不作为侵权，不作为侵权成立的前提是加害人负有作为义务。按照德国通行法律观点，作为义务产生的来源有三种，即法律规定、合同约定以及加害人的先前危险行为，然而这三种义务在两件案子中都无迹可寻，因此法院无法支持被害人的请求。出于实质公正的考虑，德国最高法院提出"如果特定人的某项物品可能造成他人损害，而物之所有人应对他人的利益尽到合理的注意以防止这种损害发生时，那么他就要为这种损

---

〔1〕 参见孟祥瑞主编：《网上支付与电子银行》，华东理工大学出版社 2010 年版，第 209 页。
〔2〕 参见李晗、邱鹏："违反安全保障义务之归责问题研究"，载《人民司法》2013 年第 1 期。

害的发生承担责任"[1]。德国最高法院基于物的危险性即某物可能造成他人损害为其所有人确立了应尽的作为义务，即防止损害发生的义务，基于此形成了一般安全注意义务的雏形。可以看出，自诞生之初，安全保障义务设立的基础就是危险理论[2]，其是以防范危险为目标的，这种危险并非直接由侵害行为所致，而是物或者某些活动固有的危险。[3]

2003 年最高人民法院曾发布的《最高人民法院关于审理人身损害赔偿案件适用法律若干问题的解释》（以下简称《人身损害赔偿司法解释》）第 6 条[4]是我国对于安全保障义务的第一次明确规定，承担义务的主体主要有公共场所的管理者和群众性活动的组织者。此后又在 2010 年实施的《中华人民共和国侵权责任法》（以下简称《侵权责任法》）第 37 条[5]进一步得到明确，最新通过的《中华人民共和国民法典》（以下简称《民法典》）第 1198 条[6]也作出了同样的规定。可以看出，安全保障义务是一种积极的义务，管理者、组织者需要采取必要措施保障公众场所的消费者、群众性活动的参与者的人身安全和财产安全不受非法侵害。我国法律规定的安全保障义务主要集中在物理场所安全、人身安全和财产安全等方面。实体银行应当履行的安

---

〔1〕 参见 ［德〕马克西米利安·福克斯：《侵权行为法》，齐晓琨译，法律出版社 2006 年版，第127 页。

〔2〕 参见周友军：《交往安全义务理论研究》，中国人民大学出版社 2008 年版，第 13 页。

〔3〕 参见李晗、邱鹏："违反安全保障义务之归责问题研究"，载《人民司法》2013 年第 1 期。

〔4〕 2003 年最高人民法院《人身损害赔偿司法解释》第 6 条规定：从事住宿、餐饮、娱乐等经营活动或者其他社会活动的自然人、法人、其他组织，未尽合理限度范围内的安全保障义务致使他人遭受人身损害，赔偿权利人请求其承担相应赔偿责任的，人民法院应予支持。因第三人侵权导致损害结果发生的，由实施侵权行为的第三人承担赔偿责任。安全保障义务人有过错的，应当在其能够防止或者制止损害的范围内承担相应的补充赔偿责任。安全保障义务人承担责任后，可以向第三人追偿。赔偿权利人起诉安全保障义务人的，应当将第三人作为共同被告，但第三人不能确定的除外。

〔5〕 2010 年原《侵权责任法》第 37 条规定：宾馆、商场、银行、车站、娱乐场所等公共场所的管理人或者群众性活动的组织者，未尽到安全保障义务，造成他人损害的，应当承担侵权责任。因第三人的行为造成他人损害的，由第三人承担侵权责任；管理人或者组织者未尽到安全保障义务的，承担相应的补充责任。

〔6〕《民法典》第 1198 条规定：宾馆、商场、银行、车站、机场、体育场馆、娱乐场所等经营场所、公共场所的经营者、管理者或者群众性活动的组织者，未尽到安全保障义务，造成他人损害的，应当承担侵权责任。因第三人的行为造成他人损害的，由第三人承担侵权责任；经营者、管理者或者组织者未尽到安全保障义务的，承担相应的补充责任。经营者、管理者或者组织者承担补充责任后，可以向第三人追偿。

全保障义务受《民法典》第 1198 条的规制，银行通过在安全防范措施、治安防范管理、专用枪支的使用等方面的规定，保障用户在银行网点办理业务时的人身安全和财产安全。网上银行的兴起，使得一部分业务不再受实体银行网点的限制，用户可以随时随地通过 PC 端、手机终端，甚至通过人脸识别、指纹识别等生物技术办理相关银行业务，实体银行所负有的安全保障义务在网上银行发展阶段已经不再适合。《侵权责任法》《民法典》第 1198 条对于安全保障义务的内容实际上是原则性的规定，这就为网上银行安全保障义务的扩大化解释留出了空间，传统民法的安全保障义务理论依然适用于网上银行，在网上银行发展的第一阶段，即 PC 互联网时代与移动互联网时代，安全保障义务的内容是保障用户通过 PC 端、移动终端办理银行业务的设备安全、存取现金安全等；到了大数据时代，个人信息数据呈现爆炸式的增长，用户信息泄密事件频繁发生，这时的网上银行安全保障义务更多的是通过更加先进的加密技术、数字认证技术等保障用户的信息安全和交易安全。

第二节　PC 互联网时代网上银行的安全保障义务

在互联网发展的第一个阶段，即 PC 互联网时代[1]，商业银行逐渐将发展的重点从电话银行[2]转为 PC 银行，即以 PC 为基础的网上银行业务。PC 互联网时代，在世界各国银行间网络化金融服务系统的基础之上，形成了不同国家银行业之间的电子信息网络，进而形成了全球金融通信网络。这时出现了一些新型的电子网络服务，比如在线服务银行（PC 银行）、ATM、家庭银行系统和企业银行系统等。PC 互联网时代，网上银行开展的业务和提供的服务相对较少，主要是用户将资金存入网上银行并与银行订立储蓄存储合同法律关系。网上银行业务依靠无边界、开放性、共享性、全球性的互联网技术，表现出不同于实体银行的新特点，具有鲜明的跨国性和全球性。

---

〔1〕　PC 互联网时代是指互联网产生初期电脑之间的连接，这一时期网上银行的安全可以通过杀毒软件、防火墙技术进行防御。

〔2〕　电话银行兴起于 20 世纪 70 年代末的北欧国家，到 80 年代中后期得到迅速发展。电话银行主要依靠语音识别、记录系统提供金融服务。由于用户的语音和听力都无法规范，因而在进行重大金融交易时存在差错、误解或矛盾的隐患。所以，对重大金融电话银行服务交易，采用了传真复核确认制度。电话银行的这些缺陷影响了它的发展范围和速度。

我国网上银行从发展之初，就面临着严峻的安全风险，由于网上银行所使用的计算机、路由器等硬件设备和操作系统、数据库等系统软件大部分均依赖国外，使我国网上银行在设备与系统的性能方面处于劣势地位。更为严重的是，发达国家在设计这些系统时保留了追踪、定位以及其他的不安全因素，如 INTEL 公司在推出 PENTIUM III 时，保留了可以窥视每台计算机内容的密码系统，我国工信部曾明令禁止在政府机关内部使用该种计算机。[1]在技术选择风险方面，由于科学技术比较落后，我国也处于整个信息产业链的低端水平和被动局面：一方面，由于信息科技的进步日新月异，通过技术扩散引进到国内的技术可能已经具有滞后性；另一方面，由于不具备主导整个信息产业发展的实力，我国在关键核心技术方面依然对国外技术具有较强的依赖性，最重要的是，我国在网络安全，尤其是针对银行网络安全方面的法律法规屈指可数，缺乏具体的切实可行的法律规定。一系列与网上银行发展息息相关的技术，如数字签名技术、加密技术在法律上还没有被具体化和明确化，这使得我国网上银行的经营者面临极大的风险和不确定性因素。互联网的国际性要求我国网上银行的安全保护立法与国际接轨，我国虽然是众多国际条约的成员国，但是在信息保护、数字认证、加密技术国际合作上具有较小的话语权，例如 2015 年 1 月 9 日，我国与俄罗斯联邦、塔吉克斯坦和乌兹别克斯坦向联合国大会共同拟定提交了《信息安全国际行为准则》，但是该准则并未受到国际社会的充分重视，因此，我国在网上银行安全立法与国际接轨方面还存在较大的差距。此外，在信用风险方面，与发达国家相比，网上银行在我国的运行将面临更大的危险，我国目前的信用体制依然不够完善，如何有效规避信用风险是我国网上银行发展必须面对的一个难题，要解决这一难题，就必须针对网上银行面临的各种风险建立风险预测系统，并在国家层面、行业层面和企业层面这三个层次予以控制和化解。

实体银行开展网上银行业务后，其安全保障义务就不仅仅局限于保障用户人身安全、资金安全的场所安保义务，PC 互联网时代网上银行安全保障义务的内容除了实体银行保障用户人身安全、资金安全之外，更多地体现为保障用户通过真实可靠的网上银行网站进行查询账户余额、存取现金、在线转

---

[1] 参见孔立平："对网络银行风险及其控制问题的研究"，东北财经大学 2002 年硕士学位论文。

账等业务。作为网上银行发展的第一阶段，PC互联网时代的网上银行在保障用户安全问题、用户权益问题、网上银行运营和监管问题等方面存在较大的区别于实体银行的问题，出现了黑客等职业侵权人，高科技手段成为黑客攻击的重要方法，用户在开展网上银行过程中应当享有的权利没有被法定化，同时网络货币问题、信用问题凸显，成为亟待解决的关键问题。

一、网上银行用户的资金安全面临更大威胁

在网上银行出现以后，就出现了利用高科技手段侵入金融网络的科技犯罪，如1994年，一个名叫列文的俄罗斯人，在圣彼得堡只通过一台计算机就从美国花旗银行窃取了1000万美元。美国联邦调查局在纽约地区办公室成立了侦缉计算机犯罪行动小组，通过定位列文再次通过互联网实施犯罪的IP地址，穿越国界在全球追踪其电子踪迹，最后将其抓获。[1]银行业是高风险行业，安全性是银行的首要经营原则，结合网上银行自身的特点，网上银行经营的安全性更为重要。网上银行的安全性主要体现在用户信息数据的安全、交易的安全和资金的安全等。网上银行主要是依靠互联网，基于互联网平台的开放性和易侵害性，保障网上银行用户的资金安全成为首要问题。用户将资金通过网上银行存入银行，网上银行有保障用户资金不被非法窃取的义务。在PC互联网时代，主要都是电脑和电脑之间进行连接，保障用户资金安全相对来说还是比较容易的，但由于当时网上银行才刚刚兴起，银行在安全技术方面还处在不断探索阶段，安全设施还不够完善，因此出现了很多银行资金被窃取的事件。如果用户身份信息在网上银行存储阶段或者传输阶段遭到泄露，不法分子就会利用此时身份认证体系的安全漏洞，通过技术手段进入网上银行系统进行盗取用户资金或实施恶意攻击行为等。因此，如何防止他人利用技术手段窃取用户资金事件的发生是PC互联网时代网上银行所要解决的首要问题。

二、网上银行用户享有的权利未作法定化处理

维护用户权益是网上银行在经营的同时应当履行的义务，网上银行在为

---

〔1〕 参见许文颖："对网络银行控管之探讨"，载《网络法律评论》2011年第1期。

用户提供服务和办理业务时，要确保在提供服务过程中所使用的硬件设施完备、软件设备安全。网上银行负有在交易、支付与结算过程中的安全保障义务，在交易过程也出现过因银行设备安全性低导致用户信息泄露造成财产损失的案件，这就需要银行对自己的设备定期进行检查。PC 互联网时代网上银行的系统性缺陷主要表现在以下几点：（1）网络通信协议安全隐患，互联网采用的网络通信协议是 TCP/IP，在追求效益的同时却没有考虑安全因素，存在多种安全缺陷；（2）计算机硬件和软件缺陷，计算机硬件工作时的电磁辐射以及软硬件的自然失效、外界电磁干扰等均会影响计算机的正常工作；软件资源和数据信息易受计算机病毒的侵扰，以及未经授权的复制、篡改和毁坏；（3）身份认证系统缺陷，认证中心是网上银行进行交易的关键机构，其风险环节主要集中在用户证书发放、证书内容设置、证书生成、分发和接受、CA 系统内部安全及证书管理方面。[1]

在 PC 互联网时代，用户对于自己开展网上银行业务应当享有的权利并不知晓，用户权益问题缺少明确法律规定。在网上银行发展的最初阶段，网上银行用户的权利至少应包括安全知情权和信息隐私权等。（1）安全知情权，网上银行用户有权知悉网上银行业务风险、技术风险以及彼此应享有的权利和承担的义务等。网上银行发展之初，并没有出台相关的法律法规明确网上银行的职责、技术风险、业务风险等内容，为保障用户的知情权，网上银行应及时披露风险信息和信用状况等内容。（2）信息隐私权，网上银行在发展之初就收集了用户一些基本的信息，虽然当时的法律规范就规定了银行负有保守秘密的义务，却缺乏针对网上银行这一特殊领域的专门规定。由于互联网技术的开放性和易侵害性，个人信息安全受到严重的威胁，因而需要制定专门的法律法规来明确网上银行负有保障用户信息不被泄露和非法利用的义务。（3）责任承担，在网上银行因系统风险、操作失误、硬件设备故障等原因给用户造成损失后，或者因用户本身的过错造成损失后，如何界定各方责任承担，明确举证规则，还需要进一步明确规范，以保护网上银行用户的合法权益。同时，应避免网上银行利用自身的优势向用户推销用户不愿意接受的服务或者金融产品，或者低质量高风险的理财产品，损害网上银行用户权益。

---

〔1〕 参见廖小平："我国网上银行操作风险现状与防范"，载《中国金融电脑》2007 年第 11 期。

三、网络货币和信用问题凸显

PC 互联网时代作为网上银行发展的萌芽阶段，在运营过程中不可避免地出现诸多区别于传统实体银行的新事物和新风险，其中网络货币问题和信用问题凸显，给银行监管带来了新挑战。第一，网络货币问题。实体银行以纸币、票据、信用证等为交易工具，根据《中华人民共和国中国人民银行法》（以下简称《中国人民银行法》）第 4 条[1]的规定，中国人民银行负责发行人民币，管理人民币流通。该法第 16 条[2]、第 20 条[3]同时规定国家的法定货币是人民币，任何单位和个人不得印制、发售代币票券。《中国人民银行法》并没有禁止发行电子货币。一旦网络货币获得"准法定货币"地位，网络货币的应用领域将不断拓宽，立法的滞后性问题随之而来，因而必须加快出台管控网络货币的相关立法，惩治伪造网络货币、利用网络货币洗钱等违法犯罪活动。[4]第二，信用问题。我国的信用体系建设起步较晚，网上银行关于用户资信标准的认定标准不统一，无法进行用户信用资质银行间共享，从而限制了网上银行作用的发挥。信用体系建设是网上银行发展的重要基础，应当在立法层面完善信用体系建设，实现信用信息共享，促进网上银行业务实现互联互通，体现网上银行的竞争优势。

四、网上银行安全监管严重缺位

在 PC 互联网时代，网上银行的监管处于真空地带。第一，缺乏针对网上银

---

[1]《中国人民银行法》第 4 条规定：中国人民银行履行下列职责：（一）发布与履行其职责有关的命令和规章；（二）依法制定和执行货币政策；（三）发行人民币，管理人民币流通；（四）监督管理银行间同业拆借市场和银行间债券市场；（五）实施外汇管理，监督管理银行间外汇市场；（六）监督管理黄金市场；（七）持有、管理、经营国家外汇储备、黄金储备；（八）经理国库；（九）维护支付、清算系统的正常运行；（十）指导、部署金融业反洗钱工作，负责反洗钱的资金监测；（十一）负责金融业的统计、调查、分析和预测；（十二）作为国家的中央银行，从事有关的国际金融活动；（十三）国务院规定的其他职责。中国人民银行为执行货币政策，可以依照本法第四章的有关规定从事金融业务活动。

[2]《中国人民银行法》第 16 条规定：中华人民共和国的法定货币是人民币。以人民币支付中华人民共和国境内的一切公共的和私人的债务，任何单位和个人不得拒收。

[3]《中国人民银行法》第 20 条规定：任何单位和个人不得印制、发售代币票券，以代替人民币在市场上流通。

[4] 参见张波、任新利主编：《网上支付与电子银行》，华东理工大学出版社 2012 年版，第 228 页。

行监管的具体法律规定。2001 年曾出台的《网上银行业务管理暂行办法》是我国第一部关于网上银行运行的法规，其对网上银行业务的定义、市场界限、隐患预防等进行了规定，随后中国银行业监督管理委员会颁布的《电子银行业务管理办法》、中国人民银行发布的《网上银行系统信息安全通用规范》以及《中华人民共和国电子签名法》（以下简称《电子签名法》）等法律法规，为规范和管理网上银行市场提供了指引，但这些法律法规的内容多侧重于宏观监管，原则性规定过多，导致实践中可操作性不强，没有具体地解决网上银行出现的各类问题，使我国金融监管机构在监管时无法可依，不利于我国网上银行的进一步发展。[1]第二，缺乏健全的网上银行市场准入机制。《中华人民共和国商业银行法》（以下简称《商业银行法》）规定的商业银行注册最低资本限额[2]在《电子银行业务管理办法》关于网上银行的准入审批制[3]中并没有体现，事实上导致网上银行的设立不需要最低注册资本，大量非银行业金融机构加入到互联网金融行业，扰乱互联网金融市场。第三，缺乏统一的网上银行监管模式。PC 互联网时代，人们视网上银行为新生事物，能够通过网上银行开展业务的用户具有较大的局限性，政府仍然着力监管实体银行的合规问题，视网上银行的监管作为实体银行监管的一项附随工作，相应的重视程度较低。

第三节　移动互联网时代网上银行的安全保障义务

　　移动互联网[4]是国家信息化建设的重要组成部分。从 PC 互联网时代电脑和电脑之间的连接到移动互联网时代手机等移动设备和电脑之间相互连接，手机等移动设备和个人隐私信息联系在一起，网上银行的安全问题变得更加严重。4G 时代的开启以及移动终端设备的普及为移动互联网的发展注入巨大

---

　　〔1〕　参见崔璐璐、韩东："我国网络银行监管的问题研究"，载《现代经济信息》2017 年第 23 期。

　　〔2〕　《商业银行法》第 13 条第 1 款规定：设立全国性商业银行的注册资本最低限额为十亿元人民币。设立城市商业银行的注册资本最低限额为一亿元人民币，设立农村商业银行的注册资本最低限额为五千万元人民币。注册资本应当是实缴资本。

　　〔3〕　《电子银行业务管理办法》第 4 条规定：经中国银监会批准，金融机构可以在中华人民共和国境内开办电子银行业务，向中华人民共和国境内企业、居民等用户提供电子银行服务，也可按照本办法的有关规定开展跨境电子银行服务。

　　〔4〕　移动互联网，就是将移动通信和互联网二者结合起来，成为一体。是指互联网的技术、平台、商业模式和应用与移动通信技术结合并实践的活动的总称。

的能量，在我国互联网的发展过程中，PC 互联网已日趋饱和，移动互联网却呈现井喷式发展。伴随着移动终端价格的下降及 wifi 的大面积铺设，移动网民呈现暴增趋势。技术和产业的发展使得 LTE（长期演进，4G 通信技术标准之一）和 NFC（近场通信，移动支付的支撑技术）等网络传输层关键技术也纳入到移动互联网的范畴之内。

从网上银行运营和管理角度分析，移动互联网时代的网上银行并没有改变商业银行吸收存款、发放贷款、办理结算等业务的本质。但移动互联网时代相比 PC 互联网时代，网上银行涉及的业务领域越来越多，用户办理金融业务也变得越来越方便，通过一台移动终端可以基本实现实体银行的所有功能，各家银行开展网上业务也变得越来越规范，隐私政策、用户服务协议成为注册网上银行必不可少的勾选条件，同时政府相关部门也逐渐加大对网上银行的监管力度。在移动互联网时代，网上银行安全保障义务既要求具有 PC 时代保障用户线上存取资金、查询余额、在线转账的安全义务，同时开始关注用户在开展网上银行业务中的信息安全和交易安全，认识到隐私政策的重要性和用户金融信息的无限价值，不断完善隐私政策的内容，出台了大量规定银行信息保密义务的法律法规。移动互联网时代第三人利用高科技手段侵犯用户权益问题、网上银行用户权利未法定化问题以及网上银行监管问题依然存在，但是信息加密技术和数字认证技术的发展大大减少了破解银行系统盗取用户资金等低端风险问题的发生，用户的权利意识不断加强，银行监管部门进一步加大对银行金融机构实施违法行为的惩罚力度，使得网上银行的发展更加规范化。移动互联网时代网上银行发展步入正轨阶段，但是依然存在信息安全不受重视、风险提示和警告义务未落实到位、个人数据保护不足等诸多问题。

一、网上银行的系统与信息安全缺乏具体的技术标准和操作规范

网上银行的系统与信息安全是网上银行业务顺利开展的物质基础。《电子银行安全评估指引》《电子银行业务管理办法》等法律规范明确规定了网上银行对于业务处理系统和数据安全性的保障义务，但缺乏具体的技术标准和操作规范，明确规定网上银行安全技术手段的最低标准和合法地位，为网上银行业务的开展提供必要的技术支持，对保障网上银行系统与信息安全，确保

网上银行相对稳定和持续发展起到重要作用。[1]因此，对某项具体的网上银行业务规定相应的最低技术标准尤为重要，如 2006 年工商银行叫停大众版网上银行的转账功能，此举是基于原先的运作模式安全性难以保障，单纯由用户在网上进行注册，采取静态密码即可转账和支付的模式安全性不足。银行不得以业务推广、免费服务或者经营成本等为理由向用户提供无法保障安全性的产品或者服务，也就是说无论是采取静态密码保护还是动态密码保护亦或 U 盾等保护方式，其最低的标准必须是能够保障系统与信息的安全性，当然，这种安全性的标准是一种相对的发展中的安全，即只要达到某种合理的标准，或是将危险降至某个适当的比例之下即可认为符合安全性的要求，绝对的网上银行业务安全是不可能的。此种标准的确定，一方面依赖于相关技术标准规范的制定，另一方面在缺乏明确规定的情况下，可以由权威的金融认证部门和相关第三方提供相应的技术指引。[2]

二、网上银行的风险提示和警告义务未落实到位

网上银行用户基于对传统实体银行安全性的信赖，往往认为网上银行业务依然具备较强的安全性，用户进行网上银行业务缺乏较高程度的注意义务。实践中发生的用户资金被盗事件，相当一部分也正是用户缺乏足够的安全意识和对网上银行安全操作流程了解不够充分导致的。这种安全意识的提高依赖于作为金融服务提供者的网上银行切实履行风险提示和警告义务，网上银行在用户开通和使用网上银行的同时，应当谨慎审查用户的身份信息，切实承担起对网上银行用户的安全教育责任，培训用户进行相关网上银行安全操作。首先，网上银行应当切实担起对用户的安全教育责任，对用户进行必要安全知识的培训，使用户能够充分了解网上银行业务的操作方法，提高安全意识，避免将账户密码等关键信息泄露给他人，减少通过非法利用用户个人信息进行网络诈骗、盗取资金等事件的发生；其次，网上银行在用户进行网上银行操作过程中也要尽到提示和警示义务，当存在可能属于钓鱼网站、恶意插件、盗号木马病毒等情形时，警示用户停止银行业务操作，及时进行查杀、安全退出等，这种提示和警示义务应当是书面或电子形式的，并及时增

---

[1] 参见余素梅："网上银行业务安全法律保障机制研究"，武汉大学 2005 年博士学位论文。
[2] 参见邢玲："网上银行的安全保障义务研究"，载《河北法学》2008 年第 11 期。

加和更新提示内容并进行公示，网上银行应当向用户公布和明示电子格式合同的条款内容，公布方式应符合醒目原则。网上银行若未尽风险提示义务，因该风险造成用户损失，银行应被认定有过错。

三、个人数据信息的二次利用价值备受关注

在网络信息时代，金融领域的个人信息数据关乎网上银行用户的财产安全，具有更高的保护价值。在存款、借款以及其他更为复杂的金融交易中，银行掌握了用户的账户、相关交易等包含了用户金融状况各方面的信息资料，通过这些用户资料能够精准定位到特定的个人，这些信息资料的安全性越来越受到关注，英美银行通过"Tournier v. National Provicial and Union Bank of England"[1]及"Peterson v. Idaho First National Bank"[2]确立了金融隐私权的概念，首次在美国确立了银行用户可以基于银行违反对用户资料的保护义务为由起诉银行的规则。在这两起案件中，法院确认了银行与用户关系的维系基础是一种"不容侵犯的保密性"，这种"不容侵犯的保密性"使得用户信赖银行并通过网上银行开展业务。

PC互联网时代，用户隐私权与个人数据的保护问题已经出现，但受制于隐私权保护路径的局限性以及网上银行涉及的用户数量和产生的个人信息数据相对较少，网上银行还没有意识到信息数据的二次利用价值。网上银行进入移动互联网时代后，互联网技术的推广大大地提升了个人数据的商用价值，移动终端的便利使得用户数量激增，网上银行业务基本可以取代线下实体银行的服务，因而产生了数量巨大的信息数据，隐私权的保护问题比以往更显紧迫和重要，而且在具体的保护方法和保护内容上也呈现出移动互联网时代

---

〔1〕"Tournier v. National Provicial and Union Bank of England"，在该案中，原告 Tournier 在被告银行开立了账户，此后其账户透支，且未能按分期付款协议按时还款，被告银行为了取得原告的地址和电话，遂与原告的雇主联系，银行告知了该雇主原告账户透支的情况，并透露原告开出的支票的受票人为负责登记赛马赌注的人（意味着原告可能参与赌马）。这一告知导致了原告雇主坚决不予延长原告到期的劳务合同。

〔2〕"Peterson v. Idaho First National Bank"，在该案中，原告 Peterson 与其雇主均为爱德华国民银行的用户，为保持对公司职员的财务监控以及维持公司的声誉，Peterson 所在的公司的经理要求，若公司任何一位职员在该银行有任何损害公司声誉的行为，银行必须告诉公司。基于这一请求，银行未经 Peterson 许可，向该经理透露了 Peterson 曾开出不被承兑的支票，Peterson 遂以银行违反金融隐私权保护义务为由起诉银行。

的独有特点。移动互联网时代，银行机构实际上已经成为一个聚集了大量个人信息的"数据大仓库"，而这些信息对于银行和其他企业而言具有极大的经济价值。例如，通过获取和分析这些信息，企业不仅可以掌握用户的身份和财务状况，还能了解用户的消费习惯甚至个人偏好，基于二次分析利用，企业完全可能制定出更具针对性的市场营销策略。移动互联网时代个人信息数据的二次分析价值成为网上银行发展不容忽视的重要资源。

第四节　各国关于传统时代网上银行安全保障义务的法律规定

基于传统时代网上银行在公众生活中扮演的重要角色，世界各国意识到网上银行安全保障义务的重要性，但各国法律关于传统时代网上银行安全保障义务的规定更加侧重于资金支付安全，保障资金能够安全在用户和银行之间流动。

一、英美法系国家关于传统时代网上银行安全保障义务的法律规定

（一）美国的相关法律规定

1978 年美国《电子资金划拨法》第 909 条成为美国规定银行安全保障义务的核心条款，被称为"50 美元规则"[1]。该法适用对象是采用电子手段记账方式的所有网上银行用户，保障用户取款、存款、转账等业务安全。而其中电子手段主要是指通过计算机、电话、电脑终端等方式进行账户操作。具体而言，借记卡的存款、取款、网上银行、自动存取款机操作，甚至自动扣款都属于该法适用范围。

（二）英国的相关法律规定

英国自 1946 年起就注意到银行业务管理的重要性，议会颁布了最早期的《英格兰银行法》，虽然属于国家监管类型的法律文件，但仍用少量文字关注

---

〔1〕《电子资金划拨法》第 909 条规定：如果用户本人之外的第三人从用户账户中采用划拨方式转移资金，在用户确认银行卡丢失或者被盗两个营业日之内如果及时通知银行，那么用户所需承担损失为 50 美元，其余损失由银行承担；如果用户在获悉银行卡丢失或者被盗两个营业日内未通知银行的，那么其最多将承担 500 美元的损失；如果用户在银行对账单送达之日起 60 天内未报告银行卡丢失或者被盗事宜，那么将自己承担损失，此外，如果银行用户与他人共谋告知他人银行卡号或者密码，那么以诈骗行为共同论处。

到银行所应具备的与用户合作共赢且保障用户财产安全的责任。[1]随着时代发展，英国银行家协会颁布了《银行业管理守则》（Code of Banking Practice）较有针对性地规定若出现未经用户授权而存在网上银行转账情况，用户责任限制为 50 英镑以内，但用户有欺诈行为或者重大过失的除外。而对于伪造用户账户套取资金的，用户无需承担损失责任，同时银行负有对用户未尽到相应注意义务的举证责任。[2]

二、大陆法系国家关于传统时代网上银行安全保障义务的法律规定

（一）德国的相关法律规定

德国银行的运营主要参照《德国民法典》《德意志联邦银行法》以及《信贷业法》。在德国，银行的安全保障义务属于《德国民法典》中的一般注意义务，并且通过合同法的缔约过失理论和附保护第三人作用的契约来加以明确。耶林在谈及缔约过失理论时指出"当事人在缔约过程中，包括接触、准备或者磋商过程中，基于诚实信用原则而负有对对方的通知、照顾、保密、协助及保护等义务"[3]。法律不仅保护已经存在的法律关系，同时也保护正在发生的契约关系，即使银行尚未与用户建立存取款关系或者其他业务关系，只要用户有设立法律关系的意思表示并进行了准备工作进入了法律关系的缔约阶段，银行就负有通知、保护、协助等义务。一般注意义务的另一个理论基础是附保护第三人作用的契约，债务人非基于契约发生的权利义务关系而对与债权人有特殊关系的第三人负有照顾、保护等义务。[4]相对照银行来看，银行安全保障义务相对人就扩大到了同用户有特殊关系的人。从范围上看，德国银行的安全保障义务范围更为扩大。那么在责任承担上，非银行用户未经授权转移银行用户财产，原则上由银行负担责任，但如果用户对财产丢失有过错，那么银行可追究其过错责任。此外，德国为了保障银行用户的财产安全，建立了"存款保护基金"制度，分为两部分：一是国家委托复兴开发

---

〔1〕　Tim Frazer, Monopoly Competition and the law, 1992.

〔2〕　Code of Banking Practice（March 1994），Article 20. 3 and Article 20. 4.

〔3〕　参见［德］克雷斯蒂安·冯·巴尔：《欧洲比较侵权行为法》（上卷），张新宝译，法律出版社 2004 年版，第 576 页。

〔4〕　参见［德］迪特尔·梅迪库斯：《德国债法总论》，杜景林、卢谌译，法律出版社 2003 年版，第 96 页。

银行管理的赔偿基金制度，规定按照存款额的 0.08% 上交保险费用，并且每个用户的最高赔款额是 2 万欧元；二是德国联邦银行协会建立的存款保护基金，该基金要求按存款额 0.03% 缴纳保险费，当银行破产时，用户将取得总额上限为该银行自有资本金 30% 的赔偿金额，换言之，用户基本上可以得到 100% 的存款赔偿。

（二）法国的相关法律规定

在法国，用户财产因用户同银行签订储蓄存储合同而发生占有的转移，用户资金由银行管理，银行和用户之间被视同借贷关系，用户为银行债权人，银行负有向用户返还等同于本金数量的钱款及利息的义务。法国安全保障义务理论最早用于确认雇主对雇员的安保责任，后扩展至明确合同当事人所应具备的安全保障义务。《法国民法典》言及安全保障义务具体是指合同的一方当事人要出于善意，按照合同约定，并依据公序良俗及诚实信用原则履行合同义务。[1]此外，《法国民法典》第 1893 条规定："在消费借贷中，由于借贷后借用人为物品的实际占有人，因此借用物无论以何种方式毁损，责任均应由借用人负担。"[2]因此，法国银行的安全保障义务内容主要为用户财产返还义务。

（三）日本的相关法律规定

在日本，安全保障义务又被称为安全关照义务，并且通过判例来创设，其保护原则倾向于通过合同法原理表达，包括对用户的诚实守信，尊重用户意思表达。日本银行业对于用户的安全义务保障主要通过两方面进行，一方面，采用事前防止制度，事前防止制度是通过对银行等金融机构的业务行为及对银行用户的教育制度的规定来减少或者防止用户权益受到侵害。《日本银行法》中关于银行对用户的安全保障义务规定相对较少，条款中体现的是通过银行运营内容的公开和对内部保密性管理的加强来保障用户信息和财产的安全。[3]《个人信息保护法》中也规定了在取得本人同意前，银行用户信息使用不得超过已授权范围，借此保护银行用户信息安全。此外，日本银行机构在安全措施上也采用了最高级别的监控措施，以保护用户财产权益。另一

---

[1] 参见尹田编著：《法国现代合同法》，法律出版社 1995 年版，第 305 页。

[2] 沈达明、郑淑君编著：《英法银行业务法》，对外经济贸易大学出版社 2015 年版，第 2~3 页。

[3] 参见马志毅："日本银行法"，载《环球法律评论》2005 年第 6 期。

方面，采用事后救济制度，虽然事前保护制度已经作出了详细的规定，但实际上仍然有银行用户信息财产权受损失情况发生，为了解决纠纷，需要事后对银行用户进行救济和补偿。日本于 1971 年建立的存款保险制度规定，在银行破产情况下，政府对存款者负责赔偿的最高金额不得超过 1000 万日元（约80 万元人民币），超过部分的风险将由银行根据其实际情况进行偿付。2005年 8 月日本制定了《存款人保护法》规定了在银行卡账户存款被盗用的情况下，应当及时通知银行机构，除下列原因，银行需承担全部赔偿用户损失：（1）因存款用户故意被盗用；（2）因金融机构不知情且无过失，但存款用户的严重过失导致了其账户损失。

三、欧盟关于传统时代网上银行安全保障义务的法律规定

欧盟银行法是欧盟银行服务市场一体化的通行法律规范体系，它是以欧洲单一市场的建立为背景，以《欧共体条约》（EC Treaty）有关规则为基础、以一系列欧共体银行指令为主体，并辅以相关共同体规则（包括相关条例、法院判例等）综合而形成的一个法群。[1]由于欧盟是一个区域性经济组织，其金融发展势必受到全球性经济组织的影响，其中世界贸易组织（WTO）和巴塞尔银行监管体系与欧盟银行法在内容和形式方面都有着密切联系。欧盟银行法效力仅针对在欧盟成员国内设立的外资银行，但欧盟银行法在安全保障风险控制方面具备很强的可操作性以及权威性，其从欧盟成员国对外资银行在市场准入、运营和退出三个方面进行监管，以降低欧盟成员国银行所面临的安全保障风险。

首先，在市场准入方面，欧共体银行市场准入的法律体系是由《1973 年银行指令》《第一银行指令》以及《第二银行指令》所构成的。为取消对银行及其他金融机构的设立和服务自由方面的限制，《1973 年银行指令》主张在成员国之间遵守"国民待遇原则"，取消了成员国内对其他成员国银行或者金融机构的歧视性规定。《第一银行指令》《第二银行指令》确立了单一执照、相互认可、母国控制以及最低审慎监管的原则和制度，使欧盟银行市场得以建成。其次，在市场运营方面，1992 年《并表监管指令》《大额风险指令》《清偿比率指令》《资本充足指令》均从不同角度利用设定的监管标准来降低

---

〔1〕　参见李仁真主编：《欧盟银行法研究》，武汉大学出版社 2002 年版，第 183 页。

银行安全保障风险。《并表监管指令》规定成员国基于银行报表对金融信用机构的全球业务监管，肯定和重申了巴塞尔银行监管委员会的并表原则（在财务合并报表基础上对全球业务进行监督）。[1]《大额风险指令》目标在于控制金融机构对某单一用户过度授信行为而可能产生的风险。[2]《资本充足指令》规定银行必须符合资本充足标准以及监管原则，以保证银行用户的资金安全。最后，在市场退出方面，《关于存款保护计划的指令》《关于信用机构重组和清算的指令》等作出了具体的规定。一旦银行用户发生了财产损失，《存款保险计划指令》要求各成员国建立和实施强制性的存款保险计划，并为成员国的保证责任设定标准，规定每一个储户的存款保障金额上限为 2 万欧元。2000 年 3 月欧盟对其设定的有关银行法的主要指令进行合并编撰，发布了《欧共体第 2000/12 号指令》，完善了欧盟银行法律体系，并为世界各国银行在安全保障方面提供了有价值的参考。

综上所述，传统时代的各国网上银行安全保障义务倾向于保障用户存取款安全、保障用户资金不被盗取以及在用户发生损害时承担补救和救济措施，这种安保义务是基于合同的诚实信用原则产生的，是一种法律明确规定的义务。

---

[1] Directive 92/30/EEC, codified in Directive 2000/12/EC, Art 3.

[2] Directive 92/12/EEC, Chapter4. Art 5，在 Directive 2000/12/EC，此规则有所重述。

第二章

大数据时代网上银行的安全保障义务

CHAPTER 2

第一节　"大数据"的定义及特点

最早提出"大数据"时代到来的是全球知名咨询公司麦肯锡，麦肯锡称："数据，已经渗透到当今每一个行业和业务职能领域，成为重要的生产因素。人们对于海量数据的挖掘和运用，预示着新一波生产率增长和消费者盈余浪潮的到来。"大数据以其大规模（volume）、高速性（velocity）和多样性（variety）的特点在生物学、物理学、环境生态学等领域以及军事、金融、通讯等行业已经存在很长时间，随着近年来互联网和信息行业的发展，大数据引起了人们极大的关注并最终影响了整个世界。

目前，普遍认为"大数据"是指规模大且复杂、以至于很难用现有数据库管理工具或数据处理应用来处理的庞大数据集。"大数据"大致基于以下几种来源产生：（1）计算机信息系统产生的以文件、数据库、多媒体等形式存在的数据；（2）各类计算机设备采集的数据，如麦克风采集的声音数据、摄像头产生的数字信号、GPS 产生的定位信息；（3）人们在使用互联网时产生的各种文字、图片、视频等。大数据的核心价值在于它的预测功能，通过对海量数据进行分析，获得有巨大价值的产品和服务。

大数据时代，个人安全面临的危险不再是隐私的泄露，而是被预知的可能性。大数据的精髓就在于分析信息时的三个转变。

第一，从局部抽样到全部数据的转变。大数据时代数据呈现爆炸式增长，因而我们能够在更广的层面上处理信息，甚至有时候可以处理和某个特定现象相关的所有数据。以往的抽样分析方法认为只要所取的样本具有广泛性和代表性就可以达到预测整体的作用，但是样本只有在理想状态下才能实现几乎完美的数据代表性，因而抽样分析方法所得出的结论只能是无限接近于真实结果，忽略了对细节的考察。在某些领域抽样分析方法可以达到97%的精确度，这些领域对于结果的精确性要求没有达到分毫不差的苛刻程度，忽略那3%的偏差不会对总体结果造成实质上的影响，但是在一些高精确的领域（如航空航天、传染病预防等），往往那3%才是决定结果的关键。之所以采用样本分析方法是因为技术水平的落后和收集所有数据的困难，但是当我们身处大数据时代能够并且容易地获得海量信息的时候，"样本"应该是"总体"。

第二，从追求精确性到适当忽略精确性的转变。"大数据"通常用概率说话，而不是追求"确凿无疑"的刻板。大数据时代信息规模的扩大使我们要学会拥抱混乱和不精确性，适当忽视微观层面上的精确度会让我们在宏观层面上拥有更好的洞察力。执迷于精确性是信息缺乏时代和模拟时代的产物，在那个时代，任意一个数据点的测量情况都对结果至关重要。如今，我们身处大数据时代，坐拥海量的数据使我们不用再担心某个数据点对整套分析的不利影响。"大数据"使我们不再执着于对精确性的追求，事实上也无法再达到十足的精确性。

第三，从事物的因果关系到相关关系的转变。因果关系告诉我们事物发生的原因，遵循"万物皆有因果"的联系。而相关关系的核心是量化两个数据值之间的数理关系，相关关系强或者弱代表两个事物之间联系性的强弱，相关关系强是指当一个数据值增加时，另一个数据值很有可能也会随之增加，比如，在一个特定的区域通过谷歌搜索词条的人越多，该地区就患流感的人就越多。相关关系弱是指当一个数据值增加时，另一个数据值几乎不会发生变化，比如，难以将鞋子尺码和幸福扯上关系。建立在大数据相关关系分析法基础上的预测是大数据的核心。通过放弃追求纷繁复杂的"为什么"转向"是什么"，能够使我们更好地了解这个世界。

近年来，随着互联网通信技术的迅猛发展，数据的快速增长既成为一种难得的机遇，也成为一项巨大的挑战。大数据的出现不仅改变着人们的生活方式、企业的运作模式，甚至还引起科学研究模式的根本性改变。网络和信息技术日新月异的发展进程使得全球范围内网络数据的增长趋势呈现出指数级变化。我们所关注的各类电商网站、网上银行用户端、移动通讯终端以及众多的搜索引擎所产生的庞大数据都是所谓的大数据，网络信息技术的发展和信息存储与应用的快速进展得益于我们现阶段对大数据的研究分析。伴随着迅速增长的数据量，我们处在了一个更加复杂的环境当中，大数据时代的冲击已然发生。与此同时，各种安全隐患也从中显现，这是我们在受益于大数据的同时所不可避免的问题。网上银行、电子商务等各类互联网时代的产物使得人类更加依赖如此便捷的生活方式，但是比以往更多的透露个人信息及行踪的情形也随之发生。大数据可以将零散的、无法聚合的信息集中起来，从中提取出更为隐私的信息，这必然扩大了隐私泄露的风险。大数据的数量一般都在 TB 以上，而且它是呈几何速度增长的。在企业当中，都是多种复杂的数据综合存储的，而且这些大数据往往都包含着巨大的商业价值，容易成为竞争对手攻击的目标。这种存储的方式导致黑客一次攻击就能获取或者破坏大量的数据，从而给用户带来巨大的损失。

第二节　大数据时代网上银行安全保障义务的合理性分析

网上银行作为金融产业同网络信息技术结合的产物，正以其所具备的不受时间、空间限制并可在任何时间、任何地点为用户提供金融服务的特性，在信息高速发展的大数据时代，成为金融产业的重要组成部分以及未来发展的趋势，甚至成为网络经济发展不可或缺的一部分。网上银行是互联网技术发展的产物，本身具有极强的技术性，需要构建安全的技术体系防控网上银行业务开展中面临的各种风险。但随着网上银行规模的扩大，用户通过网上银行开展业务产生的纠纷逐渐增多，单纯依赖技术进步已经难以解决网上银行的安全问题，因为技术本就存在诸多问题和漏洞。因此，大数据时代的网上银行面临前所未有的信息安全和交易安全方面的风险，法律明确规定大数据时代网上银行的安全保障义务尤为必要。

一、从危险责任理论的角度分析

危险责任理论源于德国。德国学者李林格（Leoning）适用"危险"一词来说明危险责任，他认为具有危险性的行为应当基于其所可能具备的危险性适用无过失责任。吕穆林（M. Rumelin）则最先适用"无限责任"来阐释危险责任。王泽鉴先生认为："危险责任系特定企业、特定装置、特定物品的所有人，在一定条件下，不问有无过失，对于因企业，装置，物品本身所具有危险而产生的损害所承担的损害赔偿责任。"〔1〕在大数据时代中，银行方作为网上银行的控制者，本身对在其网上银行平台业务中产生的各种可能发生的侵权危险状态，如财产或者数据信息被窃取都应当承担一定的责任，网上银行与传统银行相比具有数据化、隐秘性等特点，银行通过开展网上业务扩展了自己的业务面，增加了自身的经营收入，同时也增加了用户资金被盗取、信息被窃取的风险，这种风险的增加是银行开展电子业务的必然结果。银行是这种危险的控制者，没有网上银行业务的开展，用户权益侵犯事件发生的概率就会减少，依危险责任理论甚至要承担严格的无过错责任，因此，在此种情况下，要求网上银行本身承担安全保障义务具备其合理性。

二、从获利报偿理论的角度分析

克雷斯蒂安·冯·巴尔教授将获利报偿理论概括为谁享受利益，谁就应当承担风险，那些从危险源处获得利益的人便负有防止危险发生的义务。〔2〕依据该学说，在大数据时代，网上银行业务的开展为银行提供了更多的盈利途径和模式，并且实现无纸化操作，提高了银行的经营运转效率。网上银行的存在不仅方便了网上银行用户的金融交易行为，更是给银行本身创造了巨大的财富。依据危险责任理论，在获得利益的同时必须对获利过程中采取的行为或者方法承担相应的风险，不存在无风险的获利行为。网上银行在具备各种方便、快捷等优点之外，也存在着用户财产或者信息数据保密性较弱，易受他人侵害的风险。权利与义务具有一致性，开展网上银行业务，增加了银行的收入，这种收入的增加实际上就是一种权利扩大的表现，因此应当承担更多的义务，具体表现为从实体银行保障用户存取现金的物理环境安全，转变为一种信息安全保障义务和交易安全保障义务，这种情况下，网上银行安全保障义务具备合理性。

三、从可预见性理论的角度分析

侵权责任中的可预见性理论最早由 18 世纪法国学者 Pothier 提出，于《法

---

〔1〕 参见王泽鉴：《侵权行为法》（第 1 册），中国政法大学出版社 2001 年版，第 274 页。

〔2〕 参见 ［德］克雷斯蒂安·冯·巴尔：《欧洲比较侵权行为法》（上卷），张新宝译，法律出版社 2004 年版，第 37 页。

国民法典》中对其内容加以确认，《法国民法典》第 1150 条规定在债务不履行并非基于债权人故意的情况下，债务人仅对订立合同时已经预见到的或者可以预见到的损害承担赔偿责任。也就是说损失是否能够被预见到，应当在合同订立时根据客观情况以能否被预见到为标准。而该规则在我国《民法典》第 584 条可预见性规则中亦有体现，网上银行由于其在技术上或者信息上面所具备的优势性，均比网上银行用户更有能力预见到在其平台上可能会产生的风险，因此网上银行本身具备预见损失发生的可能性，这就更加要求网上银行应当去承担对于用户在其平台进行操作时产生风险的注意义务和提醒义务。网上银行应当提醒用户采取必要措施规避风险的发生。此外，网上银行应当对其技术设备进行更新换代，在网上银行出于疏忽大意没有采取合理措施防止侵权行为发生时，网上银行应对用户遭受的财产损失承担损害赔偿责任。[1]

四、从合理信赖理论的角度分析

霍布斯认为："在自然状态下能够导致人与人发生冲突的三个原因分别是竞争、不信任和名誉权。"[2]由于信赖对社会发展有着极大的促进作用，两大法系都形成了对"合理信赖"的保护制度。英美国家通过"禁反言"（The doctrine of estopple）原则[3]进行保护，而大陆法系国家则通过制定如缔约过失责任制度、善意取得制度等来对信赖利益进行保护。我国民法对信赖利益的保护通过诚实信用原则加以体现。在这种社会活动中，一方当事人对另一方当事人保障其履行义务产生信赖，并与其进行接触产生特别的关联关系，基于这种特殊关系，一方当事人信赖其人身和财产安全不会遭受侵害，为了维护这种信赖关系，经营者理应对相对人承担一定的安全保障义务。在网上银行领域，用户选择通过网上银行的交易模式，便有理由相信网上银行做足了相应的安全保障工作，能够保障自己的信息安全和交易安全，网上银行承担安全保障义务具备合理性。

---

〔1〕 参见邢玲："网上银行的安全保障义务研究"，载《河北法学》2008 年第 11 期。

〔2〕 吴汉东："论信用权"，载《法学》2001 年第 1 期。

〔3〕 "禁反言"原则又叫"不得自食其言"原则，要求当事人在作出某种表示、行为或者承诺之后，另外一方当事人在对其形成合理信赖，并依据其承诺作为或者不作为一定的行为时候，禁止其返回其原来所做出的表示、行为或者承诺。

五、从社会责任的角度分析

作为社会经济运行不可或缺的一部分，网上银行从被开发伊始即被赋予较高的社会责任，因此其存在势必促进经济发展，节约社会成本。安全保障义务的理论依据之一便是节约社会成本理论，从法经济学的角度来看，任何一项法律制度都是为了寻求成本与收益的均衡状态，如果一个损失可能发生，那么谁避免损失发生的成本最低就由谁来承担这项责任。预防损害的发生或者对已经发生的损害进行赔偿，对社会而言都是成本的付出，如果能够以较低的成本付出代替较高的成本付出，从社会的角度来看就是有效率的。因此，由经营者承担安全保障义务更具备经济性。银行作为国家市场经济中最为重要的参与者之一，本身就负有较高的企业社会责任。同时，由于在网上银行平台运行过程中其所具备的优势地位，要求其承担对网上银行安全保障义务侵权案件中相应的安全保障义务，在节约社会成本的同时实现了对国家经济的助推。

第三节　　大数据时代网上银行安全保障义务的内容

在网上银行兴起和发展之前，实体银行应当履行的安全保障义务受 2003 年《人身损害赔偿司法解释》第 6 条的规制，银行通过在安全防范措施、治安防范管理、专用枪支的使用等方面的规定，保障用户在银行网点办理业务时的安全。而网上银行的兴起，使得一部分业务不再受实体网点的限制，用户随时随地可以通过 PC 端、手机终端、人脸识别、指纹识别等生物技术办理相关银行业务，实体银行所负有的安全保障义务在网上银行发展阶段已经不再适合。原最高人民法院《人身损害赔偿司法解释》第 6 条对于安全保障义务的内容实际上是原则性的规定，《民法典》第 1198 条也明确规定了银行是安全保障义务的承担主体，这就为银行安全保障义务的扩大化解释留出了空间。在网上银行发展的第一阶段，即传统时代的网上银行，安全保障义务的内容是保障用户通过 PC 端、移动终端办理银行业务的设备安全、存取现金安全等。到了大数据时代，用户信息泄密事件频繁发生，个人信息数据也呈现爆炸式的增长，大数据时代的网上银行与实体银行、传统时代网上银行相比，呈现出诸多的新特征，产生了更多的新问题，带来了更大的新风险。大数据时代网上银行的安全保障义务主要包括交易安全保障义务和信息安全保障义务，从交易安全和信息安全的角度重构和完善大数据时代网上银行的安全保障义务理论体系，并在此基础上完善大数据时代网上银行安全保障义务的具体法律制度，是提升大数据时代我国网上银行安全保障能力、维护我国网上银行用户合法权益、促进我国金融法治发展、保障我国金融安全与稳定的必然要求。

一、大数据时代网上银行的信息安全保障义务

网上银行发展到大数据时代，业务日益呈现开放性、高效性、个性化、新型化的新特点。网上银行用户在网上银行办理业务的过程中产生了大量的个人信息，无论是储存于某一网上银行服务器中的静态信息，还是流动于各系统中的动态信息，都面临着被泄露和非法利用的风险，确保信息数据的保密性、完整性、可控性和不可否认性日益成为大数据时代网上银行安全保障义务的重要内容。信息的保密性是指保证用户的个人隐私信息不被窃取和窃取者不能了解信息的真实含义。信息的完整性是指保证数据信息的一致性，防止数据信息被非法用户篡改。信息的可控性是指对信息的传播及内容具有控制能力。信息的不可否认性是指建立有效的责任机制，防止用户否认其行为。作为信息技术产业发展的重要里程碑，大数据的兴起使网络信息资源实现了超大规模的集成化，提高了信息交换的速度和规模，降低了人类利用网络信息资源的成本。与此同时，大数据时代也对网上银行现有的信息安全法律规范提出了新的挑战。

大数据时代网上银行的信息安全保障义务主要体现在信息安全存储与传输、信息使用规则、信息安全附随义务、信息侵权责任承担、信息安全监管等方面。

在信息安全存储与传输方面，我国目前信息安全存储和安全传输的发展现状是以主机安全与通信安全的外部条件为支撑，以信息加密技术、身份认证技术、防火墙技术等主要的信息安全管理技术为指导。在信息安全存储方面，确立了个人信息存储时间最小化原则、个人敏感信息加密保存原则、个人信息删除义务，但这些规定都未具体化为各家网上银行隐私政策和用户服

务协议内容的一部分。在信息传输方面，目前信息数据交流采用的是非对称加密算法，同时以哈希函数等加密手段确保数据传输的完整性和真实性，跨境数据交流活动需要按照国家网信部门会同国务院有关部门制定的办法和相关标准进行安全评估。在信息使用规则方面，目前我国法律法规确立了用户信息使用同意规则，分为默示同意和采用相机（摄像头）、相册（图片库）、地理位置、麦克风等功能收集信息时的明示同意，但是网上银行隐私政策和用户服务协议中关于用户信息的使用规则过于模糊，不具备可操作性，实践中经常发生网上银行不履行信息安全保障义务滥用用户信息侵害用户资金安全和其他合法权益的事件。在信息安全附随义务方面，目前我国法律明确规定的网上银行信息安全附随义务只有保密义务，缺乏对告知义务与协助义务的具体规定。在信息安全监管方面，缺乏统一的网上银行信息安全监管机构，实践中网上银行领域存在国家网信办、电信部门等交叉执法的现象，不利于网上银行信息安全保障义务的履行。

大数据时代，网上银行信息安全是构建信息社会的重要支撑，是保障网上银行用户合法权益的必然要求，是维护我国金融安全与稳定的重要保障。完善大数据时代网上银行信息安全保障义务的内容，包括信息安全存储与传输的具体标准、信息使用规则、信息安全附随义务、信息侵权责任承担、信息安全监管，维护网上银行信息安全，是大数据时代网上银行安全保障义务的应有之义。

二、大数据时代网上银行的交易安全保障义务

银行业是高风险行业，安全性是银行的首要经营原则。大数据时代对网上银行的交易安全提出了更大的挑战，电子合同、电子签名以及电子支付的广泛应用，促进网上银行发展的同时也带来了巨大的风险，网上银行往往利用电子格式条款强制用户选择同意，电子签名技术的漏洞使得无法确定交易双方的身份，未经授权电子支付规定的不完善导致用户完全承担资金被盗的法律风险，保障交易安全理应成为大数据时代网上银行安全保障义务的重要内容。

网上银行的交易安全保障义务是指用户通过网上银行进行交易时，银行负有完善电子签名技术确保用户身份真实、更新加密技术确保电子支付安全

的义务。网上银行电子交易具有数字化、虚拟化的特点，电子交易的安全依托于网上银行防火墙、身份认证系统和加密技术等电子技术的支撑，由于现有的科学技术的有限性和大数据时代风险的无限性，网上银行交易安全面临着重大风险。用户在选择网上银行服务之前，银行和用户一般都会签订一份关于网上银行业务的服务合同作为双方权利义务的依据，根据这份合同而接受网上银行业务服务的当事人就成为该网上银行的用户。网上银行交易的实质正是建立在多份合同基础上的契约关系，在网上银行业务中，合同仍然是银行与用户之间关系的基础，在这一点上，和传统实体银行没有本质区别，只是在形式上发生了一些变化，从本质上讲，网上银行业务是一种商事交易行为，因而网上银行业务中的交易安全，尽管在大数据时代，也有传统意义上一般商事交易安全的共性，只是结合大数据的特点，会有所不同，但更应该引起重视。

大数据时代网上银行交易安全保障义务主要体现在电子合同、电子签名、电子支付三个方面。电子合同是指当事人之间通过计算机和信息网络以电子形式达成的设立、变更、终止财产性民事法律关系的协议。在电子合同的法律效力问题上，《电子签名法》和《民法典》合同编对数据电文的含义以及对以数据电文形式订立的合同的效力进行了明确的界定，认可其具有与传统的书面合同相同的法律效力。在网上银行交易过程中，电子格式条款无处不在，网上银行往往利用电子格式条款强制网上银行用户缔约，损害网上银行用户合法权益。电子签名是网上银行交易过程中确定对方身份的重要手段，通过电子签名，交易双方既可以在线上对对方的身份和签名进行验证，还可以对交易内容在传输过程中是否出现异常的变动进行验证。网上银行所使用的运用 USB KEY 技术的各类"U盾"产品，实际上就是对电子签名技术的实际运用。电子支付是指将支付系统与网络设备相结合，在一个开放的系统平台内，通过数字流转的方式实现随时随地转账结算，方便快捷高效。随着网上银行业务的扩散推广，为了保障银行与用户之间的交易安全，各大银行都逐渐建立起了一套电子支付安全防护体系。在软件方面，依托具有密码校验、CA 证书、SSL（加密套接字层协议）加密和服务器方的反黑客软件等多种方式的网上银行系统，在硬件方面，使用 U盾、动态口令卡、短信动态口令等形式加强对用户交易信息安全的保障。目前我国法律关于网上银行交易安全保障义务的规定依然存在不足，主要包括电子合同的法律规定方面，存在未规定数据电文到达指定接收系统以外电子合同的成立时间、电子合同的格式条款性质容易损害用户的权益、未明确电子代理人出现错误后的责任承担、未规定电子合同签订过程中出现错误时的责任承担的问题。在电子签名的法律规范方面，所采用的"技术中立"的立法模式存在缺陷。在电子支付的法律规范方面，在未经授权电子支付纠纷中，传统的责任分配规则未区分经授权和未经授权的电子支付，证明责任的分配不合理，网上银行的格式条款加重了用户责任，未经授权电子支付未对用户责任进行限制等问题。

  大数据时代，网上银行的交易安全保障义务是网上银行得以存在和发展的前提基础，也是信息安全保障义务能够落实的前提和支撑，网上银行只有保障用户的交易安全，使用户所处的交易环境具备较高的安全指数，具体完善电子合同相关制度，确保电子签名准确认证用户身份信息，利用更加先进的电子支付方式，用户的个人信息和资金财产等才不会被盗取，网上银行才能安全的发展，网上银行用户的利益才能得到保护。因此，网上银行的交易安全保障义务是大数据时代网上银行安全保障义务的重要组成部分。

第四节 大数据时代网上银行安全保障义务的转变和新特征

  网上银行发展到大数据时代，大数据分析、决策工具的运用使得网上银行的服务范围被大大地拓宽了。实体银行只需要保证柜台业务安全和 ATM 机交易安全的时代已经过去。与此同时，网上银行面临的风险也变得更加多元复杂。第一，网上银行通过开展业务收集了用户大量的登录信息、账户信息和交易信息，并通过大数据存储技术储存在服务器终端，大多数网上银行为了更好地为用户服务，都纷纷建立起了自己的数据库，而信息的集中存储加大了信息泄露和非法利用的风险，常规的安全防护措施已经无法满足大数据时代网上银行日益增长的安全需求；第二，数据挖掘技术和数据分析技术的发展既可以转换为网上银行提升自身保护能力的工具，也会被黑客利用为攻击网上银行的武器，且攻击将变得更加的精准，用户的交易安全面临极大的危险。[1]此外，在网上银行交易平台之外，用户在其他社交平台上留下的浏览记录、登录信息、通信记录等数据都大量累积，通过这些信息的拼凑组合

---

  〔1〕 参见李晗："大数据时代网上银行的安全保障义务研究"，载《当代法学》2016 年第 4 期。

可以精准地定位到某个特定的个人，并且通过对用户信息的整合和分析，很有可能就得到了用户在网上交易的登录账户和密码等信息，信息泄露和非法利用导致资金泄露的事件频繁发生。

一、大数据时代网上银行安全保障义务的转变

在网上银行发展之前的实体银行阶段，银行的安全保障义务体现在柜台为用户办理存款、取款、结算等各种业务过程中，银行应提供给用户安全的物理使用环境，并保障用户的人身安全和财产安全。传统时代网上银行的安全保障义务从线下转变到了线上，更多的体现为保障用户通过网上银行进行查询、存取款、购买金融产品等业务中的设备安全，保障用户登录设备正常、交易环境安全、加密技术可靠等。在大数据时代，网上银行应当承担的安全保障义务在内容上呈现多样化特点，具体表现在个人信息遭受泄露和非法利用的程度更高、对技术要求的依赖性更强、个性化和新型化特点更加明显等。因而，大数据时代的网上银行与实体银行、传统时代网上银行相比，呈现出诸多的新特征，产生了更多的新问题，带来了更大的新风险。

（一）与实体银行安全保障义务的内容对比

网上银行的发展经历了实体银行阶段、传统时代网上银行阶段到大数据时代网上银行阶段，其安全保障义务的内容呈现出从保障交易场所安全到保障交易安全、信息安全的转变。在实体银行阶段，银行作为向消费者提供公共金融服务的场所，必然要承担一定的权利及义务。关于银行安全保障义务的相关规定最早见于 2003 年《人身损害赔偿司法解释》，内容也仅针对人身安全，即用户在银行办公场所内接受银行提供的金融服务时，银行承担在此经营场所内的针对用户的人身安全保障义务。随着社会发展，针对银行账户的财产类侵权逐步增多，银行逐步承担起财产权的安全保障义务。因此，实体银行对用户所承担的安全保障义务主要表现在人身和财产两方面。

针对实体银行安全保障义务的内容，1994 年公安部发布的《基层金融单位治安保卫工作暂行规定》（以下简称《金融治安暂行规定》）第 1 条规定："为加强基层金融单位治安保卫工作，保障国家财产和职工人身安全，保证金融事业的顺利发展，根据有关法律、法规制定本暂行规定。"此《金融治安暂行规定》通过在安全防范措施、治安防范管理、专用枪支的使用等方面的规

定明确了金融单位安全保卫工作应当遵守的内容。公安部 1996 年下发的《关于立即采取有力措施切实加强金融保卫工作的通知》强调各级金融单位要积极开展安全检查，整改安全隐患，加大技术防范设施的投入，加强保卫队伍建设。2004 年公安部发布了《银行营业场所风险等级和防护级别的规定》（GA38-2004）对银行营业场所的风险等级及其相应的防护级别作出了系统的规定，将营业场所风险等级分为三个级别：由低到高分为三级风险、二级风险和一级风险；对银行营业场所安全防护的级别由低到高也分为三级防护、二级防护和一级防护。对于不同等级的营业场所风险和营业场所安全防护作出了细致的规定。对于安全保障义务进行规范的文件还有《公安机关与金融单位联网报警管理规定》《企事业单位内部治安保卫条例》等，这些法律规范共同构成了我国实体银行安全保障义务的体系。

实体银行对用户的安全保障义务主要体现在银行为用户办理存款、取款、结算等各种业务过程中，银行应提供给用户安全的物理使用环境，并保障用户的人身安全和财产安全。具体而言，实体银行的安全保障义务主要表现在以下几个方面：第一，银行柜台工作人员在为用户办理存取款等业务过程中，银行大厅的安全保障工作应当由保安人员负责，为了保证正常经营环境，银行场所内应配备充足的保安人员，保安人员应当具备预防和处理突发、危及事件的能力，并且保安人员应配备相对产生威慑作用的武装设备，进而能够阻止违法者实施侵害行为；第二，银行经营场所内应当采用探测报警系统，不间断电视监控，无线电通讯等技术防范措施，同时还可以采用预防不法侵害的各种技术软件及遥控控制系统，银行亦负有对各种安全保护技术设备的检测和维护义务，确保设施正常运行，出于服务状态，对于自动存取款设备，银行需保证 24 小时设备不受外界不法侵害，严格执行"一米线"安全制度，以维护银行存取款业务用户安全，对于银行设置的 VIP 用户空间，还应当增强内部监控设备的针对性，保障用户隐私及财产、人身安全；第三，由于银行为侵犯财产权犯罪的案件高发地，其经营场所应当具备更高的安全性要求，银行应采取更为严格的措施用以维护经营场所安全性，用户在银行经营范围内受到第三人侵害时，银行应立即对不法侵害人采取措施加以制止，若用户已经受到人身损害，银行应当采取正当救助措施，不能置之不顾；第四，银行对用户应尽其必要的告知提示义务，银行应当在醒目之处设置安全防范的警示牌，并且在办理业务过程中对用户进行安全风险提示，对于各种新型针对银行的犯罪手段，银行业应当提醒用户提高警惕，采取有效的防范措施，在案件频发的时间和经营，银行可配备专门人员提示并加强安保工作。

大数据时代相较于传统实体银行时代，银行的安全保障义务从线下扩展到线上，从实体空间扩展到网络虚拟空间，对安全保障义务提出了更高的要求。大数据时代用户通过网上银行开展金融业务，以往并不受重视的个人信息数据被二次加工利用，信息成为一种重要的无形财产，同时个人信息泄露事件层出不穷。在"王某华、黄某宁侵犯公民个人信息案"〔1〕中，当用户有贷款需求后，到公司填写征信查询授权书。黄某宁、林某忠等人通过微信群将授权书、身份证等材料的照片发给深圳市 XX 银行股份有限公司个贷、用户经理郑某斌、陈某浩、王某华，三人违规私自查询获取公民征信后，通过微信群将征信报告拍照发回。黄某宁、林某忠等人再根据收到的征信报告对需要贷款的用户提供中介贷款服务，并根据最终的贷款数额收取相应比例的点数。法院最终认定涉案非法使用的公民个人信息达 3282 条，上述被告人的行为已经构成侵犯公民个人信息罪。因此，对用户信息安全的保障是大数据时代网上银行安全保障义务内容的重要体现。随着网络黑客技术的不断升级，电子合同、电子签名的技术性问题成为开展网上银行业务必须攻克的重要问题，保障用户的交易安全也是大数据时代网上银行安全保障义务内容的重要体现。

(二) 与传统时代网上银行安全保障义务的内容对比

大数据时代相比于 PC 互联网时代、移动互联网时代，网上银行收集、使用、存储用户个人信息变得更加快捷和方便，网上银行交易方式也变得更加多样化。在 PC 互联网时代和移动互联网时代，用户对自己的信息还有一定的控制权，但在大数据时代，散落在各个门户网站和社交网站上的个人信息都可能通过一定的相关物匹配和识别出来，个人信息的安全相比于以前的时代面临着空前的挑战。大数据时代，网上银行信息安全保障义务不仅是传统的保障用户信息不泄露的消极义务，还是银行需要采用技术加密手段，合理存储信息，并且在一定范围内可以合理分析利用的积极义务。

传统时代网上银行的基本功能是为用户提供查询、转账、在线支付费用、理财等服务，用户的资金安全和交易安全仍然是网上银行非常重要的义务。但是在大数据时代，信息安全面临着前所未有的挑战，用户信息安全具有和

---

〔1〕 参见深圳市中级人民法院（2019）粤 03 刑终 3106 号刑事裁定书。

用户资金安全同等重要的地位，这是由大数据的特点决定的。首先，大数据来源广泛，网络时代，大量数据存储于社交网络、电子邮件等媒介中，数据的集中存储增加了数据泄露的风险，而且目前法律并没有对数据的所有权进行明确的规定；其次，大数据带来更多的安全挑战，大量的数据集中存储，导致常规的安全防护措施无法跟上数据非线性增长的速度，无法满足日益增长的安全需求；最后，大数据技术易被滥用，由于数据挖掘技术和数据分析技术的发展和共享，网上银行在利用这些大数据技术提升自身保护能力的同时，黑客也可以利用这些大数据技术对网上银行进行攻击，且攻击将变得更加的精准。因而，在大数据时代，网上银行安全保障义务的核心内容从着重保障用户资金和交易安全，转变为用户交易安全和信息安全并重。

二、大数据时代网上银行安全保障义务的新特征

（一）个人信息遭受严重泄露和非法利用

大数据时代，网上银行用户通过开展网上银行业务产生了大量的个人信息数据，这些信息数据涵盖其社会生活的方方面面，是个人的一个"缩影"，可以通过不同信息的相互结合定位到特定的个人，并完整地还原网上银行用户的消费习惯、生活习惯以及兴趣爱好等个人特征，因此，确保信息数据的安全性是网上银行应当履行的安全保障义务之一。英美银行通过"Tournier v. National Provincial and Union Bank of England"[1]以及"Peterson v. Idaho First National Bank"[2]确定了银行对其所掌控的用户个人信息应给予不予外泄的保护。在"Tournier v. National Provincial and Union Bank of England"案中，图尔尼尔从银行透支10英镑，约定分期还款每周1英镑，后发生还款不能的违约责任，银行通过其在分期还款合同中填写的所在公司信息找了图尔尼尔所任职的单位，并称其赌博成性，公司因此解除了与图尔尼尔的劳动合同，图尔尼尔诉至法院，认为银行违反了保密义务。此案是英国的一件标志性诉讼案，确立了银行为用户保密的责任。在"Peterson v. Idaho First National Bank"案中，原告彼得森同其所任职的公司均为被告银行的用户，彼得森雇主公司为了监控雇员的财务状况，与银行约定，银行一旦发现彼得森有损害

---

〔1〕 谈李荣：《银行与客户法律关系》，中国金融出版社2004年版，第34页。
〔2〕 参见网址 https://money.163.com/15/0509/00/AP4QVH7H00253B0H.html。

公司声誉的行为，必须第一时间通知公司。银行基于该请求，未经彼得森许可，向彼得森所在的公司经理透漏其曾开具不被承兑的支票，致使彼得森遭到公司约谈。彼得森此后以银行泄露其个人金融隐私，违反了金融隐私保护主义为由起诉了银行。两个案件确认了银行用户能够以银行泄露其个人金融相关隐私，违背金融保护主义的默示条款为由起诉其账户所在银行。在这两个案件中，法院确认了银行对用户的个人金融信息负有"不容侵犯其保密性"的义务。而这种对用户金融信息不容侵犯的保护应当是银行对用户所应当承担的安全保障义务的基本内容之一。法官在这两个案子的判决中特别指出了"不容侵犯的对金融隐私权的保护"，并要求银行在除了法律规定的情况外不得向他人公开用户的个人银行信息，该信息保密义务是银行维持同用户关系的基本内在要求。由此可见，金融隐私信息在欧美国家已经受到了较高的重视，而目前我国只有关于公民个人信息的法律规范，对于属于个人信息子概念的个人金融信息尚无法律规定。2020年全国信息安全标准化技术委员会发布的《信息安全技术 个人信息安全规范》（Information security technology—Personal information security specification）（以下简称《个人信息安全规范》）对个人信息进行了明确的规定和区分，为国家个人信息安全建设提供了指引。《民法典》设专章规定了公民的隐私权和个人信息保护，可以看出国家对于个人信息的重视程度在不断加深。大数据时代个人信息能够呈现爆炸式的增长与互联网的发展密不可分，个人金融信息应当受到更大程度的重视，然而尚未存在明确条款或者判例说明公民的个人金融信息权所涉及的具体范围。在传统银行的运营中，对用户隐私权的保护限于与个人信息相关的人格权利，但在大数据时代，网上银行金融隐私权的范围将扩大至整个交易和业务的方方面面。

大数据时代，信息量增加，网络环境所具备的开放性决定了个人在交易过程中的信息面临着前所未有的滥用危机，信息时代和互联网技术更是提高了个人信息的商业使用价值，而网上银行由于其业务开展过程中的信息开放性取代了传统银行的封闭环境，其所具备的巨大个人金融信息存储量更易成为不法侵入者的攻击对象。网上银行业务通过互联网运行，开放的网络技术给网上银行带来大量的潜在金融信息滥用风险，这些信息的泄露甚至影响到了银行用户的正常生活并带来了巨大的损失。网上银行平台所承载的具有商业价值的个人信息，如个人资产情况、存取款记录等，由于互联网的开放性

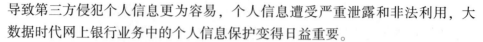

导致第三方侵犯个人信息更为容易，个人信息遭受严重泄露和非法利用，大数据时代网上银行业务中的个人信息保护变得日益重要。

（二）网上银行业务对技术具有高度依赖性

传统银行依据线下实体经营的方式，由银行员工在银行柜台为用户提供各类金融服务，网上银行的兴起突破了时间和空间的限制，在网上银行虚拟空间里，借助信息技术，就可以实现查询余额、在线转账、信用卡还款、信用评估、购买金融产品等业务。信息技术成为网上银行业务得以开展的核心与关键，如果没有信息技术的支持和发展，网上银行业务根本无从谈起，其中信息加密技术是保障信息安全的核心技术，身份认证技术是保障个人信息存储安全的重要措施，防火墙技术能够降低网上银行内部网络安全风险。云存储技术、DNA 数据存储技术等网上银行信息安全存储与传输技术以及视网膜识别、虹膜识别、掌型识别和脸型识别等网上银行身份认证技术为大数据时代网上银行信息安全存储、电子支付等提供了保障措施。信息技术的发展不仅带来了传统金融服务方式的革新，甚至还影响到银行业的整体结构与格局，目前，国内各大银行顺应信息化、数据化时代的潮流，纷纷提升自身的安全技术，比如，中国工商银行的网上银行采用中国金融认证中心（CFCA）提供的目前最严密的 1024 位证书认证和 128 位 SSL 加密的公钥证书安全体系；北京银行网上银行将云计算技术与环境准入、桌面管理、数据加密等技术相结合，构建信息安全体系。因此，大数据时代网上银行的新特征之一就在于其对技术的高度依赖性，网上银行一切新的发展都与技术的革新密切相关。

（三）网上银行业务更具开放性和高效性

作为科技创新和金融创新相结合的产物，网上银行表现出开放性和高效性的特点，在线虚拟空间的服务方式代替了传统线下实体银行的实景服务模式，大大节省了银行网点建设的高额成本，提高了业务办理的效率，减少了线下用户排队等候的无效时间，节约了双方成本，实现了银行与用户双赢的局面。传统业务环境具有很强的封闭性，用户只能到固定的网点办理银行业务，PC 互联网时代与移动互联网时代，受制于计算机、路由器等硬件设备以及操作系统、数据库等技术自主研发能力的局限性，网上银行能够进行的业务并不多，大数据时代网上银行的开放性代替了传统业务环境的封闭性，技术的升级促进了互联网的开放程度，大大拓宽了网上银行的业务范围。传统业务受制于时空的有界性，银行业务的办理时间、办理地点相对固定，无法达到额外的效益成果，PC 互联网时代与移动互联网时代的网上银行对业务时空性的限制有所突破，但是技术的落后依然没有将线下的业务全部转移到线上，网上银行对于大多数人来说属于新兴的事物，大数据时代的网上银行彻底突破了时空的限制，使传统民法关于时效和期限的规定发生变化。互联网交易方式改变了传统民事交易行为中的意思表示方式，意思表示的撤回和撤销制度受制于信息数据传输的短暂性约束，不存在"意思表示达到之前"一说，信息数据"发出即达到"的意思表示生效模式，一方面大大地提升了交易的效率，使得网上银行业务具备更强的高效性；另一方面也对电子合同撤销制度发出了挑战。

（四）网上银行业务趋向个性化和新型化

PC 互联网时代与移动互联网时代的网上银行也具备在线购买金融产品的功能，但是一般是单方面开发业务品种，向用户推销产品和服务，用户只能在规定的业务范围内选择自己需要的银行服务和产品。大数据时代的网上银行更加注重业务的个性化和新型化特点，网上银行与用户实现了交互式协商，用户为了购买到适合自己的金融产品或者想要接受的金融服务，可以向网上银行提出具体的要求，网上银行针对此类具体的要求提供个性化的金融产品或者服务，这种个性化的服务方式使金融机构赢得更多忠实的用户。同时网上银行也根据不同用户的不同信用等级进行信用评估和风险预测，实现个性化贷款。金融产品的量身定制是网上银行业务的一大特色，网上银行在向用户推荐金融理财产品时，往往需要用户填写风险评估书，对自身能够承担的风险等级进行系统的评估，如在问卷中会要求用户填写当资产损失达到投资总价值的多少比例时用户会感到焦虑不安，再结合用户的其他个人因素，向用户推荐与其自身经济状况、风险承担能力等相适应的金融产品，用户也可以通过网上银行了解具体的金融产品信息，而不需要银行业务员的具体讲解，大大地提升了银行体系的运行效率。大数据时代网上银行业务的开放性、新型化特点，使得网上银行成为一个更具创新性的服务平台，企业信用评估、个人理财顾问、专家投资分析等业务也随之发展起来，这些业务的开展都是网上银行个性化、定制化、新型化的表现。

（五）对用户身份应精准识别和认证

用户身份识别认证是保障网上银行交易顺利进行以及交易安全的基础。中国人民银行于 2015 年下发的《中国人民银行关于改进个人银行账户服务加强账户管理的通知》中再次强调要严格落实个人银行账户实名制。在传统银行业务中，线下书面认证方式是网上银行确认用户身份的主要途径，也就是我们常说的"面签"，柜员通过查验认证是否相符、证件是否真实、用户本人意愿是否真实自愿等来决定是否进行符合用户需求的其他业务。传统的"面签"使银行的工作效率大大降低，如何减少用户面签环节，通过互联网技术实现在线身份认证，是网上银行发展要解决的难题。在线身份认证难题的解决需要运用多维度方式来认证用户身份，包括通过基于已标识介质的身份认证与基于大数据的属性认证。目前，网上银行通常会利用已经进行过身份认证的身份标识来达到用户在线身份认证的目标，比如，基于银行的网银证书实现个人身份认证和企业身份认证。网上银行也可以利用大数据计算实现对用户身份属性的识别，例如通过购买记录、地位信息、信用资质等间接性地认证用户的真实身份。身份认证的真实性是保障网上银行业务顺利开展的必要前提，应当建立一个分层次、多维度的身份识别体系，实现对用户的精准识别。

（六）交易的完整性和合法性成为重要的保障内容

实体银行阶段，交易往往在银行柜台进行，传统银行业务通过在纸质协议上的手写签名、签章来保障业务的法律效力，交易过程的安全性、完整性以及合法性通过实体银行的安全保障义务得以实现。而互联网金融业务的线上操作完全实现了无纸化，没有了手写签名和签章，交易的双方超越了时间和空间的限制，用户可以在任意时间、任意地点通过网上银行实现在线存取款、购买金融产品、进行信用贷款评估等业务。如何保障交易的法律效力，以及如何防止信息在传输的过程中不被恶意篡改成为日益突出的重要问题。在互联网环境下，保障交易的完整性和合法性成为网上银行交易的重中之重，基于数字证书的电子签名技术是解决完整性问题和合法性问题的最好途径。这里提到的数字证书指由第三方证书授权机构（Certificate Authority）颁发的，利用电子信息技术手段，确认、鉴定、认证互联网上信息交流参与者的身份或服务器的身份的电子文档。数字证书以密码学为基础，采用数字签名、数字信封、时间戳服务等技术，建立起有效的互联网信任机制。在大数据时代背景下，通过数字证书可以对信息传输过程进行加密和解密、签名和检验，实现网上银行交易中的身份认证问题。个人金融信息权是网上银行信息安全保障义务的理论基础。

第三章
个人金融信息权与网上银行信息安全保障义务

　　大数据时代，个人信息呈现爆炸式的增长，我国制定了各种信息保护方面的法律规范，各家网上银行的隐私政策也都对银行收集、使用、存储个人信息作出了说明，旨在对个人信息保护提供明确指引，但是这些规定都过于原则性，在实践中也未能起到很好的作用。个人金融信息权是集同意权、安全保密权、更正补充权、删除权、损害赔偿权等多种权能于一体的权利束，保障网上银行用户的个人金融信息权正是大数据时代网上银行信息安全保障义务的主要内容。个人金融信息保护从金融隐私权扩张保护路径发展到金融信息权的保护模式，更有利于落实网上银行信息安全保障义务与维护网上银行用户合法权益，网上银行信息安全保障义务是手段，维护用户的个人金融信息权是目的，网上银行用户在个人金融信息遭受泄露或者非法利用时，有权以个人金融信息权遭受侵犯为由请求网上银行承担相应责任。

第一节　个人金融信息的理论分类

　　网上银行作为大数据时代主要的信息收集者，其在网上银行用户进行网上交易、购买金融产品、网上支付、信用贷款等业务的过程中收集、存储了大量的个人金融信息，银行基于其优势地位，往往在与用户签订服务协议的过程中利用格式条款使消费者被迫公开其个人位置、通讯录等个人信息，以及被迫允许银行使用其个人信息。1948 年 12 月 10 日联合国公布的《世界人权宣言》（Universal Declaration of Human Rights）对信息权利和信息自由作出明确规定。[1]个人信息这个概念虽然在日常生活中被广泛使用，但我国目前对个人信息的法律规定并不统一。2013 年 2 月 1 日实施的《信息安全技术公共及商用服务信息系统个人信息保护指南》（以下简称《信息保护指南》）认为个人信息（personal information）是指可为信息系统所处理、与特定自然人相关、能够单独或者通过与其他信息结合识别特定自然人的计算机数据。2015 年 1 月 5 日，原国家工商行政管理总局公布的《侵害消费者权益行为处罚办法》第 11 条第 2 款[2]也对个人信息作出了规定。比较系统性规定个人信息的是 2020 年的《个人信息安全规范》，其认为个人信息是以电子或者其他方式记录的能够单独或者与其他信息结合识别特定自然人身份或者反映特定自然人活动情况的各种信息。[3]

个人金融信息是自然人在从事网上银行等金融活动中产生的一类特殊的关乎其财产安全的个人信息。个人金融信息可以分为区别性信息、交流性信息以及关联性信息，每一种信息的敏感度、保护程度、与网上银行用户利益的关系程度等都不同。[4]区别性信息是指承担区别功能的个人信息，其具有最高强度的个人识别性，对于网上银行用户个人的影响程度往往也是最高的，这类信息主要包括消费者的身份证号码、护照号码、驾驶证号码、车牌号等；交流性信息是指承担个人联络功能的个人金融信息，虽不具有可识别性，但是能够与消费者一一对应，具有唯一性，因此对个人的影响也比较大，这类信息主要有邮箱地址、IP 地址等；关联性信息是指主要承担描述功能与标识功能的个人金融信息，一般不具有可识别性，对主体的影响也比较少，这类信息主要包括两种，一种是单独来看无法识别到特定的个人，需要与其他的信息相互结合才可以起到描述或者对应到特定个人的作用；另外一种是能够增加特定个人的特质使之人格图像更为丰满的信息，例如，个人的兴趣爱好、

---

〔1〕 参见齐爱民：“论信息法的地位与体系”，载《华中科技大学学报（社会科学版）》2006年第 1 期。

〔2〕《侵害消费者权益行为处罚办法》第 11 条第 2 款：前款中的消费者个人信息是指经营者在提供商品或者服务活动中收集的消费者姓名、性别、职业、出生日期、身份证件号码、住址、联系方式、收入和财产状况、健康状况、消费情况等能够单独或者与其他信息结合识别消费者的信息。

〔3〕 包括姓名、出生日期、身份证件号码、个人生物识别信息、住址、通信通讯联系方式、通信记录和内容、账号密码、财产信息、征信信息、行踪轨迹、住宿信息、健康生理信息、交易信息等。

〔4〕 参见李怡：“个人一般信息侵权裁判规则研究——基于 68 个案例样本的类型化分析”，载《政治与法律》2019 年第 6 期。

消费习惯、婚姻状况等,[1]前一种主要承担着标识作用,后一种主要是描述功能,二者的共同特征在于单独判断某个关联性信息并不具有实际意义,需要与其他信息相互结合之后才能识别特定的用户个人。

区分性信息具有最高强度的个人识别性,对于网上银行用户的影响往往是最高的,因而区别性信息的保护程度也应当是最高的,对于侵害区分性信息的损害后果认定,法院往往只考虑行为是否导致信息处于不当公开的事实状态,而不要求行为造成权利人的社会评价降低、精神损害等,对于行为人的主观过错,法院通常会根据行为人在公开时是否尽到了谨慎合理的注意义务,例如"杨某虎与北京微梦创科公司名誉权纠纷案"[2]中,法院认为胡某宸在网上公布杨某虎的身份证信息虽然是出于帮助受害者寻找肇事车主的目的,但是没有采取合理措施防止该个人信息的传播,因而具有过错。对于交流性信息的保护程度则次之,司法实践中对于单纯获取他人交流性信息而未予以公开或者传播的行为,通常不认定为侵权,这与交流性信息承担着社会交际功能的本质相关,但是对于非法收集他人联络信息或者获取他人联络信息以后擅自泄露、不当公开、滥用的行为则构成侵权。对于关联性信息而言,其与主体的关联程度最低,司法实践中对于单独的关联性信息一般认为不属于个人信息的范畴,需要结合其他信息才能起到识别的作用,因而,对于关联性信息的保护应当结合具体的动态语境进行考察。

大数据时代,网上银行用户开展业务数量增长最多的是关联性信息,网上银行用户的网页浏览记录、购买金融类产品的偏好甚至是登录网上银行的时间等关联性信息都能够与其他区分性信息和交流性信息相互结合而识别特定的用户个人,同时这类金融信息又具有较高的二次利用价值,网上银行对于此类信息可以通过"默示同意原则"进行收集[3]并提供明确的拒绝途径进行保护,主要理由有以下两个方面:首先,《全国人民代表大会常务委员会

---

〔1〕　See Paul M. Schwartz, Daniel J. Solove, "The PII Problem: Privacy and a New Concept of Personally Identifiable Information", *New York University Law Review*, Vol. 86, 2011.

〔2〕　参见北京市海淀区人民法院 (2013) 海民初 18653 号民事判决书。

〔3〕　所谓"默示同意原则",与"明示同意"相对应,是指在用户使用网上银行 APP 开展业务之前,通过勾选"已阅读《隐私政策》、《用户服务协议》",即允许网上银行收集个人信息并进行合乎目的的使用,而不需要用户单独在进行明示授权,默示同意原则收集的信息往往是一些基础性信息,例如用户身份证号、家庭住址等,当使用摄像头、地理定位、人脸识别等方式收集用户信息时,则必须通过单独弹出对话框的形式,取得用户的明示同意。

关于加强网络信息保护的决定》第 2 条 [1]、《中华人民共和国网络安全法》（以下简称《网络安全法》）第 41 条 [2]、与《民法典》第 1035 条 [3] 均规定了收集、使用个人信息的同意原则，但未明确被收集者的同意应为明示还是默示，《个人信息安全规范》第 3.6 条 [4] 虽然规定处理个人信息应经过信息主体的明示同意，但是并没有对个人信息进行具体的划分，区分性信息和关联性信息对于主体的影响程度明显不同，对区分性信息采用明示同意而对于关联性信息采取默示同意符合具体信息动态保护规则；其次，大数据时代不仅要保护网上银行用户的个人信息，还要给予信息收集者一定的权利空间，使之能够在法律规定的框架之内利用大数据技术，对数量庞杂的个人信息进行分析、计算、预测，从而更好地提高社会生活效率、节约社会成本，网上银行用户的网页浏览记录、购买金融类产品的偏好以及兴趣爱好等关联性信息单独使用并不能识别特定的个人，结合其他网上用户的同类信息才可以达到信息价值的二次利用，实现网上银行精准营销、定点投放、信用评估等作用，提高网上银行的效率，更好地为网上银行用户提供服务。

第二节　个人金融信息权的内容界定

个人金融信息权作为个人信息权的下位概念，具有人身权和财产权的双重属性，个人金融信息权是集同意权、安全保密权、更正补充权、删除权、损害赔偿权等于一体的权利束，保障上述权利的具体实施是网上银行信息安全保障义务的主要内容。个人金融信息权偏重消费法化和公法化的特点，不具备类似

---

〔1〕《全国人民代表大会常务委员会关于加强网络信息保护的决定》第 2 条第 1 款规定：网络服务提供者和其他企业事业单位在业务活动中收集、使用公民个人电子信息，应当遵循合法、正当、必要的原则，明示收集、使用信息的目的、方式和范围，并经被收集者同意，不得违反法律、法规的规定和双方的约定收集、使用信息。

〔2〕《网络安全法》第 41 条第 1 款规定：网络运营者收集、使用个人信息，应当遵循合法、正当、必要的原则，公开收集、使用规则，明示收集、使用信息的目的、方式和范围，并经被收集者同意。

〔3〕 根据《民法典》第 1035 条第 1 款第 1 项规定，处理个人信息的，应当遵循合法、正当、必要原则，不得过度处理，并符合"征得该自然人或者其监护人同意"原则，但是法律、行政法规另有规定的除外。

〔4〕 根据《个人信息安全规范》第 3.6 条规定，明示同意是指个人信息主体通过书面、口头等方式主动作出纸质或电子形式的声明，或者自主作出肯定性动作，对其个人信息进行特定处理作出明确授权的行为。

物权、隐私权等绝对权、支配权的特点，赋予个人金融信息权某项具体权能时需要考虑信息二次利用和网上银行用户保护的双重目的。对于个人金融信息中的敏感信息，属于权利人不愿意公开的涉及消费者人格利益的部分，因而具备人格权的特征，例如消费者的姓名、身份证号、健康生理信息、交易信息等，这类信息与传统隐私权的保护范围具有一定的重合。对于个人金融信息中除敏感信息之外的一般信息而言，例如信用状况、购买金融产品记录等，可以结合其他网上银行用户的同类信息分析网上银行的放贷风险、金融产品营销情况，具有财产性的二次利用价值，通常采用默示同意方式允许金融业经营者开发利用。

一、个人金融信息权的主体

大数据时代，网上银行用户的个人金融信息经历了从隐私权扩张保护到个人金融信息权独立保护的更迭，无论是采用传统隐私权保护模式，还是确立个人金融信息权保护规则，一个共同特征就是二者的权利主体都仅限于自然人[1]，法人和非法人组织不属于个人金融信息权的主体。尽管多数个人金融信息为银行等金融机构占有，储存在金融机构的数据库中，但是并不能影响权利主体是产生该金融信息的网上银行用户，在发生网上银行泄露金融信息等侵权行为时，网上银行用户有权依据个人金融信息权遭受侵权为由请求网上银行消除有关信息、承担相应责任等。

二、个人金融信息权的客体

正如物权的客体可以是物、隐私权的客体是隐私一样，个人金融信息权的客体是个人金融信息。所谓个人金融信息是指金融机构通过开展业务或者其他渠道获取、加工和保存的个人信息。[2]具体而言包括三类：一是网上银行

---

〔1〕　参见王利明："论个人信息权的法律保护——以个人信息权与隐私权的界分为中心"，载《现代法学》2013 年第 4 期。

〔2〕　央行 2016 年 12 月的《中国人民银行金融消费者权益保护实施办法》第 27 条规定：本办法所称个人金融信息，是指金融机构通过开展业务或者其他渠道获取、加工和保存的个人信息，包括个人身份信息、财产信息、账户信息、信用信息、金融交易信息及其他反映特定个人某些情况的信息。央行 2020 年 9 月对此进行了修改，修改后的《中国人民银行金融消费者权益保护实施办法》设专章规定消费者金融信息保护，其中第 28 条规定：本办法所称消费者金融信息，是指银行、支付机构通过开展业务或者其他合法渠道处理的消费者信息，包括个人身份信息、财产信息、账户信息、信用信息、金融交易信息及其他与特定消费者购买、使用金融产品或者服务相关的信息。

用户的个人信息，是指网上银行用户在购买金融产品或者接受金融服务时向网上银行提供的个人基本信息，包括姓名、手机号、出生日期、职业状况、财务信用状况等；二是网上银行用户的账户信息，即网上银行用户的账户号码、密码、存款余额、账户收支、资金往来等；三是网上银行通过对用户上述两类信息进一步分析得到的与用户相关的可能反映其投资偏好、信用等级的衍生性信息。[1]

大数据时代，网上银行的加密技术已经由非对称加密算法（Asymmetric Key Algorithms）取代了对称加密算法（Symmetric Key Algorithms），非对称加密算法是一种公钥密码体制（Public-key Cryptography）[2]，常见的是 RSA[3]。也就是说，RSA 的这一对公钥、私钥都可以用来加密和解密，并且一方加密的内容可以由并且只能由对方进行解密。用户向网上银行发送的信息，如"查询存款余额"，经由网上银行提供的公钥（Public Key）加密后发送给银行服务器，银行用私钥（Private Key）解密后得到准确信息，在这样的一个交互过程中产生了大量的信息，同时还包括用户的位置信息、浏览习惯、消费偏好、财产状况等其他信息，这些信息以数据的形式存储在服务器硬盘或者云端。作为个人金融信息权客体的信息是指在内容层面上而言的，既不是以二进制的 0、1 编码方式形成的数据，也不是数据载体即 U 盘、硬盘等。在此可以区分为存储介质层、数据文件层和信息内容层，个人金融信息属于信息内容层。[4]

三、个人金融信息权的具体权能

个人金融信息权作为个人信息权的下位概念，虽不是一种严格意义上的绝对权和支配权，亦应包含个人信息权的占有、使用、收益、处分的完整权能。第一，占有权能通常由网上银行享有，有些信息从诞生的时刻开始就归网上银行占有，有些信息是网上银行用户通过一定的程序提交给网上银行，

---

〔1〕 参见张斌主编：《金融消费者保护理论与判解研究》，法律出版社 2015 年版，第 38 页。

〔2〕 参见蔡永泉主编：《数字鉴别与认证》，北京航空航天大学出版社 2011 年版，第 87 页。

〔3〕 RSA 密码体制是美国麻省理工学院（MIT）的三位科学家 Rivest、Shamir、Adleman 于 1978 年提出的，简称 RSA 公开秘密系统。遵循公钥公开、私钥保密，它的加密解密算法是公开的。由公钥加密的内容可以并且只能由私钥进行解密，并且由私钥加密的内容可以并且只能由公钥进行解密。

〔4〕 参见纪海龙："数据的私法定位与保护"，载《法学研究》2018 年第 6 期。

正是因为网上银行占有用户的个人金融信息，网上银行用户才可以接受其提供的服务或者购买其金融产品；第二，使用权能通常也由网上银行享有，网上银行既是信息控制者又是信息处理者，从信息使用效能的角度出发，金融信息在网上银行用户手上是单个的信息，几乎不具备任何价值，而网上银行将收集来的信息进行分析加工，将产生无法预测的二次再利用价值，"莫里的导航图"[1]就是最好的实例；第三，收益权能一般也由网上银行享有，网上银行利用大数据分析了解用户的消费习惯和偏好，实现精准营销和定点投放，节约了自身的销售成本同时也提高了网上银行产品和服务的销量，同时也间接性地使用户获益，因为，一旦网上银行的经营成本变高，会通过另外一种方式将成本转嫁到用户身上，在获得大数据分析带来的好处的同时，网上银行理应承担更大的社会责任，例如协助政府打击网络诈骗、金融犯罪等；第四，处分权当然由网上银行用户享有，这也是体现权利主体的最本质权能，在未经用户明示同意的情况下，不允许金融机构随意进行处分，否则可能会导致犯罪，最高人民法院、最高人民检察院《关于办理侵犯公民个人信息刑事案件适用法律若干问题的解释》《中华人民共和国刑法》（以下简称《刑法》）等都对侵犯公民个人信息应承担的刑事责任作出了明确具体的规定。

（一）同意权能

"告知 - 同意"规则源于 1914 年美国"施伦多夫诉纽约医院学会案"（Schioendorff v. Society of New York Hospital），医院在未征得患者明确同意的情况下切除了其肿瘤，负责本案的法官卡多佐（Cardozo）认为"每一个心智成熟的人都有权决定如何处置自己的身体"，除非在紧急情况不立即救治将会造成难以弥补的损害时才可以经主管人员同意后展开手术。众多国家及国际组织颁布的各项隐私权保护规范都明确规定，除非是基于法定原因，对于收集、使用及处理信息，均应当经过数据主体的同意，并且专门规定了"同意

---

[1] 莫里（Maury）是一名海军军官，因执行任务受伤被安排在办公室工作，在一次清点库房时他发现了大量的已经陈旧不堪的航海书籍、地图、图表，这些都是一代一代的船员写的航海日志，被当作垃圾存放在发霉的木箱里。莫里看到了这些信息隐藏的价值，他利用 20 台"计算机" - 处理数据的人，将所有的航海日志进行归类、提取、整合，这项繁重的工作带来了巨大的收益，通过分析这些数据，莫里知道了一些良好的天然航线，既减少了航海路程又降低了危险，1855 年，莫里的权威著作《关于海洋的物理地理学》（The Physical Geography of the Sea）出版，当时已经绘制了 120 万个数据点，为世界航海事业做出了巨大贡献，莫里被四个国家授予爵士爵位，至今美国海军的导航图上仍然有他的名字。

的条件"（condition for consent）。《中华人民共和国消费者权益保护法》（以下简称《消费者权益保护法》）《电信和互联网用户个人信息保护规定》《征信业管理条例》等法律法规均对收集、使用个人信息必须经过权利人明确同意作出了规定。

实践中，对网上银行用户知情权的保障流于形式，缺乏实质性保护，在隐私权条款方面显得尤为突出，在既有的法律框架之内，网上银行自主设计隐私权政策，目前，我国很多网上银行的隐私政策内容繁杂、冗长，难以理解，甚至将隐私条款置于用户难以发现的位置，致使用户不愿意、也无法阅读隐私条款，而勾选"已阅读且同意"又是用户购买金融产品和获取金融服务必要的前置程序，这造成了用户"形式上的同意"，其本身根本不知道已经授权网上银行收集信息并加工处理，直到自己频繁收到诈骗电话才意识到自己的信息被不当使用。甚至有些学者认为在互联网时代同意并非是收集个人信息的正当性基础，大数据时代个人信息处理的规制原则应当是防止滥用而非严格保护。[1]虽然大数据时代信息的真正价值在于二次分析利用，过度保护消费者不利于促进社会创新和发展，但同时也应认识到信息盗用、非法买卖信息所带来的巨大的经济损失和社会危害，同意权的继续存在既具有合理性又具备必要性。首先，在损害发生后再采取删除权来进行弥补，不仅成本增高，也淡化了网上银行与用户的准委托代理关系[2]，使信息控制者责任意识减弱，侵权几率大幅增加；其次，同意权的存在可以切实地保障用户对于个人金融信息的实质控制权，弥补了用户处于信息被动、不知晓状态的弊端，在很大程度上缩小了信息的不对称性；最后，也应清楚地认识到同意权的行使不是绝对的，在某些特殊情况下，网上银行作为个人信息控制者收集、使用个人信息无需征得个人信息主体的授权同意，《个人信息安全规范》对此作出了明确的规定，这些情形主要涉及国家安全、公共利益、刑事犯罪侦查以及个人信息控制者为新闻单位或者学术研究机构新闻报道或者研究的必要而收集个人信息等情形。

---

〔1〕 参见任龙龙："论同意不是个人信息处理的正当性基础"，载《政治与法律》2016 年第 1 期。

〔2〕 网上银行与用户实际上是一种准委托代理关系，权利人授权网上银行使用个人金融信息，但是网上银行并非是为了或者并非是完全为了权利人的利益来行使个人金融信息使用权能，更多的是想通过数据的二次分析利用来提高自身的竞争力，获取更大的经济利润。

（二）安全保密权能

安全保密权能是同意权能的延伸性权利。在用户授权网上银行使用个人信息后，对于网上银行以何种方式利用全然不知，网上银行实际上是信息的控制者，其在利用大数据分析获得利益的同时，理应担负安全保密义务。我国在《消费者权益保护法》《电信和互联网用户个人信息保护规定》《征信业管理条例》等法律法规中都明确规定了经营者对收集的个人信息负有保密义务。

在司法实践中，个人信息控制者泄露、出售个人信息并进行非法牟利的情形愈发严重。根据中国司法大数据研究院 2018 年 9 月 3 日公布的《电信网络诈骗司法大数据专题报告》显示：2017 年全国已经审结的一审电信网络诈骗量较 2016 年上升 70.34%。[1]2018 年 8 月份，新三板挂牌公司北京瑞智华胜科技股份有限公司，涉嫌非法窃取用户个人信息 30 亿条，涉及百度、腾讯、阿里、京东等全国 96 家互联网公司产品。在浏览器上键入"数据泄露事件"等关键词，涉及泄露信息数量在亿条以下的事件甚至都无法"榜上有名"。正如个人信息权具有非私权绝对化的特点，在某些特殊情形下，信息控制者经法律授权或具备合理事由情况下可以公开披露个人信息，但是应当做好风险评估机制，并符合下列要求：（1）必须事先进行信息安全影响评估，并依据评估的结果采取合理的安全措施；（2）征得个人信息主体的明示同意，并明确告知公开披露的目的；（3）准确记录公开披露的情况；（4）不得公开披露个人生物识别信息。

（三）更正补充权能

更正补充权能是信息权主体发现经营者收集、处理的信息不正确、不完整、有歧义等情况下，请求其依据权利主体自身的要求进行更改、补充相关信息的权利，更正和补充应属于不同的含义。德国《数据保护法》第 35 条第 1 款规定："如果数据有错误，应当进行更正。"英国《数据保护法》第 14 条规定："如果法院支持了数据主体的主张，认定申请人作为数据主体的个人数据是不准确的，法院可以责令数据控制人纠正此类数据。"我国《个人信息安全规范》第 8.2 规定："个人信息主体发现个人信息控制者所持有的该主体的个人信息有错误或不完整的，个人信息控制者应为其提供请求更正或补充信

---

〔1〕　参见网址：http://data.court.gov.cn/pages/index.html。

息的方法。"赋予网上银行用户更正、补充权充分体现了用户作为权利主体的本质要求，网上银行只是经授权使用、处理个人信息，未经信息主体要求更正补充而擅自进行歪曲、篡改的行为应当承担法律责任。

（四）删除权能

英国牛津大学互联网学院（Oxford Internet Institute）教授舍恩伯格率先于其专著《删除：数字时代下遗忘的美德》（Delete：the Virtue of Forgetting in the Digital Age）提出了"删除权"的概念，或者叫被遗忘权（Right to Be For-gotten），是指出现法定事由时，信息主体有权请求信息控制者删除其个人信息或者采取模糊化处理，使之达到不能识别特定个人的目的，删除权也是权利主体享有数据处分权能的本质体现。德国《联邦数据保护法》第 35 条第 2 款对于信息主体的删除权作出了规定，[1]我国的《个人信息安全规范》第 8.3 条[2]关于个人信息删除部分也对个人信息主体可以行使删除权的情形作出了具体规定。删除可以分为直接删除（Direct Deletion）和间接删除（Indirect Deletion）。直接删除是指把有关信息进行直接清理，具有不可复原性和不可恢复性的特点，间接删除是指匿名化处理（Anonymization）[3]和去标识化处理（De-identification）[4]。间接删除更有利于实现个人信息权与个人信息利用之间的平衡，大数据时代爆炸式增长的信息蕴含着无限的价值，当发生个人信息侵权时，过度追求对于消费者的倾斜保护而不考虑信息潜在价

---

〔1〕 德国《联邦数据保护法》第 35 条第 2 款：除非法定情形，个人数据可以随时删除。存档系统中的个人数据在下列情况下应当予以删除：对信息的保存未经批准；此信息包含有关种族或民族出身、政治观点、宗教或哲学信仰、党派、健康或性生活、刑事违法或行政违法，并且数据控制人无法保证其真实性；此信息在业务过程中以传输为目的进行处理，首次保存 5 年后的检测表明没有必要继续保存。

〔2〕《个人信息安全规范》第 8.3 条规定的对个人信息控制者的要求包括，（1）符合特定情形的，个人信息主体要求删除的，应及时删除个人信息；（2）个人信息控制者违反法律法规规定或违反与个人信息主体的约定向第三方共享、转让个人信息，且个人信息主体要求删除的，个人信息控制者应立即停止共享、转让的行为，并通知第三方及时删除；（3）个人信息控制者违反法律法规规定或与个人信息主体的约定，公开披露个人信息，且个人信息主体要求删除的，个人信息控制者应立即停止公开披露的行为，并发布通知要求相关接收方删除相应的信息。

〔3〕 匿名化处理是指通过对个人信息的技术处理，使得个人信息主体无法被识别，且处理后的信息不能被复原的过程，通常认为个人信息经过匿名化处理之后便不再属于个人信息。

〔4〕 去标识化处理是指通过对个人信息的技术处理，使其在不借助额外信息的情况下，无法识别个人信息主体的过程。去标识化建立在个体基础之上，保留了个体颗粒度，采用假名、加密、哈希函数（Hash Function）等技术手段替代对个人信息的标识。

值的做法反而会损害消费者合法权益，从而无法共享大数据时代带来的便利。间接删除虽然实现了单个信息经过匿名化处理和去标识化处理之后无法识别特定个人的目的，但现实生活中通过众多单个信息相互结合而完整地刻画出整个"金融人格"的事件比比皆是，黑客们往往通过游离在网络空间的众多看似毫无联系的信息预测出具体个人的消费习惯、兴趣爱好、财务状况等信息，因此，应当采用更为先进的加密技术使黑客无法捕获相关信息的关联性，真正实现信息与特定主体相分离。

（五）损害赔偿权能

损害赔偿权是指网上银行用户的上述权利遭受侵害而造成其人身或财产损失，其享有的依法请求侵权人赔偿损失的权利。英国《数据保护法》第 13 条规定："由于数据控制人违反本法规定而遭受损失或痛苦的个人，有权就该损失或痛苦从数据控制人处取得赔偿。"2015 年 11 月 4 日，国务院办公厅印发《国务院办公厅关于加强金融消费者权益保护工作的指导意见》，其中明确规定了网上银行用户等网上银行用户依法具有求偿权。"权利必须主张，始能克制不法行为"，消费者主张权利非仅仅为其个人利益，而且也是为一般消费者及社会利益。[1]《民法典》第 1038 条第 2 款也规定："发生或者可能发生个人信息泄露、篡改、丢失的，应当及时采取补救措施，按照规定告知自然人并向有关主管部门报告。"这里的补救措施以制止信息侵权行为为主，也应当包含信息泄露无法恢复原状，给权利人造成损失时的损害赔偿义务。个人金融信息权的损害赔偿请求权能是保证其他权利功能得以实现的基础和保障，是网上银行用户不可或缺的救济性权利。

个人金融信息权是一个权利束，除上述权利之外，还包括查询权、控制权、信息封锁权等权利功能，网上银行在收集用户信息之前受金融信息权中同意权能的限制，在储存信息过程中受安全保密权的限制，在信息有误等情形下，网上银行用户享有请求补充、更正、删除的权利，在用户因信息遭受泄露而受到损失时，还享有请求未履行信息安全保障义务的网上银行采取补救措施、赔偿损失的权利，这些权利共同保障着网上银行用户的合法权益。

---

〔1〕　参见王泽鉴：《民法学说与判例研究》（第 3 册），中国政法大学出版社 1997 年版，第 30 页。

第三节　个人金融信息权与金融隐私权的关系

在大数据时代到来之前，对网上银行用户的信息安全往往从隐私权的角度进行保护。随着大数据时代的到来以及网上银行的兴起，传统的隐私权保护已经无法涵盖呈指数增长的个人信息，个人信息也呈现出区别于个人隐私独有的特点。《民法典》第 110 条[1]与第 111 条[2]将隐私权与个人信息保护分别以专门的条款进行规定，可见立法者普遍认可个人信息与隐私属于不同的法律关系客体，应当对个人信息予以专门保护。正如上文所言，个人金融信息权是指网上银行用户在获取金融产品和服务过程中，作出相关决策时必须获得的全部信息，并对这些信息享有信赖的权利。[3]当个人信息权在民法框架内被确立为一项独立的权利时，作为下位概念的个人金融信息权才具有法律保护的逻辑起点。[4]金融隐私权是隐私权在金融领域的扩张，是指网上银行用户为接受金融机构提供的服务或消费金融产品而向金融机构提供的个人敏感信息享有的不受非法侵害、非法利用的权利，且该权利具有排他支配性，[5]作为隐私权在金融领域的衍生权，金融隐私权重在保护网上银行用户的人格权。

一、个人金融信息权与金融隐私权的共同点

首先，二者的权利主体都仅限于自然人，而不包括法人和非法人组织。隐私权是指权利人具有的要求他人不得对私人领域进行侵犯并保证私人生活安宁的人格权，保护的是一种人格利益，其主体仅限于自然人，法人和其他

---

〔1〕《民法典》第 110 条第 1 款规定：自然人享有生命权、身体权、健康权、姓名权、肖像权、名誉权、荣誉权、隐私权、婚姻自主权等权利。

〔2〕《民法典》第 111 条规定：自然人的个人信息受法律保护。任何组织或者个人需要获取他人个人信息的，应当依法取得并确保信息安全，不得非法收集、使用、加工、传输他人个人信息，不得非法买卖、提供或者公开他人个人信息。

〔3〕参见宋雨晴："金融消费者个人信息权法律保护研究"，北京交通大学 2017 年硕士学位论文。

〔4〕参见张继红："论我国金融消费者信息权保护的立法完善——基于大数据时代金融信息流动的负面风险分析"，载《法学论坛》2016 年第 6 期。

〔5〕参见周坤琳："金融信息权与金融隐私权差异性研究——基于维权利弊之视角"，载《金融经济》2019 年第 8 期。

组织的商业秘密不属于隐私权的保护范围而是属于企业的一项无形资产，侵犯商业秘密应当通过《中华人民共和国反不正当竞争法》（以下简称《反不正当竞争法》）等进行保护。而个人金融信息也指与个人有关的以电子或者其他方式记录的能够单独或者与其他信息结合识别特定自然人身份或者反映特定自然人活动情况的各种信息，虽然网上银行通常属于个人信息的控制者（controller），但并非个人信息权的权利主体。其次，二者在权利客体上具有重合性。一方面个人信息分为敏感信息和一般信息[1]，其中敏感信息应当属于隐私权的保护范围，这类信息是涉及私人领域而个人不愿意公开的部分，例如，家庭住址、银行存款、诊断记录等信息；另一方面，在大数据技术快速发展的今天，很多隐私又具有了个人信息的特征，例如，个人的通话记录等虽属于个人不愿意公开的隐私范畴，但是也可以运用技术手段将其数字化。最后，二者的权利救济上具有竞合性。侵权行为可能同时伴随着对个人信息权与隐私权的侵害，例如，不当传播个人不愿意公开的病历信息可能会导致对于个人隐私的侵害。因此，在大数据时代到来之前，在司法实践中也正是通过隐私权的保护来保护个人信息。

二、个人金融信息权与金融隐私权的区别

网上银行用户的个人金融信息权与金融隐私权具有关联性，但是二者存在差异，正是通过二者的差异分析，得出个人金融信息权属于个人信息权的下位概念，其具有隐私权所不具备的诸多特征。

（一）权利的客体不同

金融隐私权的客体既包括个人不愿意公开的信息，也涉及私人空间或者私人领域，比如，身体的某个隐私部位、钱包、卧室等，单个的隐私活动并不与特定的个人产生联系。而个人金融信息权的客体是个人在金融领域产生的各种信息，具有很强的身份识别性，例如，在"Compare Reuber v. United States"[2]中，法院认为个人信件明确地标明了个人的姓名和地址，因此，应当属于个人信息的范畴。各种直接或间接识别个人身份的所有信息都可以纳

---

〔1〕　参见张新宝："从隐私到个人信息：利益再衡量的理论与制度安排"，载《中国法学》2015年第3期。

〔2〕　Compare Reuber v. United States，829 F. 2d 133，142（ D. C. Cir. 1987）.

入信息的范畴，而且很多个人信息不具有私密性的特点，例如微信号、手机号等交流联络类的个人信息，其作为个体参与社会生活、进行社会交往的必要手段，原则上应在一定范围内为社会特定人或不特定人所周知，难以归为隐私的范畴。有些个人信息与公共利益、国家利益相关（如国民的基因信息），一旦涉及公共利益，国家权力机关就会对个人信息的收集、存储、加工、利用、分析等进行限制和约束，而隐私具有个体性，涉及的是私人领域，一般与公共利益无关。受制于不同的存在形式，隐私一旦被他人披露或者不慎泄露，将不再属于隐私，即对于隐私权的侵犯具有不可逆性。而个人金融信息权的权利主体在遭受侵害时，往往可以通过请求侵害人排除妨害的方式恢复到权利的圆满状态。[1]

（二）权利的属性不同

金融隐私权属于人格权，不具有财产属性，侵害隐私权主要是侵害权利人的人格利益，损害后果是精神损害。而个人金融信息权兼有人格权和财产权的双重属性，在大数据时代的今天，人类储存信息量的增长速度比世界经济的增长速度快4倍，而计算机数据处理能力的增长速度比世界经济的增长速度快9倍，大量的信息被收集存储进行二次利用，金融机构通过深度挖掘获取相关信息后，进行加工分析预测，刻画出消费者的"金融人格"，据此精确了解网上银行用户需求和消费偏好，实现产品和服务的创新，提高营销决策的理性，因而个人金融信息已经成为银行的一种无形资产，例如"Facebook 的上市"[2]。普通的隐私权主要是一种消极的、排他的权利，但是个人信息权则赋予了权利人一种排他的、积极的、能动的控制权和利用权。[3]金融隐私权是一种消极性、防御性的权利，往往无法主动行使，只有在隐私遭受侵害的时候行使排除妨害、赔偿损失等防御性请求权，而个人金融信息权是一种主动性的权利，权利人可以对金融信息进行占有、使用、收益和处分。

---

〔1〕 参见张继红：《大数据时代金融信息的法律保护》，法律出版社 2019 年版。

〔2〕 在 Facebook 上市的前一天晚上，银行对其的定价是每股 38 美元，总估值 1040 亿美元，但是 2011 年供投资者评估公司的审核账目中，Facebook 公布的资产为 66 亿美元，包括计算机硬件、专利和其他实物资产，Facebook 开盘当天，其正规金融资产与其未记录的无形资产之间相差 1000 亿美元，虽然没有切实可行的方法来对 facebook 拥有的数据信息进行估价定值，但是无疑资产的差额部分应该归为其从 2009 年到 2011 年收集的 2.1 万亿条"获利信息"。

〔3〕 参见杨立新主编：《侵权法热点问题法律应用》，人民法院出版社 2000 年版，第 419 页。

（三）权利的保护路径不同

金融隐私权突出对权利人人格尊严和自由的保护，而个人金融信息权除了加强对个人信息的保护之外，将信息的流通价值也考虑在内，因而二者在保护模式、救济方法等方面各有侧重。首先，金融隐私权的保护侧重于事后救济，而个人金融信息权以预防为主，因为个人隐私不涉及公共利益或者公共安全，事前的预防将导致权利的过度保护，发生侵权行为后权利人通过事后维权，主张精神损害赔偿等私权救济完全可以达到权利保护的目的，而个人金融信息与一定的社会公众密切相关，侵犯个人金融信息权的后果往往是大规模的信息泄露，因此，对于个人金融信息权的保护应当超越私权的范围，进行消费法化或者公法化[1]的保护，从而维护社会公共利益；其次，救济方式不同，侵害隐私权的责任承担方式主要是精神损害赔偿，而侵害个人金融信息权是精神损害赔偿与财产损害赔偿相结合的侵权责任承担方式。

第四节　保障个人金融信息权是网上银行信息安全保障义务的主要内容

目前，我国法律虽然尚未对个人金融信息和个人金融信息权进行明确界定，但在《民法典》人格权编等法律法规中已经明确了对个人信息的立法保护，网上银行用户的个人金融信息属于个人信息的重要组成部分，个人金融信息权亦属于个人信息权的下位权利，个人金融信息权对于保障网上银行用户的合法权益具有不可替代的作用。个人金融信息权是集同意权、安全保密权、更正补充权、删除权、损害赔偿权等多种权能于一体的权利束，个人金融信息权偏重消费法化和公法化的特点，不具备类似物权、隐私权等绝对权、支配权的特点，赋予个人金融信息权某项具体权能时需要考虑信息二次利用和网上银行用户保护的双重目的。相比于线下实体银行而言，网上银行的业务量和业务范围不断增大，销售的金融产品和提供的金融服务呈现日益丰富

---

〔1〕　消费法化或者公法化：金融信息权不是一项绝对的私权利，既要保障权利主体对个人信息数据进行处分的权利，又要保障数据信息能够作为一种资源被二次加工利用，因而信息在一定程度上具有关系公共利益的特点，不应当以物权、人身权的保护方式保护金融信息权，而是应当以类似《消费者权益保护法》里边保护消费者权利的方式，在一定情形下介入公权力部门。

化和多样化的特点，经营效益亦随之增加，业务范围的扩大和经营效益的提高使得网上银行相比于实体银行应当承担更高的安全保障义务，即不仅仅限于保障用户的资金安全、存取款安全等物理性安全，对于网上银行收集的大量用户信息也应当承担相应的保障义务。网上银行用户在个人金融信息遭受泄露或者非法利用时，有权依据个人金融信息权遭受侵害为由请求网上银行承担相应责任。

一、信息安全保障义务是手段，保障用户的个人金融信息权是目的

《民法典》第 111 条规定："自然人的个人信息受法律保护。任何组织或者个人需要获取他人个人信息的，应当依法取得并确保信息安全，不得非法收集、使用、加工、传输他人个人信息，不得非法买卖、提供或者公开他人个人信息。"《民法典》第 111 条个人信息保护条款的前半部分实际上是立法目的，即保护自然人的个人信息，为了保护自然人的个人信息不受非法侵权，赋予了信息主体之外的第三人不得非法收集、使用、加工等的信息安全保障义务。在网上银行领域，网上银行信息安全保障义务是手段，保障用户的个人金融信息权是目的。在个人金融信息的产生领域，用户享有是否准许网上银行使用的权利；网上银行基于用户授权而对个人金融信息分析加工利用时，用户享有请求网上银行安全保密，保证信息不被泄露或者非法利用的权利；在信息出现错误、不完整或者继续保留该金融信息会对用户的信息安全产生威胁的情形下，用户享有请求网上银行更正、补充和删除相关个人金融信息的权利；网上银行不履行信息安全保障义务导致用户信息泄露或者被非法利用的，用户享有请求网上银行承担损害赔偿责任的权利。[1]保障网上银行用户的同意权、安全保密权、更正补充权、删除权等网上银行信息安全保障义务的内容，法律通过施加网上银行信息安全保障义务，督促其审慎经营，收集用户的个人信息必须合法、合理，不得用于其他目的或者向第三人泄露，以此方式达到更好地保护网上银行用户权益的目的。网上银行不履行信息安全义务导致用户信息泄露或者被非法利用的，网上银行用户可以以个人金融信息权遭受破坏为请求权基础请求网上银行承担部分或者全部责任。在权利本位思想之下，一切都要回归到权利人本身，法律通过赋予网上银行信息安

---

[1] 参见李晗："大数据时代网上银行的信息安全保障义务研究"，载《法学杂志》2021 年 4 期。

全保障义务,督促其审慎经营,收集用户的个人信息必须要合法、合理,不得用于其他目的或者向第三人泄露,以此方式达到更好地保护网上银行用户权益的目的。

二、网上银行信息安全保障义务的履行依赖于个人金融信息权的法定化

目前,我国对于个人金融信息权的研究还停留在理论探讨阶段,但在个人信息权已经得到法定保护的今天,网上银行作为产生个人信息的一大来源,理应明确网上银行用户的信息数据单纯依赖隐私权保护路径是远远不够的,需要为用户的信息数据提供个人金融信息权的独立保护模式,将个人金融信息权予以法定化,更好地使网上银行履行信息安全保障义务。类似于《消费者权益保护法》中消费者权利和经营者义务的对应关系,个人金融信息权与网上银行信息安全保障义务也存在对应关系,将个人金融信息权以及具体的权能予以法定化,保障个人金融信息权每项具体权能的顺利实施是网上银行信息安全保障义务的具体内容,例如,网上银行用户有对个人金融信息进行修改的权利,网上银行应当履行经用户请求立即修改用户相关信息的义务,网上银行信息安全保障义务的履行依赖于个人金融信息权的法定化,只有将个人金融信息权及其权能都予以法定化,网上银行信息安全保障义务的具体内容才得以明确。个人金融信息保护的立法可以参考《消费者权益保护法》,《消费者权益保护法》第二章规定的消费者权利主要是安全保障权、知情权、自主选择权、公平交易权、依法求偿权等发生在购买商品或者接受服务过程中产生的与消费相关的权利,第三章规定的经营者的义务与消费者权利一一对应[1],保障消费者每项具体权利的顺利实施是经营者具体应履行的义务。在个人金融信息权被法定化以后,其将成为网上银行用户请求网上银行承担责任的请求权基础,就如王泽鉴先生所说的"民法是以请求权基础构建起来的",当网上银行用户在开展网上银行业务过程中遭受个人信息被泄露或者非法利用时,用户作为隐私权主体和在网上银行购买金融产品的消费者,以隐私权或消费者权请求主张损害赔偿时,这种依附于其他权利的请求权效力往

---

[1]　例如,《消费者权益保护法》第7条第1款规定:消费者在购买、使用商品和接受服务时享有人身、财产安全不受损害的权利。对应的《消费者权益保护法》第18条第1款则规定:经营者应当保证其提供的商品或者服务符合保障人身、财产安全的要求。

往力度不够，以个人金融信息权作为请求权的基础，就个人金融信息侵权主张损害赔偿时，才能够最大限度地保障网上银行用户的最终权益。

三、个人金融信息权更有利于网上银行用户的利益保护

在大数据时代到来之前，对金融消费者的信息安全保护往往从隐私权的角度进行。随着大数据时代的到来以及网上银行的日益发展，传统的隐私权保护已经无法涵盖呈指数增长的个人金融信息，个人金融信息也呈现出区别于个人隐私独有的诸多特点。英美法系国家的隐私权扩张理论将个人隐私权界定为"个人对控制个人信息的请求权，在这一范围内收集、披露和利用确认为自己的信息"[1]，即英美法系所指的隐私权保护对象已经扩展到包括信息、肖像、名誉等所有的人身利益，但隐私权扩张保护方法并不适合我国现实情况。第一，《民法典》第110条与第111条将隐私权与个人信息保护分别以专门的条款进行规定，可见立法者普遍认可个人信息与隐私属于不同的法律关系客体，应当对个人信息予以专门保护。同时《民法典》人格权编第六章规定了隐私权与个人信息保护，《中华人民共和国个人信息保护法（草案二次审议稿）》（以下简称《个人信息保护法（草案二次审议稿）》）亦于2021年4月29日公开征求意见，虽然这两部法律没有将"个人信息权"这一权利概念确定下来，却以基本法律的形式明确了对个人信息的独立保护。第二，隐私权维权"谁主张，谁举证"的举证责任分配方式也难以适用于个人金融信息保护领域，在个人金融信息权遭受侵犯时，用户除了能够证明损害后果以外，似乎无法再证明其他方面的内容，因举证不能而承担败诉的不利后果，明显有违公平原则。第三，援引隐私权保护个人金融信息的方式，其落脚点都是以个人金融信息为基础，将用户视为唯一绝对的主体。[2]这种保护路径排斥除用户之外的其他信息控制主体作为信息合理利用者的适格性，限制了信息控制者对信息二次价值的开发和利用，与数据经济的实际运行直接发生抵牾，在一定程度上阻碍了数据经济的发展。而个人金融信息权兼顾信息使用价值与主体权利保护，能够很好地平衡信息安全保障与信息价值利用。个人金融信息权不仅仅是网上银行用户的一项权利，更是大数据时代平

---

[1] Marc Rotenberg, "Privacy and the National Information Infrastructure", 29 Educom Review, 1996.

[2] 参见龙卫球："数据新型财产权构建及其体系研究"，载《政法论坛》2017年第4期。

衡个人信息保护与数据信息综合利用的杠杆。赋予个人金融信息权某项具体权能时需要考虑信息二次利用和金融消费者保护的双重目的。[1]因此，个人金融信息权更有利于网上银行用户的利益保护。第四，个人金融信息权是集同意权、安全保密权、更正补充权、删除权、损害赔偿权等于一体的权利束。具体权能的行使与网上银行收集、存储、利用用户个人金融信息的阶段相匹配，同意权的行使针对网上银行收集用户个人信息阶段，安全保密权的行使针对网上银行存储用户个人信息阶段，更正补充权和删除权的行使针对网上银行利用用户个人信息阶段，在网上银行泄露或者非法利用用户个人信息造成其合法权益遭受侵害时，用户亦享有损害赔偿的权利。个人金融信息权相比隐私权，其权属清晰、权能完整、权利的行使更加便捷、权利的内容更加明确，更有利于网上银行用户的利益保护。

---

　[1]　参见丁晓东："个人信息私法保护的困境与出路"，载《法学研究》2018年第6期。

现行法律关于网上银行信息安全保障义务的规定和不足

第一节　现行法律关于网上银行信息安全保障义务的规定

《民法典》设专章规定了个人信息保护，确立了隐私权和个人信息权益的分别保护路径。《网络安全法》第 42 条第 2 款规定："网络运营者应当采取技术措施和其他必要措施，确保其收集的个人信息安全，防止信息泄露、毁损、丢失。……"该法第四章的网络信息安全部分系统性的规定了网络运营者承担的信息安全保障义务，共 11 条，包含信息收集规则、信息安全保障义务以及国家网信部门监管职责等内容。2020 年的《个人信息安全规范》是目前比较全面的规定个人信息安全的国家标准，其对于信息的存储、传输、使用等作出了具体的规定。结合我国目前关于信息安全的法律法规和国家标准，虽然目前在网上银行信息数据的安全存储、传输、使用、保密附随义务、信息安全监管等方面有部分相关规定，但仍然存在规定过于原则，缺乏可行性和实用性，有待进一步明确和完善。

一、关于网上银行信息安全存储与传输的法律规定

信息存储与传输安全在大数据时代网上银行信息化建设中占据重要地位。大数据时代，我国各商业银行基本完成了数据大集中，然而数据集中是把双刃剑，其弊端在于信息系统风险增大，数据泄露可能造成不能估量的损失。我国信息安全存储与传输的现状及发展趋势体现在行业标准、技术标准及相关法律等层面的不足，复杂的信息安全隐患造成网上银行安全事故频发。我国的网上银行信息存储安全技术和产品基础较弱，加快建立适合我国信息管

理体制的网上银行信息存储安全设备、软件、服务、工程等各方面的标准，是保证我国网上银行信息安全的前提条件。

（一）我国信息安全存储与传输的发展现状

1. 以主机安全与通信安全的外部条件为支撑

计算机安全分为硬件安全与软件安全两个方面：前者是指保证计算机正常工作，查看计算机是否出现硬件故障，对故障进行及时修理或者更换损坏部件；后者是指包括稳定可靠的操作系统和安全有效的杀毒软件，操作系统必须具有访问控制、安全内核等功能，检测计算机内部安全，对新安装的计算机软件进行安全检测，计算机杀毒软件要做到防护计算机遭受恶意插件、外来病毒的侵袭，保证用户计算机能够安全地与其他计算机系统进行数据传输交流。计算机软件安全与硬件安全是保障网上银行用户信息数据不被泄露或者非法利用的前提。

计算机通信安全也是保障数据安全存储与传输的基本条件之一。通信线路存在安全隐患时，数据的传输交流就会面临巨大的障碍。通信安全主要通过以下几种技术得到保障：第一，信息确认技术，通过该技术确认信息数据在传输过程中的真实性，使得信息的发出者无法否认已经进行的数据传输活动，信息的接收者也通过信息确认技术验证接收的信息是否属于信息发出者本人的行为，确保信息不被篡改和伪造；第二，信息加密技术，目前通行的加密措施是采用非对称加密算法对发出的信息进行加密，各种加密算法的运用使得只有信息的接收者才可以解密被加密的数据信息，防止职业黑客等破解加密内容，利用信息数据盗取资金，信息加密技术是保障信息安全最基本、最重要、最核心的技术措施；第三，访问控制技术，该技术只允许用户对基本信息库访问，禁止用户随意或者是带有目的性的删除、修改或拷贝信息文件。

2. 以主要的信息安全管理技术为指导

（1）信息加密技术是保障信息安全的核心

信息加密技术是保障信息安全的核心，对信息进行加密后再进行存储，使用时再进行解密，是信息存储最直接的安全手段。存储信息加密有以下两种方式：一是信息源加密，即对信息源进行加密，信息在写入到存储设备前通过技术手段加密后再保存到存储设备上，使用时先读出加密信息，进行解密后再使用；二是透明存储加密，即信息在存入的过程中自动加密，在读取的过程中自动解密，透明存储加密在无需用户人工操作的情况下实现对信息的加密储存，同时不影响数据库的查找功能，是各种云计算存储系统和单机存储系统普遍适用的存储加密技术。[1]

（2）身份认证技术是保障个人信息存储安全的重要措施

网上银行的身份认证技术是网上银行对用户的身份进行识别，从而判断用户身份的真实性、合法性和唯一性。解决某个用户是否有资格访问某个系统和资源的问题，实际上就是指用户在登录网上银行系统，第一步就是要进行身份鉴别，限制非法用户访问系统资源。目前在国内网上银行身份鉴别技术常用的安全工具主要包括静态密码、智能卡（IC Card）[2]、短信密码/短信验证码、动态口令/动态口令令牌（One-Time Password，OTP）[3]和 USB Key 身份认证方式。2007 年银监会下发的《中国银行业监督管理委员会关于做好网上银行风险管理和服务的通知》规定了双重身份认证技术，其包含基本身份认证[4]及附加身份认证[5]，通俗来讲，用户想要证明自己身份信息的合法性需要通过以上两种认证方式来完成。基于 USB Key 的身份认证方式是近几年发展较为方便、安全的身份认证技术，很好地解决了安全性与易用性之间的矛盾，它是基于数字证书的身份认证方式，将软硬件相结合、一次一密的强双因子认证模式，用一种与类似 U 盘的 USB 接口硬件设备来保存用户的数字证书或是密钥，每一个 USB Key 又通过 PIN 码保护，用户要同时取得 USB Key 和 PIN 码才能登录网银系统进行操作，这样一来，作为网上银行安全通行证的数字证书就代表着网上银行用户的身份数据文件。近年来，生物识别技术成

---

〔1〕 参见［美］John Chirillo、Scott Blaul：《存储安全技术——SAN、NAS 和 DAS 的安全保护》，金甄平等译，电子工业出版社 2004 年版，第 87 页。

〔2〕 智能卡（IC Card）是内嵌微芯片塑料卡的通称。智能卡自身就是功能齐备的计算机，它有自己的内存和微处理器，包括中央处理器 CPU、可编程只读存储器 EEPROM、随机存储器 RAM 和固化在只读存储器 ROM 中的卡内操作系统 COS（Chip Operating System），具备读取和写入能力，允许对智能卡上的数据进行访问和修改，而卡中数据又分为外部读取和内部处理部分。

〔3〕 动态口令/动态口令令牌（One-Time Password，OTP），又称一次性密码，是使用密码技术实现的在用户端和服务器之间通过共享秘密的一种认证技术，是一种强认证技术，动态口令认证技术有用户端用于生成口令的产生器——动态令牌（一个硬件设备）和用于管理令牌及口令认证的后台动态口令认证系统组成，是增强目前静态口令认证的一种非常方便技术手段，是一种重要的补充认证技术。

〔4〕 基本身份认证是指输入密码/口令，也就是静态口令认证。

〔5〕 附加身份认证是指网上银行用户持有、保管并使用可实现其他身份认证方式的信息（物理介质或电子设备等）。

为信息存储安全一种重要的身份识别方式，可以通过使用者的指纹、掌纹、虹膜、面像等生理特征密码与叩击节奏、声纹、笔迹等行为特征密码进行身份认证，能够更加准确地确认用户身份的真实性。

（3）防火墙技术降低网上银行内部网络安全风险

所谓"防火墙"，是指一种将内部网和公众访问网分开的方法，实际上是一种隔离技术。其工作原理是指在内部网络和 Internet 之间放入一个中介系统，竖起一道安全屏障，用来阻止外部的非法访问和侵入，使所有的外流信息和内流信息都通过这道屏障的审核，这种中介系统就叫作"防火墙"。防火墙主要有包过滤防火墙、代理服务器防火墙和应用层网关防火墙三种。防火墙技术是保护信息安全不可或缺的一项综合网络技术，能够最大限度地阻止黑客通过互联网攻击用户的电脑，是实现网络和信息安全的基础设施。

（二）信息安全存储的法律规定

2005 年《个人信用信息基础数据库管理暂行办法》发布，随后建立了个人信用信息基础数据库，设立征信服务中心，规定中国人民银行承担对个人信用数据库的日常运行和管理，该办法笼统地规定了个人信用信息的报送、整理、查询、储存和管理，其第 35 条规定："征信服务中心应当建立灾难备份系统，采取必要的安全保障措施，防止系统数据丢失。"《电信和互联网用户个人信息保护规定》对于信息存储的规定也比较原则化，其第 13 条规定："电信业务经营者、互联网信息服务提供者应当采取以下措施防止用户个人信息泄露、毁损、篡改或者丢失：……（四）妥善保管记录用户个人信息的纸介质、光介质、电磁介质等载体，并采取相应的安全储存措施……"2020 年《个人信息安全规范》是目前关于个人信息保护最全面的规定，主要从个人信息的保存时间、去标识化处理、个人信息控制者停止运营等方面作出了规定。

1. 个人信息保存时间最小化原则

《个人信息安全规范》第 6.1 条明确了个人信息控制者保存个人信息必须遵循时间最小化原则，保存的时间应当是实现目的所必需的最短时间，超出这个期限之后，应当对个人信息进行匿名化处理或者去标识化处理。网上银行作为个人信息的控制者，对于信息的控制时间不是无限期的，只是允许其在一定时间内持有网上银行用户的个人信息，对信息进行加工分析利用，获得二次价值，但在完成特定目的之后，继续持有个人信息将会加大信息泄露的风险，必须进行彻底删除或者采取类似删除的措施。匿名化处理是指将网上银行用户信息中能够直接识别特定个人的信息类别进行删除、使用昵称等手段，使得个人信息主体无法被识别，且处理后的信息不能被复原的过程。去标识化处理是指信息控制者通过采取技术或者管理方面的措施，主要是假名、加密、哈希函数等技术手段，将去标识后的数据与可用于恢复识别个人的信息分开存储，并确保在后续的个人信息处理中不重新识别个人。《个人信息安全规范》关于信息存储期限的时间最小化原则，对于打破个人信息控制者的强势地位具有重要作用，但对"为完成特定目的所必需的最短时间"缺乏具体的规定，且具有较强的主观性，大大削减了该规定的强制力。

2. 个人敏感信息加密保存原则

《个人信息安全规范》对于个人信息采取了二分法，即个人的一般信息和个人的敏感信息，其中的个人敏感信息一旦泄露或者被滥用，可能直接危害人身和财产安全，极易导致个人名誉、身心健康受到损害或歧视性待遇。个人敏感信息主要包括身份证件号码、个人生物识别信息（面部识别、指纹识别、DNA 检测等）、健康生理信息、14 岁以下（含）儿童的个人信息等。《个人信息安全规范》的附录 B 中详细地介绍了个人敏感信息的范围和类型，对于关乎用户人身、财产安全的信息，《个人信息安全规范》第 6.3 条规定了传输和存储个人敏感信息应当采用加密等安全措施，对于敏感信息中的生物识别信息，应采用技术措施处理后再进行存储。但是对于采取何种加密安全措施、采取的加密安全措施的最低标准是什么、技术手段的类型等都没有明确的规定。

3. 个人信息存储删除义务

当个人信息控制者停止运营其产品或者服务时，应当立即停止收集产品购买者或者服务接收者的个人信息，并在最短时间内对所持有的个人信息进行删除或者匿名处理。在个人信息控制者违反法律法规或者违反与个人信息主体之间的约定收集、使用个人信息时，个人信息主体要求信息控制者将存储的数据信息进行删除时，信息控制者应当立即删除。个人信息在网上银行用户手中并不会产生巨大的商业价值，信息控制者利用大数据进行加工分析，实现用户购买能力评估、风险预测、精准营销等目的，但是信息的主体始终都是网上银行用户，当用户不同意收集、存储个人信息时，信息控制者必须进行删除，遵循网上银行用户的真实意愿。

（三）信息安全传输的法律规定

信息的安全传输是指信息数据在共享、转让、披露等环节中，应当采用技术手段，防止信息在传输过程中被盗取或者非法利用。这种技术手段可以是为数据的传输交流采取加密措施、哈希函数等，确保只有信息数据的受领一方得到准确无误的内容。

1. 个人信息的共享和转让

《个人信息安全规范》第9.2条对于个人信息的共享和转让作出了规定，考虑到信息共享和转让可能带来的风险问题，《个人信息安全规范》明确了个人信息原则上不得进行共享和转让。在必须进行信息共享转让时，应当遵循以下要求：（1）应当在信息数据传输之前开展信息安全影响的评估，并依据评估结果采取针对性的有效措施；（2）除了经去标识化处理且确保数据接收方无法重新识别个人信息主体的信息数据以外，应当向个人信息主体告知共享、转让个人信息的目的、数据接收方的类型，并事先征得个人信息主体的授权同意；（3）应当准确记录和保存个人信息的共享、转让情况；（4）承担因共享、转让个人信息对个人信息主体合法权益造成损害的相应责任。个人信息的传输过程是导致信息数据泄露和非法利用的高危环节，目前信息数据交流采用的是非对称加密算法，同时以哈希函数等加密手段确保数据传输的完整性和真实性，但是依然有黑客侵入特定系统、盗取传输过程中的数据、进行非法活动的事件发生，《个人信息安全规范》对信息的共享和转让作出了原则性规定，但应当在技术层面进一步明确规定数据传输的标准。

2. 个人信息的跨境传输

《个人信息安全规范》第9.8条规定了境内信息控制者将收集和产生的个人信息传送到境外时，应当按照国家网信部门的要求和标准进行安全评估。信息数据的跨境传输，可能会涉及国家秘密，关系到我国的信息安全和国家安全，在由国内向国外传输的过程中，应当先行向国家网信部门申报，进行安全评估，只有符合安全要求才可以进行跨境数据传输。

二、关于网上银行信息使用的法律规定

(一) 信息收集同意原则

收集网上银行用户的个人信息，必须经过用户的同意，这项原则在我国有关信息安全的法律规范中都进行了明确规定。《电信和互联网用户个人信息保护规定》第9条规定："未经用户同意，电信业务经营者、互联网信息服务提供者不得收集、使用用户个人信息。"《征信业管理条例》第13条第1款规定："采集个人信息应当经信息主体本人同意，未经本人同意不得采集。"《个人信息安全规范》第5.4条专门规定了"收集个人信息时的授权同意"，明确信息控制者在收集个人信息之前必须得到用户的同意，对于个人敏感信息，《个人信息安全规范》更是规定了必须采用明示同意，并且确保个人信息主体的明示同意是其意思表示完全真实自由的基础上做出的。收集同意规则已经是信息安全立法中普遍遵循的原则，但是在实践中贯彻这项原则的时候，信息收集者往往采用格式条款的方式，强制用户同意收集个人信息，否则将无法使用相关应用程序。例如，《工银融e行用户隐私政策》规定："当您使用一些功能时，我们会在获得您的同意后，收集您的一些敏感信息，例如您的地理位置、相册等，拒绝提供这些信息会影响您使用相关功能。"

实践中，信息控制者收集个人信息同意分为明示同意和默示同意，用户在注册某一软件时，需要勾选"已阅读《隐私政策》和《用户服务协议》"的选项框，《隐私政策》中的收集信息就是一种默示同意，例如《中国建设银行股份有限公司隐私政策》规定："为向您提供服务并确保您的电子银行服务(网上银行服务、手机银行服务、国际互联网网站服务、短信金融服务、微信银行服务、直销银行服务、善融商务服务等)安全，在您使用电子银行服务过程中，我行会收集您在使用服务过程中主动输入或因使用服务而产生的信息。"当涉及通过相机(摄像头)、相册(图片库)、地理位置、麦克风等功能收集信息以及收集个人敏感信息时，则需要用户单独勾选"允许收集"，进行明示同意。在一些特殊领域，对于某些个人敏感信息则采取了禁止收集的原则，如《征信业管理条例》第14条规定了禁止收集宗教信仰、基因、指纹、血型、疾病和病史信息等个人信息。

（二）个人信息的使用限制

信息控制者在收集用户的个人信息后，需要合理使用这些信息，通过利用大数据进行加工分析，实现用户需求预测、风险评估、信用等级评估、精准营销等。但使用信息数据必须受到一定的限制，我国相关法律规范也对这些限制进行了明确规定，主要包括信息控制者内部人员使用信息最小授权原则、使用信息去身份原则、合目的性原则等。

1. 信息控制者内部人员访问信息最小授权原则

信息控制者收集到信息之后，具体使用信息是由其内部工作人员进行的，内部工作人员进行数据分析使用时，是用户个人信息的直接接触者，也是实践中信息泄露事件的主要责任人，即往往是银行内部人员按照每条个人信息的固定价格转售给第三方，从而导致大规模的信息泄露事件。《个人信息安全规范》第7.1（a）条规定了对内部数据操作人员的最小授权原则，即操作人员只能访问职责所需的最小范围内的个人信息和完成职责所需的最少的数据操作权限，同时规定了信息控制者工作人员处理重要信息时必须履行严格的内部审批流程，超越权限处理个人信息的，应当事先审批并记录在册。

2. 信息使用去标识原则

在信息使用的过程中，信息控制者依然要遵守信息使用去标识化原则，即使用个人信息时应消除明确身份指向性，例如，可以将用户的姓名进行昵称化处理、将用户的肖像进行模糊化处理、将用户的手机号进行只显示尾号处理等。大数据时代，信息是一项重要的资产，合理的使用信息将会产生巨大的经济价值，但是使用信息并不一定透露信息主体的身份，信息的价值主要是其关于用户消费习惯、资产水平、信用评估、购买记录等财产性的信息，对于其身份证号、手机号、姓名等信息，除非基于特定目的，否则并不会产生实实在在的价值，反而透露这部分信息会产生用户隐私泄露、电信诈骗等事件，侵犯用户的人身和财产关系。《个人信息安全规范》第7.4（c）条[1]规定了信息使用的去标识化原则。

---

[1]《个人信息安全规范》第7.4（c）条规定：除为实现个人信息主体授权同意的使用目的所必需外，使用个人信息时应消除明确身份指向性，避免精确定位到特定个人。例如，为准确评价个人信用状况，可使用直接用户画像，而用于推送商业广告目的时，则宜使用间接用户画像。

3. 信息使用合目的性原则

《个人信息安全规范》第 7.3（a）条规定了信息控制者使用个人信息时，不得超出与收集个人信息时所声称的目的具有直接或合理关联的范围，例如《中国银行股份有限公司手机银行隐私政策》告知用户："为向您提供手机银行服务并确保您的账号和服务安全，在您使用手机服务过程中，我行会收集您在使用服务过程中主动输入或因使用服务而产生的信息。"这里的"提供手机银行服务并确保您的账号和服务安全"就是中国银行网上银行开展业务收集用户信息的目的，在用户下载中国银行 APP，点击"已阅读《隐私政策》"时，其就会以用户默示同意的方式收集用户信息，在后期的使用过程中，要遵循"使用合目的性原则"，不得将收集的个人信息用于"提供手机银行服务并确保您的账号和服务安全"之外的目的，超出这个目的，则必须再次征得用户的同意。《电信和互联网用户个人信息保护规定》第 9 条第 3 款〔1〕也规定了信息使用合目的性原则。信息使用合目的性原则是对信息控制者使用信息的限制，有利于更好地保护银行用户信息。

三、关于网上银行信息安全附随义务的法律规定

附随义务是指基于诚实信用原则，为辅助当事人实现合同内容而在合同缔结过程中、合同履行过程中以及合同关系结束后，由合同当事人承担的注意、告知、协助、保密、保护等义务。在网上银行用户利用网上银行开展相关业务时，实际上是用户与网上银行建立了服务合同、贷款合同、金融产品买卖合同等法律关系。在这些合同中，网上银行的给付义务应当是为用户提供查询、转账、收款等服务行为，根据用户提交的信息进行信用评估，在此基础上为用户提供信用等级相符的贷款行为，根据用户的风险评估和资产能力销售网上银行金融产品行为以及为用户办理其他业务的行为，除了上述给付义务之外，网上银行在开展业务中还应当履行附随义务，具体包括告知义务、协助义务和保密义务，但目前我国只规定保密义务属于法律明确规定的附随义务。保密义务作为一项已经被法律明确规定的附随义务，体现在《民

---

〔1〕《电信和互联网用户个人信息保护规定》第 9 条第 3 款规定：电信业务经营者、互联网信息服务提供者不得收集其提供服务所必需以外的用户个人信息或者将信息用于提供服务之外的目的，不得以欺骗、误导或者强迫等方式或者违反法律、行政法规以及双方的约定收集、使用信息。

法典·合同编》的买卖合同、借款合同等附随义务中。例如，《民法典》第509 条规定："当事人应当按照约定全面履行自己的义务。当事人应当遵循诚信原则，根据合同的性质、目的和交易习惯履行通知、协助、保密等义务。……"在信息安全方面，这种保密义务则为信息控制者负有不得将获取的信息进行泄露、非法利用或者向他人提供的义务。《电信和互联网用户个人信息保护规定》第 10 条规定："电信业务经营者、互联网信息服务提供者及其工作人员对在提供服务过程中收集、使用的用户个人信息应当严格保密，不得泄露、篡改或者毁损，不得出售或者非法向他人提供。"《征信业管理条例》第 22 条第 1 款规定："征信机构应当按照国务院征信业监督管理部门的规定，建立健全和严格执行保障信息安全的规章制度，并采取有效技术措施保障信息安全。"2007 年的《金融机构客户身份识别和客户身份资料及交易记录保存管理办法》第 3 条第 2 款规定："金融机构应当按照安全、准确、完整、保密的原则，妥善保存用户身份资料和交易记录，确保能足以重现每项交易，以提供识别客户身份、监测分析交易情况、调查可疑交易活动和查处洗钱案件所需的信息。"《个人信息安全规范》也以去标识化处理和匿名化处理的方式，明确信息控制者要履行信息保密义务。

四、关于网上银行信息安全监管的法律规定

网上银行的信息安全监管关乎网上银行是否全面地履行信息安全保障义务。目前，我国关于信息监管方面，主要有国家网信办负责网络活动中的信息安全监管、央行征信管理局负责全国征信业务信用信息监督管理、工信部门负责电信和互联网信息监管，此外，银行业协会亦通过自律公约的形式约束会员的行为，发挥信息安全监管的辅助作用。网上银行的信息监管既可能属于国家网信办的网络信息监管范畴，也可能属于央行征信管理局的信用信息监管范畴，实践中存在多头执法与交叉执法的弊端，确立统一的网上银行信息监管机关，并辅之以银行业协会的自律管理，是解决大数据时代网上银行用户信息安全、确保网上银行全面履行信息安全保障义务的重要支撑和有力保障。

（一）我国信息安全监管的分散执法现状

《网络安全法》第 50 条〔1〕规定了国家网信部门和有关部门依法履行网络信息安全监督管理职责，这里的国家网信部门是指国家互联网信息办公室。2018 年 12 月以来，国家网信办会同有关部门，对违法违规 APP 开展全环节全链条治理，针对网络色情、网络赌博、违规游戏、不良学习类移动 APP 开展专项整治行动，关停下架违法违规 APP 共 33638 款，拦截恶意网站链接234 万余个，社交平台清理低俗不良信息 2474 万余条、封禁违规账号 364 万余个，APP 乱象得到有效遏制。〔2〕《征信业管理条例》第 33 条〔3〕规定了国务院征信业监督管理部门及其派出机构负责对征信业和金融信用信息基础数据库运行机构的监督管理职责，此处的征信业监督管理部门是指中国人民银行征信管理局。第一，征信管理局负责全国范围内征信机构的监督和管理，这些征信机构具备资质条件，在国内开展征信业务，对企事业组织和个人的信用信息进行采集、整理、保存、加工和提供等，一旦这些征信机构违反《征信业管理条例》第三章关于征信业务规则的规定，有关的信息主体可以向所在地的国务院征信业监督管理部门派出机构进行投诉，由当地的征信管理局负责核查和处理；第二，征信管理局监督金融信用信息基础数据库的运行，金融信用信息基础数据库是专门接收从事信贷业务的机构按照规定提供的信贷信息，由专业的非营利机构负责建设、运行和维护，为防范金融风险、促进金融业发展提供相关信息服务，根据《征信业管理条例》第 38 条〔4〕的规

---

〔1〕 《网络安全法》第 50 条规定：国家网信部门和有关部门依法履行网络信息安全监督管理职责，发现法律、行政法规禁止发布或者传输的信息的，应当要求网络运营者停止传输，采取消除等处置措施，保存有关记录；对来源于中华人民共和国境外的上述信息，应当通知有关机构采取技术措施和其他必要措施阻断传播。

〔2〕 参见"国家网信办持续推进 APP 乱象专项整治关停清理违法 APP3 万余个"，载《电视指南》2019 年第 8 期。

〔3〕 根据《征信业管理条例》第 33 条第 1 款相关规定，国务院征信业监督管理部门及其派出机构依照法律、行政法规和国务院的规定，履行对征信业和金融信用信息基础数据库运行机构的监督管理职责。

〔4〕 《征信业管理条例》第 38 条规定：征信机构、金融信用信息基础数据库运行机构违反本条例规定，有下列行为之一的，由国务院征信业监督管理部门或者其派出机构责令限期改正，对单位处 5 万元以上 50 万元以下的罚款；对直接负责的主管人员和其他直接责任人员处 1 万元以上 10 万元以下的罚款；有违法所得的，没收违法所得。给信息主体造成损失的，依法承担民事责任；构成犯罪的，依法追究刑事责任：（一）窃取或者以其他方式非法获取信息；（二）采集禁止采集的个人信息或者未经同意采集个人信息；（三）违法提供或者出售信息；（四）因过失泄露信息；（五）逾期不删除个人不良信息；（六）未按照规定对异议信息进行核查和处理；（七）拒绝、阻碍国务院征信业监督管理部

定，若上述征信机构和金融信用信息基础数据库运行机构进行窃取或者以其他方式非法获取信息、违法提供或者出售信息、逾期不删除个人不良信息等情形的，由征信管理局进行处罚。《电信和互联网用户个人信息保护规定》第3条〔1〕规定了工业和信息化部门负责对电信和互联网用户个人信息保护工作实施监督管理，主要通过监管电信业务经营者、互联网信息服务提供者的方式保护用户个人信息，电信管理机构负责对电信业务经营者、互联网信息服务提供者是否采取了信息安全保障措施进行评估，对其保护个人信息的情况实施监督检查，一旦其不履行信息安全保障义务导致发生信息泄露事件，由电信管理机构对其进行相应的处罚。

综上，目前我国对于网上银行信息安全领域的监管分散在各个部门，当网上银行用户的信息数据在网络中传输时，则属于国家网信办的网络活动信息监管，当网上银行收集用户的征信信息时，对该征信信息的监管又属于央行征信管理局的监督管理职责，同时对部分信息数据的监管又属于工信部门负责的电信和互联网信息监管职责。如此一来，缺乏统一的网上银行信息安全监管机关，执法的交叉性导致监管漏洞，网上银行用户信息泄露和非法利用的事件频频发生。

（二）银行业协会在网上银行信息安全监管中的辅助作用

2000年5月，经中国人民银行和民政部批准成立，我国建立了中国银行业协会（China Banking Association，CBA），其性质是在民政部登记注册的全国性非营利社会团体，是中国银行业自律组织。截至2019年10月，中国银行业协会共有728家会员单位。《中国银行业协会章程》设专章规定了银行业协会的职责，分为行业自律职责、行业维权职责、行业协调职责、行业服务职责等。银行业协会也多以自律公约的形式规范和约束会员的行为，如为进一步规范银行业从业人员的服务行为发布的《中国银行业文明服务公约》，为维护银行业合法权益，进一步制止和纠正各种损害会员单位合法权益的行为而发布的《中国银行业维权公约》，为约束我国银行业依法合规经营，维护银行

（接上页）门或者其派出机构检查、调查或者不如实提供有关文件、资料；（八）违反征信业务规则，侵害信息主体合法权益的其他行为。经营个人征信业务的征信机构有前款所列行为之一，情节严重或者造成严重后果的，由国务院征信业监督管理部门吊销其个人征信业务经营许可证。

〔1〕《电信和互联网用户个人信息保护规定》第3条规定：工业和信息化部和各省、自治区、直辖市通信管理局（以下统称电信管理机构）依法对电信和互联网用户个人信息保护工作实施监督管理。

业合理有序、公平竞争的市场环境而制定的《中国银行业自律公约》等，此外还有《银行业从业人员职业操守和行为准则》《中国银行业从业人员道德行为公约》等约束具体银行工作人员的行为规范。通过检索发现，银行业协会的自律规则中并没有就银行用户的个人信息规定专门的具体规范和措施。针对网上银行领域，在参照其他相关行业协会自律公约的基础上，银行业协会应当制定专门的"中国网上银行信息安全保护公约"等自律规范，提高对网上银行用户信息安全保护的地位，将信息安全保护作为会员必须遵守的准则和考核会员的标准。

我国的银行业协会自律管理模式正在朝着良性的方向发展，其管理范围也呈现不断扩大的趋势，但是并没有改变其受政府监管部门指导的现状，政府应当对行业协会进行必要的指导而不是领导，充分发挥行业协会的自律约束力，赋予行业协会更强的独立性，行业协会的法律属性是一种社团法人，其"私主体性"特点不言而喻，因而处理好政府和行业协会的关系，明确各自的职责，使二者相互促进互为补充，才能发挥更大的作用。

综上，我国目前银行业协会在网上银行信息安全监管中的作用并不大，效果也并不明显，存在银行业协会会员数量较少、缺少关于网上银行信息安全方面的自律公约以及过多地受制于政府公权力制约等问题。网上银行的信息安全需要政府、行业协会、网上银行三方共同努力相互配合，政府相应部门行使信息安全监管职权，行业协会通过制定信息安全自律公约约束会员的行为，网上银行则需要完善内部信息安全控制机制、提高信息保护意识，只有三方共同作用，网上银行的信息安全状况才能逐步提升，网上银行信息侵权事件才能最大限度地得到遏制。

第二节　现行法律关于网上银行信息安全保障义务规定的不足

一、未设定网上银行信息安全存储与传输的技术标准

网上银行与实体银行最大的不同就是网上银行高度依赖互联网信息技术，因此，采用各种安全技术手段是实现网上银行安全保障义务最基本和最有效的途径。信息存储是把数据信息从生产系统备份到存储备份系统中的存储介质的过程，在信息储存的过程和信息生命周期内，要保障信息的机密性、完

整性、可用性、真实性、可核查性、不可否认性、可靠性七个方面。信息存储设备包括存储控制芯片和存储介质两个部分，其中信息存储安全的关键在于存储控制芯片控制信息时的存入与读取，存储安全事件的发生多数是与存储控制芯片相关，存储控制芯片的安全性在存储设备中占据很大的作用，可以有效地促进信息安全存储。2015 年我国在存储控制芯片自主创新领域迈出了第一步，那就是杭州华澜微公司和 CETC58 所分别发布了商用和军用 SSD 存储控制芯片。信息技术的传输随着信息技术的发展变得更加快速和敏捷，但传输数量的增长也容易引发多种安全危机。信息存储安全和信息传输安全受到损害将导致信息数据的大范围泄露并危害到我国各行业的稳定发展，正因如此，优化信息存储和传输成为提高信息系统安全性能的重要指标。目前，通用的数据存储技术有网络附加存储（Network Attached Storage，NAS）[1]和存储区域网络（Storage Area Network，SAN）[2]。

　　网络附加存储、存储区域网络等信息存储与传输技术能在一定程度上保障信息安全，但必须对网上银行安全存储和安全传输的最低技术标准进行明确法律规定，才能够确保网上银行采用的安全保障技术符合信息安全的要求。2012 年，中国人民银行发布了《网上银行系统信息安全通用规范》（旧规范，已失效），从技术、管理和业务方面提出了有针对性的安全要求，但该规范并没有涉及数据存储和传输的安全性和完整性技术要求。因此，在完善相关法律规定时，可以参照公安部颁布的《信息安全技术 信息系统通用安全技术要求》（GB/T 20271-2006）、《信息安全技术 网络基础安全技术要求》（GB/T 20270-2006）、《信息安全技术 操作系统安全技术要求》（GB/T 30284-2020）等技术标准，从数据完整性和数据保密性方面确定网上银行信息安全存储和传输最低技术标准：第一，信息完整性保护技术标准，信息存储中，安全技术须在读取数据时进行完整性监测，及时监测到泄露可能性，并进行及时的恢复，信息传输中，安全技术须进行完整性监测，及时发现被篡改、删除的

---

　　[1]　NAS 是将存储设备连接到现有的网络上，提供数据和文件服务，其服务器一般是由存储硬件、操作系统及文件系统等部分组成，这种存储技术价格成本相对较低，建立起来也较为便捷，且数据存储和处理功能可以达到分离的状态。

　　[2]　SAN 是指通过特定的互联网方式连接的若干台存储服务器组成一个单独的数据网络，它的硬件基础设施是光纤通道。SAN 是一种特殊的高速网络，允许任何服务器接到任何存储阵列，可以提供大容量的存储数据服务，其成本相较于 NAS 要更高一些。

可能性，并及时采取恢复性措施；第二，信息保密性保护技术标准，信息存储中，安全保护技术须做到保证除有访问权限的合法用户之外，其他人都无法进入数据系统，同时保证寄存器、磁盘等记录的剩余信息不会泄露原有信息。信息传输中，安全保护技术须做到保证在数据传输过程中，信息不被泄露和窃取。此外，也可以鼓励网上银行利用大数据特点和优势，建立自己的数据库，对用户信息做相应的数据挖掘，探索建立动态数据风险监控机制，及时发现用户行为数据中的异常变动，提升风险防范能力。我国《电子银行业务管理办法》对于网上银行的系统设施、加密技术等的标准均只规定为"合适"，如该规章第 38 条第 1 款规定："金融机构应采用适当的加密技术和措施，保证电子交易数据传输的安全性与保密性"；第 40 条规定："金融机构应采取适当的措施和采用适当的技术，识别与验证使用电子银行服务客户的真实、有效身份。"《电子银行安全评估指引》规定了对网上银行进行安全评估的具体内容，但是没有规定评估依据的安全标准，仅规定"网上银行安全评估应真实、全面地评价网上银行系统的安全性"。《个人信息安全规范》是目前我国对个人信息最完善的法律规定，其从个人信息的收集、保存、使用、委托处理、共享、转让、公开披露等方面进行了详细的规定，明确了信息保存时间最小化原则、个人敏感信息加密保存原则、个人信息存储删除义务、信息共享风险评估原则以及跨境数据传输强制报批制度等，但依然没有明确信息安全存储与传输的技术标准。对于信息安全存储和安全传输标准，按照我国等级保护体系的要求，可以将技术要求分为物理安全、网络安全、主机安全、应用安全和数据安全等五个层面，其中，数据存储安全技术又可分为自动全备份技术、事务跟踪技术、自动检测技术三方面，而数据传输安全技术则包括防火墙技术、网络威胁检测与防护技术、虚拟专用网络（VPN）技术、无线局域网安全技术、网络设备安全防护五个方面。网上银行信息安全的相关立法需要考虑到这些技术要求，从而制订专门的操作规范，才能有效地保护网上银行的信息安全。

综上所述，我国目前在网上银行的安全技术方面比较原则性的规定了个人信息的储存与传输规则，但过于笼统和宏观，缺乏针对性的操作规范和明确的最低安全技术标准，网上银行信息安全的相关立法需要考虑物理安全、网络安全、主机安全、应用安全和数据安全等五个层面，制订专门的操作规范，有效地保护信息存储与传输安全。

二、未完善网上银行信息使用规则

大数据时代，大部分的数据采集都包含个人信息，而个人信息作为数据的价值不仅仅来源于提供基本信息，更是来源于信息数据的二次利用。网上银行通过收集用户的各种信息，还原特定用户的消费习惯、购买意向等，从而实现更精准的营销，追求网上银行用户个人数据的最大效用。网上银行由于天然的便利条件，存储包括用户属性信息、用户行为信息、用户交易信息等隐藏着用户需求和潜在业务机会的数据。对于这些信息，目前国内的网上银行已经开始使用一些大数据应用工具进行数据挖掘，分析用户情绪、预测用户行为。在这种情况下，网上银行面对存储的海量用户数据，很有可能出于追求精准营销的目的，滥用网上银行用户的信息，导致网上银行客户的信息安全难以得到保障。因此，如何规定网上银行对用户信息的使用规则，限定网上银行对用户信息的使用范围和方式，明确信息泄露后应承担的后果，以保证用户享有知情权、选择权，平等交换和授权使用的权利，关系到大数据时代网上银行信息安全保障义务的最终实现。但我国《电子银行业务管理办法》《储蓄管理条例》等相关法律法规，并没有对网上银行的信息使用规则进行具体规定。《电信和互联网用户个人信息保护规定》《个人信息安全规范》等法律中有关于用户信息使用规则的部分规定。《电信和互联网用户个人信息保护规定》第8条规定："电信业务经营者、互联网信息服务提供者应当制定用户个人信息收集、使用规则，并在其经营或者服务场所、网站等予以公布。"第9条分四个层次对信息收集、使用规则进行细化，分别是事先经用户同意并且事先确告知用户收集使用信息的目的、方式和范围；不得收集提供服务必需以外的用户个人信息或者将信息用于提供服务之外的目的；不得欺骗、误导或强迫收集、使用用户信息；在用户终止使用服务后，应当停止对用户个人信息的收集和使用。《个人信息安全规范》对于个人信息的使用，从个人信息访问控制措施、个人信息的展示限制、个人信息的使用限制等方面进行了规定，例如《个人信息安全规范》第7.1（a）条[1]和

---

[1]《个人信息安全规范》第7.1（a）规定：对被授权访问个人信息的人员，应建立最小授权的访问控制策略，使其只能访问职责所需的最小必要的个人信息，且仅具备完成职责所需的最少的数据操作权限。

第 7.2 条[1]等。虽然上述有关信息使用的规定具备一定的完整性和可实施性，但是并没有内化为各网上银行隐私政策的一部分，例如，中国工商银行《工银融 e 行用户隐私政策》对于如何使用网上银行用户的信息仅规定了 3 条[2]，且都为原则性的格式条款，对于"其他服务或营销推广""本政策载明的收集目的、用途或合理相关范围"等概念过于模糊，此外，网上银行与用户之间的服务协议中也缺少上述信息使用规则的规定。《个人信息安全规范》中关于信息的使用规则相对具体，应当将上述规范内容转化为各家网上银行隐私政策和用户服务协议内容的一部分，进而确立强制性的、统一的网上银行信息安全使用规则。

三、缺乏对网上银行信息安全告知和协助义务的法律规定

银行的告知、协助以及保密义务是一种典型的附随义务，其符合附随义务源自诚信原则，从属性、不确定性和辅助性的特点。首先，网上银行告知、协助与保密义务源于诚实信用原则，例如银行的保密义务，通过开展网上银行业务，网上银行掌握着用户大量的个人信息，这些信息单纯从持有的角度来讲，并不会产生现实的利益，只在信用评估、确定用户身份真实性等履行合同过程中起到辅助合同实现的作用。网上银行对这些个人信息审核评估完以后，根据网上银行用户信息的真实性提供查询、转账等服务，发放不同额度的贷款，出售金融产品，合同主给付义务履行完毕以后，用户的个人信息实际上基本没有价值，银行需要对这些信息通过个人信息数据库的形式进行妥善保管，基于诚实信用原则不得将信息泄露或者非法利用，辅助主给付义务的实现。其次，网上银行告知、协助与保密义务具有不确定性，不管是用

---

[1] 《个人信息安全规范》第 7.2 规定：涉及通过界面展示个人信息的（如显示屏幕、纸面），个人信息控制者宜对需展示的个人信息采取去标识化处理等措施，降低个人信息在展示环节的泄露风险。例如，在个人信息展示时，防止内部非授权人员及个人信息主体之外的其他人员未经授权获取个人信息。

[2] 《工银融 e 行用户隐私政策》我们如何使用您的信息：（1）您同意我们可将您的信息用于我们的其他服务或营销推广，例如向您推荐您可能感兴趣的产品或服务；（2）确保服务安全，帮助我们更好地了解融 e 行运行情况，我们可能记录融 e 行运行的相关信息，比如，您使用融 e 行的频率、崩溃数据、总体使用情况、性能数据等。我们不会将存储在分析软件中的信息与您在融 e 行中输入的任何个人身份信息相结合；（3）当我们要将您的用户信息，用于本政策载明的收集目的、用途或合理相关范围以外的其他用途时，我们将在使用前再次征得您的同意。

户通过网上银行开展什么业务，都会产生大量的个人信息，合同成立前，网上银行对于确定用户身份真实性的个人信息只能用于确认用户身份，合同履行中对审核用户资质等产生的个人信息只能用于审核用户信用等级，合同履行完以后，银行对于用户的个人信息予以保留，但是只能用于诸如催债、提示还款等用处，因此，不得泄露和非法利用客户信息的义务贯穿于合同的整个过程中，并不因网上银行业务的不同而承担不同的义务，不像主给付义务那样具有确定性的履行内容。再次，网上银行告知、协助与保密义务具有从属性，其相对于合同主给付义务而言，居于从属地位，更多地体现为一种保护义务，可以使合同当事人的权益得到更好的保护，这种义务与主给付义务决定合同的性质不同，与从给付义务直接促进给付和履行亦不同。最后，网上银行告知、协助与保密义务具有辅助性，它使网上银行一方的义务扩展到当事人事先不确定也无法确定的权利义务范围，形成一种扩张责任，为用户提供更大范围内的保护伞，旨在于使网上银行合同的目的全部达成，从而更好地保护网上银行用户的合法权益。

在大数据时代，数据的价值很大一部分体现在二级用途上，即利用数据进行再分析和再预测。由于网上银行往往是在收集数据之后才意识到数据再分析和再利用的价值，因此，仅仅预防和限制网上银行对用户信息的滥用，不足以有效保护用户的个人信息安全。保护网上银行用户信息安全，重点不应只是设定"告知与许可"的信息使用规则，更应确定网上银行应当承担的附随义务，义务与责任相对应，使得网上银行为了避免承担相应的责任，不得不依法承担保障信息安全的附随义务，从而对用户信息的收集和保护进行进一步的优化。我国《电子银行业务管理办法》第89条第1款规定："金融机构在提供电子银行服务时，因电子银行系统存在安全隐患、金融机构内部违规操作和其他非客户原因等造成损失的，金融机构应当承担相应责任。"虽然规定了网上银行应采用适当加密技术、身份认证技术，并负有签订电子合同的义务，但没有规定网上银行审慎审查用户身份、限制储存个人信息时间和帮助追查、追偿等附随义务。

《民法典》合同编中规定的附随义务包括通知、协助、保密等义务。对于协助义务，《民法典》第741条规定："出租人、出卖人、承租人可以约定，出卖人不履行买卖合同义务的，由承租人行使索赔的权利。承租人行使索赔权利的，出租人应当协助。"当发生第三人侵犯网上银行用户信息的情形时，用户由于自身能力的限制和信息的不对称，通常无法找到侵权人，对于这种情形，应当比照《民法典》合同编规定的协助义务，规定网上银行负有帮助追偿、追查的义务，尽量帮助用户寻找侵权人，帮助用户索赔，并在用户提起诉讼时提供相关证据和证词证言，并应规定如果网上银行在接到用户通知后没有尽到帮助追查、追偿义务的，则应当承担相应的责任。此外，还应当赋予网上银行告知义务，明确告知银行收集网上银行用户信息的范围、收集信息的方式等内容。目前，我国有关网上银行信息安全的法律规范中，只对保密义务这一附随义务进行了规定，并没有将告知和协助义务规定为一种法定的附随义务。例如《征信业管理条例》《电信和互联网用户个人信息保护规定》《个人信息安全规范》等都有明确信息控制者应当履行保密的附随义务。告知义务和协助义务相较于保密义务而言是一种应当主动履行的附随义务，如果保密义务是一种消极的不得泄露的义务，那么告知和协助义务就是一种积极的维护网上银行用户合法权益的义务。因此，有必要明确规定网上银行的告知义务，分为面向不特定对象的告知（信息披露义务）和面向特定对象的告知（告知用户银行收集用户信息的范围、收集用户信息的方式等内容）；有必要立法明确规定网上银行的协助义务，即网上银行负有帮助追偿、追查的义务，尽量帮助用户寻找侵权人，帮助用户索赔，并在用户提起诉讼时提供相关证据和证词证言。同时也应进一步强化网上银行保密义务的履行，加大对网上银行金融企业以及合作机构等信息泄露源头的处罚力度，督促网上银行加强对合作机构的审查，禁止金融机构、房产机构、物业公司等利用电话、邮件等在未经网上银行用户同意的前提下向第三方披露非公共的个人信息，最大限度遏制信息泄露事件的发生。

四、未细化信息泄漏后的责任承担和举证责任分配规则

在司法实践中，网上银行信息侵权大致包括三种：一是网上银行自身安全技术漏洞和职员操作不当；二是用户故意、重大过失或者一般过失造成信息泄露或者非法利用；三是第三人通过技术手段破坏网上银行安全系统盗取用户信息。目前，针对网上银行信息侵权的不同种类，网上银行应如何承担责任，缺乏明确的法律规定。

在举证责任分配方面，在一般民商事侵权案件中，举证责任遵循"谁主

张，谁举证"的原则，在网上银行因自身安全技术漏洞和职员操作不当导致信息泄露后的情形，责任承担构成要件与一般法律责任承担相同，即需具备侵权行为、主观过错、损害事实和因果关系四个要件，但对于举证责任该如何分配目前仍没有明确的规范。我国的《电信和互联网用户个人信息保护规定》中对信息泄露后的责任承担有所规定[1]，但这些规定只是针对信息泄露后的责任承担做了简要的概括，而对于信息泄露的具体情况未做深入的细化分类，且没有对举证责任的分担进行明细。网上银行不同于一般的经营者，网上银行业务具有虚拟化和无纸化的特点，网上银行通过借助虚拟平台，并运用信息技术为用户提供相应的服务、开展业务所用到的硬件设施以及软件应用都来自网上银行一方，在因网上银行硬件系统、技术软件等出现问题，导致用户产生损失的情形，用户存在较大的取证难度。同时网络环境下个人信息的收集、存储和使用环境复杂，追溯成本和难度过高，用户与银行的实力和能力过于悬殊，根据传统民事诉讼"谁主张，谁举证"的证明责任分配原则，显然会加重网上银行用户举证责任的承担。同时，网上银行信息侵权事件的证据多为电子证据，具有网络化和数字化的特点，储存在网上银行服务器上，网上银行用户并不能真正掌握，在诉讼中要求用户提供掌握在网上银行一方的电子证据显然有失公平，为保护用户的合法权益，应当根据网上银行和用户对电子证据的实际掌控能力等因素，适用举证责任倒置。而且，依据我国《最高人民法院关于民事诉讼证据的若干规定》（2008 年）第 7 条关于酌定分配举证责任的规定，在网上银行信息侵权的新型案件中，法院可以基于网上银行与用户明显不对等的地位，依据诚实信用原则和公平原则合理的分配举证责任。在举证责任承担上，银行作为强势一方，由用户举证证明银行构成侵权，用户如果举证不能则要承担不利的法律后果，则显得尤为不公，而且目前对哪种情形下银行应当承担更多的举证责任也缺乏细化的规定。鉴于实行个人信息泄露举证责任倒置更有利于解决此类问题。关于具体的举证责任分配规则，可以参照《民法典》侵权责任编关于环境侵权行为的举证责任分配规则，将"过错"和"因果关系"两个侵权责任要件倒置给网

---

[1]《电信和互联网用户个人信息保护规定》第 14 条第 1 款规定：电信业务经营者、互联网信息服务提供者保管的用户个人信息发生或者可能发生泄露、毁损、丢失的，应当立即采取补救措施；造成或者可能造成严重后果的，应当立即向准予其许可或者备案的电信管理机构报告，配合相关部门进行的调查处理。

上银行，由网上银行承担证明自身不存在过错以及侵权行为与损害后果之间不具有因果关系的举证责任，用户只需要承担证明网上银行存在不履行或者不适当履行信息安全保障义务的侵权行为，以及因网上银行未履行安全保障义务导致其损害发生。如此一来，将大大地减轻网上银行用户的证明责任，更好地维护网上银行用户的信息安全和财产安全。

五、缺乏统一的网上银行信息安全监管机关

网上银行信息安全的保护离不开有效的监管，监管职责的明确、执法标准的统一尤为重要，而我国目前有关网上银行信息监管的规定散落于众多法律法规中。《网络安全法》第50条规定了国家网信部门和有关部门依法履行网络信息安全监督管理职责；《征信业管理条例》第33条规定了国务院征信业监督管理部门及其派出机构履行对征信业和金融信用信息基础数据库运行机构的监督管理职责；《电信和互联网用户个人信息保护规定》第3条规定了工业和信息化部和各省、自治区、直辖市通信管理局依法对电信和互联网用户个人信息保护工作实施监督管理；《商业银行法》第73条[1]规定了商业银行及其分支机构侵害客户合法权益时应当由国务院银行业监督管理机构给予行政处罚，即当网上银行怠于履行信息安全保障义务致使用户合法权益遭受侵害时，银保监会应给予行政处罚，银保监会对网上银行信息安全亦具有监管职责；2020年9月1日审议通过的《中国人民银行金融消费者权益保护实施办法》又规定了中国人民银行依法承担金融消费者的信息保护，但并未明确央行具体负责金融信息保护的职能部门；2021年4月29日公布的《个人信息保护法（草案二次审议稿）》又明确国家网信部门负责统筹协调个人信息保护工作和相关监管管理工作。综上所述，我国目前的网上银行信息安全监管，没有统一的监管机构，存在监管职责不明确、监管机构职能分散和多头

---

〔1〕《商业银行法》第73条规定："商业银行有下列情形之一，对存款人或者其他用户造成财产损害的，应当承担支付迟延履行的利息以及其他民事责任：（一）无故拖延、拒绝支付存款本金和利息的；（二）违反票据承兑等结算业务规定，不予兑现，不予收付入账，压单、压票或者违反规定退票的；（三）非法查询、冻结、扣划个人储蓄存款或者单位存款的；（四）违反本法规定对存款人或者其他客户造成损害的其他行为。有前款规定情形的，由国务院银行业监督管理机构责令改正，有违法所得的，没收违法所得，违法所得五万元以上的，并处违法所得一倍以上五倍以下罚款；没有违法所得或者违法所得不足五万元的，处五万元以上五十万元以下罚款。"

交叉执法的情形，不能有效防范和及时制止网上银行信息侵权行为，网上银行等信息控制者为了追求利益，往往利用监管漏洞违法分析、处理甚至兜售所掌握的个人金融信息，侵害用户的合法权益，危及金融安全和稳定，因此，明确网上银行的信息安全监管职责，避免多头交叉监管，提高监管效能尤为重要。

六、未建立网上银行信息安全的国际合作机制

大数据时代，信息早已超越国界，在世界范围内迅速流动和传播。2013年美国"棱镜门事件"[1]的曝光使得国际社会意识到信息安全已不再是某个国家独立存在的问题，单凭一个国家的力量难以从各方面从容应对，世界各国在信息安全面前早已成为一个命运共同体。信息安全保护主要有单边保护措施、双边保护措施和多边保护措施。单边保护措施是指由一些经济实力比较大的国家或者地区性组织来制定符合本国的个人信息保护政策，并通过采取强制性措施推行本国的法律理念和原则，迫使被强制国家不得不制定或者修改与强制国家相同的政策。双边保护措施是指两个国家经过平等谈判、协商达成双边协议，共同解决信息跨境保护问题，从短期来看，信息保护双边协议是两个国家共同意志的体现，但是如果双方实际情况相差甚远，形式上是平等协商，实质上和单方保护措施没有本质区别，也是强国一方单方推行其政策措施。多边保护措施是指国际社会、各个国家和地区通过协商，合作完成跨境数据传输和保护。多边保护措施符合世界各国的共同利益，信息安全多边保护协议是世界各国共同意志的体现，是最值得倡导的国际合作机制。但目前有关信息安全的多边性保护措施较少，只有欧盟的信息保护协议属于区域性的多边保护措施，世界各国并没有以"网上银行信息安全国际公约"的形式规定各国网上银行都应当遵守的信息安全保障义务。因此，应当加强信息安全国际合作与交流，美国每年都会举办 RSA 信息安全大会（RSA Conference），至今已经举办 30 次，成为国际信息安全领域规模大、具有影响力

---

〔1〕　2013 年 6 月 9 日，前美国国家安全局（NSA）员工斯诺登逃到香港，向英国《卫报》揭露了 NSA 的丑陋行为，据斯诺登透露，美国自 2007 年开始许可实施一项代号为"棱镜"的电子监听项目，监听对象包括所有在美国境外的人员，同时该项目通过接入苹果、微软等 9 大影响力遍及全球的互联网公司的中心服务器，对境外非美人员搜集大量情报和个人信息，对全球用户隐私和个人信息安全产生巨大威胁。

的产业盛会，每年都会有来自全球范围内的专家聚集于此探讨信息安全新趋势新难题，这种每年举办论坛、峰会是比较提倡的一种国际交流方式。此外，可以参照 2015 年中国、俄罗斯联邦、塔吉克斯坦和乌兹别克斯坦向联合国大会共同拟定提交的《信息安全国际行为准则》，尽快制定"网上银行信息安全国际公约"，形成全球性统一的信息安全保护机制和行为准则。

第五章

大数据时代网上银行信息安全保障义务的
立法比较及借鉴

　　早在互联网兴起之初,世界各国就普遍意识到个人隐私在信息时代的重要性。20 世纪 70 年代以来,多个国家和地区陆续制定了有关个人信息保护的法律,1970 年德国黑森州制定了《个人信息保护法》,开启了个人信息立法保护的先河。在这之后,瑞典在 1973 年通过了《资料法》,美国在 1974 年制定了《联邦隐私权法》,德国在 1977 年制定了《联邦个人信息保护法》,欧洲议会也于 1981 年出台了《个人数据保护协议》,英国在 1984 年制定了《数据保护法》,1987 年日本信息处理系统中心制定了《关于金融机构等保护个人数据的指针》(1999 年 4 月进行了修改),1988 年《欧盟个人数据保护指令》生效。目前,世界上制定和颁布个人信息保护法律的国家或地区已经超过 60 个,其中,欧盟对个人信息的立法最为全面和完善,通过研究、梳理和比较欧盟、美国、日本、韩国与荷兰等国家和地区有关网上银行信息安全保护的立法规定,可以为大数据时代我国网上银行的信息安全保护提供有效的法律借鉴。

第一节　　美国网上银行信息安全保障义务的法律规定

一、美国个人信息的隐私权保护路径

　　1974 年,美国通过了第一个隐私权保护法案《联邦隐私权法》,明确"隐私权为联邦宪法所保障的基本人权"。从该法中可以看出美国的个人信息保护渠道主要有个人信息的公法保护以及行业自律两个方面。《联邦隐私权法》主要针对的是政府部门,该法案对联邦政府如何收集、使用和处理个人

信息进行了详细的规定，并且针对个人隐私保护的定期观察和报告专门建立了"隐私保护观察委员会"。个人信息的私法保护主要是行业自律，有建议性的行业指引和网络隐私认证计划两种。

（一）个人信息隐私权保护模式的主要立法

1. 1974 年的《联邦隐私权法》

1974 年的《联邦隐私权法》是美国最重要的一部保护个人信息方面的法律，适用的对象是永久性的美国公民和在美国取得永久性居留权的外国公民，《联邦隐私权法》将公民的隐私权视为一项独立的人格权，属于人格权体系的重要组成部分。《联邦隐私权法》主要是用来约束美国联邦政府处理个人信息的行为，对政府机关如何收集和处理个人信息作出了比较详细的规定，有利于缓解个人信息有效利用与隐私权保护之间的冲突。规范的内容主要包括储存的个人信息的类型、收集的个人信息如何向社会公众公开以及对政府机关应当以何种方式收集个人信息等。

《联邦隐私权法》规定的权利主体是个人信息的享有者或者有权使用者，义务主体是联邦政府机关，该法的不足之处在于规范对象的范围过于狭隘，所规定的政府机关并不是涵盖所有的政府机关，例如，该法适用联邦部会以上的机构，而非联邦部会以下的机构，也不适用政府的各级行政机构和民间性的民间企业组织，这就使得其规范对象过于受到限制，进而使得《联邦隐私权法》的功能有所折扣。与此同时，该法缺乏常设的独立机构对其执行情况进行监督，这就造就了个人信息保护相对虚空的状况。《联邦隐私权法》是典型的对隐私权保护的一般立法，没有区别领域，几乎涵盖所有的个人信息，有隐私权保护纲领性立法的色彩。

2. 1986 年的《电子通讯隐私法》

1986 年通过的《电子通讯隐私法》是目前美国保护网络隐私权最全面的一部法律，由 3 章组成，分别为"窃听法"（Wiretap Act）、"存储通讯法"（Stored Communications Act）和"笔式记录器法"（Pen Register Act）。涵盖了几乎所有类型的数字化通讯方式。除了政府外，该法还明确禁止个人、企业未经授权对通信信息的拦截、窃听及对已存储通讯信息的查阅。从总的原则上看，《电子通讯隐私法》以坚持通讯监听令状许可制度为前提，又有一定的灵活性，允许刑事侦查机关可在未经授权的特殊情况下监视互联网及其他形式的通信联络系统。也就是说，对于绝大部分需要实施监听侦查的案件而言，令状许可必不可少。

3. 1998 年的《儿童网上隐私保护法》

美国国会在 1998 年通过了《儿童网上隐私保护法》，于 2000 年生效，其立法的宗旨在于，相对于一般的隐私权保护，儿童网上隐私的保护应当处于国家优先保护的地位。《儿童网上隐私保护法》要求包括美国在线在内的众多网络服务提供商将所有不满 13 周岁儿童的登录信息予以彻底性的删除，并明确告知网络服务提供商收集不满 13 周岁儿童的个人信息时必须要事先征得其父母的明确授权，不得未经儿童父母的明示同意而擅自收集儿童的任何网上个人信息。《儿童网上隐私保护法》生效后，13 岁以下的儿童进行网络活动必须使用一种美国在线网络家长监控系统监测之下的电子个人信息登记表，这实际上使得 13 岁以下的用户在网上的活动受到一定的严格限制。

综上所述，从美国隐私权立法的发展历程来看，呈现出从一般立法到特别立法的发展趋势，并且越来越多具体领域的隐私权保护也日益受到了重视，并制定了许多细分领域的法律，从而对隐私权进行了全方位的保护。同时，由于判例法本身的局限性，隐私权立法也更向制定法倾斜，这也为金融领域的个人信息保护立法奠定了基础。

（二）个人信息隐私保护的行业自律模式

行业自律保护主要包括两种模式：一种是建议性的行业指引；另一种是网络隐私认证计划。建议性的行业指引通过提供可供执行的行业规范，为行业内的个人信息保护提供确切的指引，但是这种指引是建议性和参考性的，除非行业指引的制定者明确要求成员予以采纳和接受，其原则上并不对行业内成员产生强制约束力，亦不对成员的行为进行监督，如美国在线隐私联盟就曾于 1998 年公布了一项建议性的行业指引——《在线隐私指引》，要求美国在线隐私联盟的所有成员都必须采纳和执行该隐私指引。网络隐私认证计划通过对行业进行自我规范，实现对网络隐私保护和建立公众信任，网站要想加入该认证计划必须通过合格的认证程序，并在其自身网站公布隐私认证的标识，遵守认证计划要求的关于个人信息收集的行为规范并接受监督，如 BBB Online、TRUSTe 等。[1]

美国政府倡导自由经济，鼓励自由竞争，充分发挥市场机制，推动各行

---

〔1〕　参见郎庆斌：“国外个人信息保护模式研究”，载《信息技术与标准化》2012 年第 C1 期。

业自律组织不断发展。这种模式有利有弊，优点在于其适应美国自由经济市场中的个体差异，特别是收集和处理个人信息的内容和方式的差异，也可以弥补立法的落后对于信息技术发展限制的缺陷；其弊端在于这种模式没有统一的标准，缺乏有力的法律支撑和执行力，参与制定者为看重个人信息财产权益的企业，更容易忽视个人信息所涵盖的人格权益；此外，这种行业自律模式缺乏监督执行机制，无法保障行业自律的公信力和执行力度，比如缺少申诉评估机制等。

表 5-1　美国个人信息隐私保护的行业自律模式

类型	组织名称	简介	特点
建议性的行业指引（Suggestive Industry Guidelines）	（OPA，Online Privacy Alliances）在线隐私联盟	该《在线隐私指引》于 1998 年 6 月 22 日公布，在线隐私联盟（OPA）是一个产业联盟，该指引适用于从网络上搜集到的消费者的可识别的个人信息。该指引的主要内容为，该政策规定了应该全面告知消费者网站的资料搜集行为，包括所搜集信息的种类及其用途，是否向第三方披露该信息等。根据该指引，OPA 的成员公司同意采纳和执行张贴 OPA 的隐私政策	该联盟呼吁自我执行的机制，例如，为消费者提供某种程度救济的网络隐私认证计划（Seal Program 亦直译盖印计划）。OPA 的指引被许多主要的隐私认证计划所采用，并将之作为他们自身的认证标准和加入认证的条件
网络隐私认证计划（Online Privacy Seal Program）	BBB	Online Privacy 是由多家知名企业联合组织发起的，公司在网页上放置 BBB Online 的徽标，表示他们愿意遵守 BBB Online 有关隐私权及个人信息保护的指导原则。BBB Online 将对其成员执行隐私指导原则的情况进行监督检查，违规者将或被取消成员资	涵盖的个人信息的范围不仅包括个人可识别信息，还包括潜在的个人信息。消费者投诉争议解决程序有许多的遵从激励机制，包括对于决定的公告机制，中止和取消 BBB Online 的认证，

类型	组织名称	简介	特点
	BBB Online	格，或被公开点名或被移送政府有关部门	以及递交给联邦贸易委员会该申诉
网络隐私认证计划（Online Privacy Seal Program）	（在线隐私封条服务网）TRUSTe	TRUSTe 是美国电子前线基金会与 Commerce. net 共同发起的以倡导网上隐私保护为主旨的非营利性机构，各网站均可以与 TRUSTe 签订具有法律约束力的协议成为其中的一员，并遵守其所要求的网络隐私保护的基本原则。各网站通过取得在自己的网站上粘贴认证标志的许可，向消费者表明自己是对消费者网络隐私和个人信息负责的网站。微软 IBM、AT&T、EXCITE 和 COMPAQ 等知名公司均是其认证成员。对各网站执行协议的情况进行随机抽查，发现违反者将取消其使用 TRUSTe 认证标识的权利，并将其列入"不守规矩的网站"的名单中，严重违规的网站也可能以欺诈罪被推上法庭[1]	有关隐私保护的基本原则是 OPA 指引中的有关原则为蓝本。其发展迅速，在短短两年之内，申请加入认证的网络服务商达到 1000 多家，且多为著名的 ISP，规模甚大。它是一个民间的认证机构，虽具有审查权，但那只是基于认证协议的规定，不具有强制执行的效力，该机构所能给予的最强的惩罚为取消认证。在争端解决上采取诉讼外解决方式（ADR），并在其中发挥监督和调解的作用，可受理消费者的有关投诉；该组织仅为自律性组织，并非官方的委员会，故不排除最终的官方解决途径，可转由联邦贸易委员会审理

---

〔1〕　参见孙聆瑜："大数据背景下隐私之嬗变及隐私权保护研究"，武汉理工大学 2019 年硕士学位论文，第 40 页。

二、美国个人金融信息保护的主要立法及特点

(一) 主要立法

受到传统文化的影响，美国将个人信息视作公民隐私权的一部分，与隐私权保护的思路相一致，提出了"信息隐私权"的概念。美国个人金融信息保护采取分散立法的模式，主要通过联邦及各州层面制定的具体法律来规范金融隐私权。

1. 《公平信用报告法》(FCRA)

美国《公平信用报告法》(Fair Credit Reporting Act，英文缩写 FCRA) 是规范信用信息收集和获取信用报告途径的法案，是首部通过联邦立法来规范客户金融隐私的法律，它于 1970 年通过，以确保信用报告机构档案中包含个人信息的公平性、准确性和隐私性。《公平信用报告法》是规范向消费者提供信用报告有关信息的所有行为的主要立法，重点关注信用报告机构使用他们收集到的有关消费者信用记录信息的方式，旨在保护消费者免受错误信用信息的侵害，为信用报告机构用于收集和验证信用信息的方法提供了非常具体的指导，并明确了基于哪些原因或情形可以披露信用信息。[1] 该法案的两个重点关注领域包括保护信用报告信息和记录信用信息的标准。正如《公平信用报告法》所指定的那样，联邦贸易委员会 (Federal Trade Commission, FTC) 和消费者金融保护局 (Consumer Financial Protection Bureau) 是负责监督和执行该法案条款的两个政府机构，整个 FCRA 可以在美国法典 15 篇的 1681 节中找到。

2. 《银行保密法》(BSA)

《银行保密法》(BSA, Bank Secrecy Act)，也称为货币和对外交易报告法 (Currency and Foreign Transactions Reporting Act)，它是美国国会在 1970 年通过的法案，该法案要求在发生洗钱和诈骗案时，美国的金融机构要与美国政府合作。该法案除了能大大减少洗钱行为的发生，还可以防止银行在非法活动中成为无知中介。为了反洗钱，《银行保密法》要求银行，如果一个客户在 24 小时内经过一次、两次或多次相关交易取出超过一万美元的现金时，就应

---

〔1〕 参见李明："'大数据时代'美国的隐私权保护制度"，载《互联网金融与法律》2014 年第 9 期。

报告这些交易。《银行保密法》还要求银行报告那些可能涉嫌洗钱或欺诈的可疑活动，如果涉及五千元或以上的资金或资产交易，该活动将被认为是可疑的，金融机构可怀疑它是牟利的非法活动或是为了掩盖非法活动的交易。除了传统的金融机构，如银行和经纪，还有许多其他机构也要求根据《银行保密法》报告可疑活动，包括发行或赎回汇票的企业、赌场以及宝石和贵重金属交易商。

换言之，《银行保密法》其主旨不是要求银行为客户保密，而是促使银行依照程序披露其客户相关的金融交易。但由于政府要求金融机构向其依照程序披露客户金融信息，即使严格按照程序也实际上与银行对客户信息的保密义务相冲突。这促使美国国会重新审视和评估联邦政府向金融机构索取客户信息的正当性后，出台了一系列相关法律。《银行保密法》同样强调网上银行用户储存于金融机构的银行账户信息，在合理范围内免受联邦政府的监视，虽然该法案的着重点在于联邦政府在金融隐私方面受到的限制，但它为网上银行用户信息保护权奠定了基础的法律框架。网上银行用户对金融机构所保管的涉及自身利益的信息有控制权，这个法案强调两点：首先，网上银行用户对于自身信息享有权利，联邦政府要使用上面的信息必须受到金融隐私权的限制，具体为需要向网上银行用户履行通知义务，即告知消费者及调取信息的目的及程序步骤；其次，金融机构有义务保护网上银行用户的信息安全，绝不能随意将信息提供给联邦政府，除非相关机构能够出具书面证明，但该法案遭到了反对，认为会阻碍联邦政府对刑事犯罪的调查。

3.《金融隐私权法》（RFPA）

美国国会于 1978 年通过了《金融隐私权法》，立法目的在于限制联邦政府机构收集金融客户资料及其他信息的权力范围，保护金融客户的隐私。《金融隐私权法》的产生与《银行保密法》密切相关，《银行保密法》的出台，引起了人们对金融信息保存于金融机构安全性的质疑。《金融隐私权法》明确规定了联邦政府机构取得金融客户信息资料和记录的程序、方式以及例外情况，[1]根据《金融隐私权法》，银行只有符合以下四种情形，才可以向联邦政府机构披露金融客户的个人信息，这些情形包括：（1）依照联邦政府行政

---

〔1〕　参见侯小锋："欧美国家金融隐私保护制度比较及对我国的启示"，载《金融发展评论》2012 年第 10 期。

部门的命令；（2）事先经过金融客户的授权同意；（3）依照美国各级法院按照司法程序签发的搜查令；（4）依照《金融隐私权法》规定的程序批准透露的金融客户的信息资料和记录。除上述情形之外，任何机构需要取得银行资料或记录时，首先依照法定的程序向银行提出使用申请，其次应履行向银行客户通报的义务，最后银行客户对该机构取得信息资料有异议的，有权对提出此种要求的个人或机构提出抗诉。美国 1978 年颁布的《金融隐私权法》在法律层面将个人金融信息确定为隐私权范畴，后续的相关立法主要从金融隐私权保护的角度出发。[1]

4.《金融服务现代化法》（GLBA）

美国国会于 1999 年通过了《金融服务现代化法》，该法的第五章重点规制金融服务业隐私保护的问题，规定每个金融机构有明确和长期的尊重客户隐私的义务，《金融服务现代化法》的适用对象为所有的金融机构，其所建立的金融隐私保护法制可以归纳为五个方面。（1）通知。金融机构负有制定明确详实的隐私政策的义务，并通过该隐私政策详细地向客户说明与关联机构和其他非关联机构共享客户信息资料的方式和共享的信息资料种类。金融客户的"非公开信息"在未经向其明确通知的前提下，任何个人和机构都不可以将该非公开信息披露给第三人，以保障客户对个人信息的控制权。（2）选择退出。金融机构在向非关联第三方公开个人隐私数据之前，消费者享有选择退出的权利，消费者可以选择拒绝金融机构与第三方分享其个人资料。（3）信息二次使用。禁止金融机构出于营销目的向非分支机构第三方披露数据信息。一个公司向非分支机构第三方传送信息后，除非再流通对象是依据规定可以直接披露信息的对象，第三方不得再将该信息转给他人。（4）安全性。金融监管机构应当制定管理和技术上的保护标准，尽可能地减少风险地发生；同时金融机构也应当切实地履行客户隐私权保护义务，这种义务是一种持续性的义务，在服务客户的整个过程中都应当不间断地履行，防止任何人未经授权而取得"可能导致客户实质损害或不便"的金融记录。（5）执行。经国会同意生效后，规定联邦贸易委员会等 8 个政府机构按照各自职能制订相应的

---

[1] 参见黄晶晶："个人金融信息的国际法保护"，华东政法大学 2011 年硕士学位论文，第 11~12 页。

行政规章来具体执行这些隐私条款。[1]

（二）美国个人金融信息保护立法的主要特点

受文化传统等多方面因素的影响，美国金融隐私保护立法脱胎于美国隐私法的立法模式，与美国隐私法十分相似，但随着新形势的不断发展，美国金融信息保护立法明确了网上银行用户可以对自身金融信息的控制权，同时，规定了更多金融机构的金融信息保护义务。

1. 行业自律模式占据重要地位

美国金融信息立法模式有十分明显的行业自律的特点，它将金融信息立法的一些规则制定权让渡给大部分的金融机构，而这些金融机构大部分是收集、使用、储存网上银行用户信息的一些机构，这就有可能会产生监守自盗的行为，即这些金融机构制定的规则形式上是为了保护网上银行用户的个人信息，而实际上是站在金融机构的自身立场，保护自己的最终利益。

2. 金融信息保护与国家利益之间的矛盾

美国一直是一个崇尚自由的国家，对于金融信息保护采取的是自由放任的态度，更多地是由金融机构和消费之间签订协议，来确定金融机构的保密义务。但是由于金融机构往往处于强势地位，信息使用同意往往是默示规则，在这样的过程中，网上银行用户的信息更容易被泄露或者非法利用。随着国家、社会、公民对于个人隐私保护的重视程度不断地提升，以及受到其他各种因素影响，例如网络恐怖主义攻击等因素影响，美国开始逐步通过联邦立法规范监管部门及私人机构收集个人信息的活动，这期间出台了诸多法案，旨在限制行政机关对于金融信息的不当利用。例如，美国先后通过的《金融服务现代化法》《爱国者法案》等，开始逐步调整金融隐私权保护策略，积极拓展联邦执法机构在取得个人金融信息方面的权限，试图在金融信息保护与国家利益公共利益之间取得相对平衡。

3. 立法框架中场景与风险导向理念的引入

"场景"一词源于美国 Helen Nissenbaum 教授提出的情景脉络完整性理论，指应当充分尊重个人信息原始收集时的具体语境，其后续共享、使用及传输过程不得超过最初的情景脉络。情景脉络完整性理论在个人信息保护领域的适用是将"场景导向"引入到判断个人信息是否属于合理使用的因素，

---

〔1〕　参见方荣军、李结详："评美国的《金融服务现代化法案》"，载《金融纵横》2000 年第 6 期。

即非取决于当事人的同意，而是结合个人信息使用的具体环境并综合考虑多重因素进行审视，避免脱离场景做抽象式的预判。在大数据时代下，信息原始收集的具体语境纷繁复杂，超出立法所能规范和预见的能力范围，因此，对个人信息的保护边界应跳出固定范围，结合不同的场景做动态理解。在正向层面，个人信息保护的目标是防范个人信息滥用，确保个人信息的合理使用，其核心是考察个人信息处理行为给用户带来的后果及隐私影响，考察的过程应引入"风险导向"理念[1]来代替传统"全由有无"的判断标准；在反向层面，个人信息保护的目标是将隐私损害降低至用户可接受的合理程度之内。"风险导向"理念与传统的"知情同意"规则最大的不同之处在于"风险导向"理念承认风险的不可避免性，并要求通过一系列的风险评估与应对措施将风险降低至信息主体可接受的范围内，实现个人信息保护和大数据发展的双重目的。[2]

第二节　欧盟网上银行信息安全保障义务的法律规定

欧盟金融信息安全保护的综合模式一直被视为当今世界金融信息保护的最高标准。虽然在世界范围内欧盟并非第一个提出对个人信息进行保护，但从其对个人金融信息保护的立法技术和保护程度上而言，欧盟的个人信息保护成效是十分明显的。与美国将金融信息保护视为隐私权的延伸不同，欧盟将保护个人信息视作一项基本人权，是一种主动地强调个人控制的权利。

一、欧盟有关个人信息保护的主要立法

欧盟是个人信息安全保护领域的引领者和楷模，自 20 世纪 80 年代起就陆陆续续制定了相关的法规或指令，对个人信息规则制定的基本原则比较全

---

〔1〕　个人信息处理是否合理，取决于信息处理引发的结果是否符合信息主体的"合理预期"。"风险导向"即改变传统立法中"全有全无"的判断，对风险进行"程度性"评估，以个案分析为基础，在具体的场景中对个人信息处理行为的风险做具体判断，划分风险等级，根据风险等级采取不同的管理措施，这种管理是贯穿数据处理全过程的动态控制，直至将隐私风险控制在信息主体可接受的范围内。

〔2〕　参见郭世斌、刘慧："美国、欧盟个人信息保护立法改革路径与启示"，载《华北金融》2017年第 4 期。

面，包括对数据质量、数据特殊类型、数据安全、数据主体保护、赔偿责任等方面都有详细的规定，立法价值倾向明显，覆盖范围广，执行机制健全。《欧盟指令》规定：第三国的隐私法律只有经欧盟委员会判定达到"充分的"保护标准，才能够进行跨境数据传输。为满足《欧盟指令》"充分性"的保护要求，所有欧盟国家甚至一些非欧盟国家纷纷开始制定或修订本国的个人信息保护相关立法，但迄今为止，只有加拿大、阿根廷和瑞士符合欧盟的"充分性"判断标准。欧盟通过这些个人信息安全保护的相关规定，强迫其他国家向其个人隐私保护的标准靠拢，使网络个人隐私权的保护逐渐呈现国际化和统一化的趋势。

表5-2　欧盟个人金融信息保护的立法梳理表

主要立法	主要内容
《有关个人数据自动化处理之个人保护公约》	1981年通过的《有关个人数据自动化处理之个人保护公约》是全球范围内有关数据保护的第一份具有法律约束力的国际性文件，它建立了有关数据保护的基本原则以及各缔约国之间的各项基本义务，对于制定明确的数据保护的全球性标准以及各国国内标准都具有重要的借鉴意义
《个人数据保护指令》（EU Data Protection Directive）	1995年10月24日通过的《个人数据保护指令》又称《九五指令》，对所有关于个人数据处理方面的内容几乎都有所涵盖，为欧盟成员国立法保护个人信息设立了最低标准。《九五指令》要求15个成员国都要各自针对个人数据保护立法，基本原则包括用途上的限制、数据的品质、安全性的原则、透明化的原则等，而且特别针对未符合标准的第三国有防范措施，规定若第三国不符合"适当"标准，则欧盟有权为保护人民个人数据隐私的安全，采取必要措施防止其个人数据转移至该第三国
《关于数据库法律保护的指令》（The European Directive on the Protection of Database）	1996年3月通过的《关于数据库法律保护的指令》对数据库做了明确的界定，数据库是指经系统或有序的安排，并可通过电子或其他手段单独加以访问的独立的作品、数据或其他材料的集合

主要立法	主要内容
《电子通讯数据保护指令》	1996 年 9 月 12 日通过的《电子通讯数据保护指令》除了对 1995 年的《九五指令》进行了补充外，对于电子通信部门的安全保密等相关原则作出了特别规定
《私有数据保密法》	1998 年 10 月颁布的《私有数据保密法》实际上是《九五指令》的延续，针对输入网络站点、存储于服务器上的以及内联网上传输的数据保护问题作出了具体的规定。其主要内容：（1）对个人数据使用规则和传输规则作出了严格的规定；（2）对跨境数据传输作出了更加严格的规定，除非某个国家或地区与欧盟有相用的个人隐私保护标准，否则禁止欧盟成员国的某企业因为业务需要将私人数据传输到该国家或地区
《Internet 上个人隐私保护的一般原则》《关于 Internet 上软件、硬件进行的不可见的和自动化的个人数据处理的建议》《信息公路上个人数据收集、处理过程中个人权利保护指南》	1999 年先后制定了《Internet 上个人隐私保护的一般原则》、《关于 Internet 上软件、硬件进行的不可见的自动化的个人数据处理的建议》以及《信息公路上个人数据搜集、处理过程中个人权利保护指南》等相关法规，在成员国内有效建立起有关网络隐私权保护的统一的法律法规体系，这些法规的制定为网络服务商（ISP）提供了明确具体的隐私权保护标准：（1）《Internet 上个人隐私保护的一般原则》确立有关个人数据保护的一般原则，强调在立法上"既尊重个人权利保障信息交换的保密性，又要保障数据的自由流动；（2）《关于 Internet 上软件、硬件进行的不可见的自动化的个人数据处理的建议》，重点强调了软件和硬件生产商及销售商的责任问题，以及个人数据处理的公正性以及数据主体对其个人数据处理的决定权等；（3）《信息公路上个人数据搜集、处理过程中个人权利保护指南》，主要内容包括提高用户个人权利保护的自我意识、培养和强调网络服务提供商（ISP）的责任、为用户和网络服务提供商（ISP）建立清晰明了的隐私权保护原则

主要立法	主要内容
《隐私和电子通信的指令》	2002 年 7 月 12 日欧洲议会和欧盟理事会以第 2002/58/EC 号指令通过了《隐私和电子通信的指令》，取代了 1997 年的《电子通讯数据保护指令》，该指令将适用范围扩展到了"分组交换传输"（互联网上的数据传输），其内容重点强调保护公开可用的电子通讯设备的用户的位置信息，并要求对个人数据和公开通信服务用户的隐私提供相同的保护。同时为了使其能涵盖所有电子通信服务领域，重新定义了"电信服务"和"网络"
《欧洲 Cookie 指令》（EU Cookie Directive，DIRECTIVE 2009/136/EC）	2009 年 11 月 25 日通过了《欧洲 Cookie 指令》，于 2011 年 5 月 25 日在欧盟正式启用。Cookie 是互联网常用的用户跟踪和识别技术。《欧洲 Cookie 指令》的核心内容是规范电子商务中 Cookie 的使用以及必要的信息披露管理。网站可以在用户电脑本地存放 Cookie 以识别和记录用户的登录、浏览和购买信息，当用户使用浏览器进行内容浏览时，Cookie 便记录和识别用户的个人信息，尽管 Cookie 可以被用户手工操作关闭，但对于绝大多数非 IT 背景的用户来说，如果网站在未明确提示下使用 Cookie 记录相关信息，用户是毫无察觉的
《一般数据保护条例》（General Data Protection Regulation，简称 GDPR）	2015 年 12 月 15 日，欧盟执委会通过了《一般数据保护条例》，于 2018 年对 28 名成员国生效，是对《九五指令》的更新，相比《九五指令》，GDPR 更具有包容性和适应性，该条例的变化主要体现在数据主体的权利，控制者的义务，数据传输规则等方面：（1）《一般数据保护条例》清晰明了地定义了删除权和被遗忘权的主体、客体、适用条件、例外情况及不遵守的处罚措施，丰富了用户的权利，同时针对个人数据处理需征求数据主体同意创设了新条件，对存在特定风险的数据处理也有详细规定；（2）增加义务主体的义务，对数据保护知识的数据保护专员（DPO）的任职和任期等有详细的规定，以及规定了义务主体更多的当责性及透明度、个人数据泄露通知和个人数据的传输等规则

续表

主要立法	主要内容
《通用数据保护条例》	2016 年欧盟通过了《通用数据保护条例》，也被称为史上最严数据保护立法，明确规定了数据主体拥有的权利，即访问权（数据主体应当有权从控制者那里得知其个人数据是否正在被处理）、纠正权（数据主体应当有权从控制者那里及时得知对与其相关的不正确信息的更正）、删除权/被遗忘权（数据主体有权要求控制者擦除关于其个人数据的权利）、数据携带权（数据主体有权获得其提供给控制者的相关个人数据，且其获得个人数据应当是经过整理的、普遍使用的和机器可读的，数据主体有权无障碍地将此类数据从其提供给的控制者那里传输给另一个控制者）、反对权（当因为直接营销目的而处理个人数据，数据主体有权随时反对为了此类营销而处理相关个人数据，包括反对和此类直接营销相关的用户画像）
《隐私与电子通讯指令》（ePrivacy Directive，简称 ePD）修订草案	2017 年 1 月 10 日通过，ePrivacy 指令最早源于"通信隐私指令"（97/66/EC），该修正案规定了电子通信领域对于用户隐私高水平的保护。其修订内容主要体现在五个方面：增加适用主体和范围；规定对通信内容和元数据的保护；通信服务提供者可以通过数据开发新业务；关于 Cookies 的规则；对垃圾函件规定更加有效的执行机制
《欧盟条例》	2018 年 5 月生效的《欧盟条例》是"私权至上"模式的典型代表，在信息自由流通和私权保护二者的价值衡量中，倾向于保护信息主体个人信息权所蕴含的价值。适用对象为各行各业涉及的个人数据的收集、使用与处理行为，为个人信息权提供相对明确、统一且系统的保护

二、欧盟个人信息处理有限原则

信息处理有限原则是与信息自由原则相对的一个概念，信息自由是指对个人信息的收集，处理和利用上是自由的，无需任何理由，对上述行为的禁止才需要特别的理由。[1]信息交流自由属于行动自由，信息交流自由是人们社会活动必不可少的一部分，同时，个人的信息安全和隐私资料需要得到保护，因此，与行动自由一样，信息交流没有绝对的自由，需要对个人信息的处理进行适当的限制。信息处理有限原则就是指通过对个人信息处理行为或个人信息管理者的规制，以达到保护当事人个人信息和隐私资料的安全。欧盟个人信息保护法中的一大亮点，即通过对信息处理行为或信息管理者的处理权限的限制达到保护用户或消费者个人信息权益的目的，对于数据处理的限制规定得比较详细和完整。1995 年《个人数据保护指令》中规定了个人数据管理者的责任和义务，主要有三个原则：（1）数据质量原则[2]；（2）数据处理合法原则[3]；（3）特殊类型数据处理原则[4]，以上三大原则从框架性的角度对欧盟成员国的个人信息的收集和处理作了基本法律规范。此外，2002 年欧盟《隐私保护和电子通信的指令》（2002/58/EC）[5]第 6 条也作出了规定，分为六个方面：（1）由公共通信网络提供商或公用电子通信服务提供商处理和存储的相关消费者和用户的通信数据，在不为通信传输目的所需时，应当被删除或者匿名化；（2）为用户计费和互联网支付目的所必需的通信数据可能被处理，该处理必须在账单被依法质疑或追款的最后日期之前进行；（3）若相关数据的消费者或用户事先同意，则为了营销电子通信服务或提供增值服务的目的，在必要期间内公用电子通信服务提供商可对第 1 款所指数据进行处理，用户和消费者可以在任何时候撤回对通信数据进行处理的同意；（4）服务提供商必须通知消费者或用户处理的通信数据的类型和为了第 2 款所规定目的进行处理的期间，并且在取得同意之前，应告知他们第 3 款所规定目的；（5）进行通信数据处理的人员应当严格地限定在公共通信网

---

〔1〕　杨芳："论个人信息的隐私权保护——信息自由原则之下的有限保护"，载《西南科技大学学报（哲学社会科学版）》2016 年第 2 期。

〔2〕　"数据质量原则"要求处理个人数据时应做到：（1）收集处理公正合法；（2）目的明确、特定、合法；（3）收集处理要充分、相关，不能过度超出目的范围；（4）完整准确，及时更新；（5）形式被数据主体允许。

〔3〕　"数据处理合法原则"要求处理个人数据时应做到：（1）数据主体同意；（2）义务符合法定；（3）保护主体利益。

〔4〕　"特殊类型数据处理原则"是指禁止处理涉及种族、政治、宗教信仰、工会会员及健康等的个人数据。

〔5〕　参见陈飞等译：《个人数据保护：欧盟指令及成员国法律、经合组织指导方针（中英文对照）》，法律出版社 2006 年版，第 67 页。

络提供商授权的人员中，通信数据处理的范围应严格地限定在公用电子通信服务中的账单处理、通信管理、客户查询、欺诈识别、电子通信服务营销或增值服务提供方面，并且必须严格限制在为实现以上活动的目的所必需的范围内；（6）本条第1款、第2款、第3款、第5款在适用时应保证能力机构被告知，通信数据与适用的解决争端尤其是关于互联和账单的争端的法律相一致的可能性是相同的。同时《隐私保护和电子通信的指令》第9条[1]也对信息处理有限原则进行了规定。

三、欧盟隐私政策通知制度

在互联网环境下，基本所有网站都要求注册用户填写个人信息，使得个人信息的收集过于广泛，且网络的开放性和网站的营利性又使得收集的个人信息处于极不安全的状态。为保护个人隐私和使用户放心地披露个人信息就需要制定一个隐私政策声明。制定隐私政策声明有两个作用[2]：一是告知作用，使用户知道个人信息的收集、处理和使用的情况以及对该信息所享有的权利；二是制约作用，公示了权利义务后，违反该规制将受到相应的惩罚。该原则对于保护用户的隐私权益至关重要，当数据处理者收集、处理和使用用户的个人信息时，需要及时通知用户，使用户知道如何处理其个人信息，保证用户的知情权，是用户行使信息查阅权、信息处理反对权、信息更正删除权的基础。如1995年的欧盟《个人数据保护指令》中的告知原则，收集个人数据时应将相关信息及时告知数据主体，这些相关信息主要包括：识别数据管理者、明确处理数据目的、数据接受者、数据主体如果不提供数据的后果、查询和修正数据的权限等。该条例可以说对数据处理的告知原则有比较完整的规范，但没有规定告知数据收集的内容。另外，1999年制定的《信息

---

〔1〕 欧盟《隐私保护和电子通信指令》第9条规定：（1）当处理公共通信网络或公共可用电子通信服务的用户或消费者的位置数据（而非通信数据）时，这些数据仅能在已被匿名化或者相关用户或消费者已同意，并且在提供增值服务所必需的期间内被处理；（2）虽然用户或消费者已同意对其位置数据（而非通信数据）进行处理，但是用户或消费者仍然拥有以简单、免费的方法临时拒绝为每一次连接网络或每一次通信传输而进行数据处理的权利；（3）根据第1款和第2款，对位置数据（而非通信数据）的处理必须严格限定于仅能由公共通信网络服务商、公用通信服务提供商或提供增值服务的第三方授权的人员进行，并且对位置数据的处理必须严格限定为提供增值服务所必需的限度内。

〔2〕 参见李耕："浅谈我国网站隐私权保护与隐私政策声明"，载《教育教学论坛》2010年第9期。

公路上个人数据搜集、处理过程中个人权利保护指南》明确了网络服务商提供隐私政策通知的责任，其主要内容有提高用户个人权利保护的自我意识培养和强调网络服务提供商（ISP）的责任，以及为用户和网络服务提供商（ISP）建立了清晰明了的隐私权保护原则。

2012 年微软出台的新隐私政策因未履行告知义务，未保障用户知情权，遭到欧盟隐私保护机构的调查。2012 年 12 月 18 日，微软调整 Hotmail 和必应（Bing）等互联网产品隐私政策的行为引起了欧盟隐私保护机构的关注，欧盟隐私保护机构 Article 29 工作组对此隐私政策调整行为可能导致的结果展开评估。[1]在此之前，谷歌也因为修改隐私政策而遭到欧盟的质疑，并要求谷歌修改新隐私政策，否则可能实施法律制裁。

第三节　日本网上银行信息安全保障义务的法律规定

日本个人信息保护机制既借鉴了美国的立法模式，也有欧盟立法的特点，采取了由政府立法和行业自律相结合的立法模式。

日本第一部关于个人信息保护的法律是 1987 年 3 月通过的《关于金融机构等保护个人数据的指针》，该法可以看作是日本构建保护个人信息的法律体系的开端，由于信息技术的发展迅速，该指针于 1999 年 4 月进行了修改。日本很重视个人信息的保护，其保护个人信息的法律体系由三个部分组成：一是基本理念，主要涉及第一章到第三章，主要是关于个人信息保护的基本内容、国家地方公共组织的责任和政策基本方针的制定等；二是国家行政机关颁布的有关保护行政机关持有个人信息的法律，独立行政法人等颁布的有关保护独立行政法人持有的个人信息的法律和地方公共组织等颁布的各地方公共组织所制定的个人信息保护条例；三是民间部门，主要由涉及个人信息的

---

〔1〕 欧盟隐私保护机构主席雅各布·科恩斯塔姆（Jacob Kohnstamm）致信微软 CEO 史蒂夫·鲍尔默（Steve Ballmer）和微软卢森堡公司负责人，称将对新隐私政策进行评估，主要由卢森堡和法国数据保护机构来执行。科恩斯塔姆在信中称："鉴于你们所提供服务的广泛性和普遍性，服务协议的调整和相关的隐私政策可能影响到欧盟成员国的大量用户。因此，将对新政策可能导致的结果进行评估。"Article 29 数据保护工作小组卢森堡成员杰拉德·洛梅尔（Gerard Lommel）稍早些时候曾表示，欧盟将评估新政策是否将给用户带来新的隐私风险，微软的隐私政策是否满足欧盟的相关标准，如通知用户，允许他们选择服务等。微软布鲁塞尔发言人罗宾·科赫（Robin Koch）称："我们更新了服务协议，但并未改变隐私政策。我相信他们最终会发现，微软一贯坚持的隐私承诺没有改变。"

经营者的义务等（主要涉及第四章到第六章）和主务大臣制（各业务领域的指导方针）组成。日本在个人信息保护的立法进程早期尚未将私营企业纳入个人信息保护的法律调整范围内，由于近年来民间企业对于个人信息的控制力增强，不当的使用个人信息所造成的信息泄露事故频发使日本政府意识到对民间企业管控的重要性，1999年《居民基本注册改正法》的颁布为加强民间企业保护个人信息的必要性提供了法律基础，并在附件中加入了"为了万无一失地保护个人信息，尽快完善所需相关措施"的条款。与此同时，为了更好地完善个人信息保护的法律体系，顺应信息化潮流，日本也积极效仿美国的自律机制，采用民间认证制度来替代争端解决机制。2003年《个人信息保护法》的全面实施，标志着日本的以个人信息保护法为基本法各部门单行法为补充的法律体系基本构筑完成。

表5-3　日本个人金融信息保护的主要立法梳理表

主要立法	主要内容
《个人信息保护法》	在2005年4月1日开始实施的《个人信息保护法》的约束下，任何组织在使用个人信息之前，都必须和信息主体签署合约，限定信息使用的时间、空间范围，甚至到期时的处理方式。从内容上来看，这部法律将国家及地方公共团体等政府机关和民间团体通过一部法律进行了统一规范。同时，该法也不排除其他领域的适用，包括通信、信用、医疗、金融等在内的特别领域都是以特别法加以规范，所以日本个人信息保护与美国的个人信息保护相类似，以信息保护法为基础，各部门单行法为补充，是一种统分结合的分散立法模式
《金融商品交易法》	针对金融业，日本政府于2006年将原本"各自为政"的《期货交易法》《证券交易法》《抵押担保证券业法》《银行法》《保险业法》等近一百个法律条文进行统筹修订，其中一些被保留，一些被补充，一些被废止，形成一部新的《金融商品交易法》。新的《金融商品交易法》使得金融业不再具体区分银行、证券、保险、信托

续表

主要立法	主要内容
	等领域，在此基础上充分运用《个人信息保护法》和《消费者契约法》，要求金融机构充分重视用户的个人信息安全，利用技术手段保护金融客户的信息权益〔1〕
《金融领域个人信息保护指南》	2017 年《金融领域个人信息保护指南》主要对金融领域中使用以及传输个人信息的行为等加以规范。该指南第 5 条还对"敏感信息"（机微情报）进行了详细的定义。其中包含旧指南中的敏感信息情形以及现行法与同法实施行政令中规定的需加以注意的信息如医疗保健、原籍、社会身份、犯罪记录或未成年犯罪历史等〔2〕

第四节　荷兰的《个人数据保护法》

为执行欧盟 1995 年制定的《个人数据保护指令》和更好地保护国内公民的个人信息安全，荷兰众议院于 1999 年 11 月 23 日批准了《个人数据保护法》。该法在内容上基本沿袭了欧盟《九五指令》的风格，该法案共有十二章八十三条，其内容大致可分为以下几个方面：

一、处理个人数据的前提条件

该法案对处理个人数据的条件规定十分详细，《个人数据保护法》第 6 条规定了处理个人数据时要按照法律和适当审慎的态度。第 7 条规定了个人数据收集应符合具体、明确和合法的目的。第 8 条〔3〕规定了个人数据处理需要

---

〔1〕　参见夏建邦："日韩个人金融信息保护做法与借鉴"，载《金融发展评论》2017 年第 9 期。

〔2〕　参见西村洋："日本个人信息保护制度及其对中国的启示"，载《网络法律评论》2016 年第 1 期。

〔3〕　荷兰《个人数据保护法》第 8 条规定的个人数据处理需要符合主要包括：（1）数据主体需要明确同意办理；（2）需要处理的数据必须是履行合同所需或者合同的目的行为所要求；（3）责任方主体处理个人数据时必须遵守法律义务；（4）处理时必须保护数据主体的切身利益；（5）处理时要适当履行公法职责，或由有关行政机关或者由行政机构所提供的数据；（6）处理个人数据时要维护责任方或第三方提供的数据，除了有关利益或基本权利和自由的数据，尤其是对保护个人隐私的权益。

符合的条件。这三条对个人数据收集和处理限定了大框架，即需要合法且明确具体，而且需要注意保护数据主体的利益。《个人数据保护法》第 9 条〔1〕规定了对个人数据的二次处理限定了条件，对用于科学或统计目的作了例外规定，可以看出相关规定非常细致和严谨。该法案对个人信息处理条件的规定体现了欧盟的"信息处理有限原则"。

二、处理个人数据事先通知原则

处理个人数据事先通知原则是指处理个人数据时，需事先向相关机构通知且相关机构需要事先调查该责任方是否符合条件以及处理过程是否合法。《个人数据保护法》第 27 条规定："1. 完全或部分自动处理旨在服务于单一目的或不同相关目的的个人数据，必须在处理开始前通知数据保护委员会或官员；2. 非自动处理旨在服务于单一目的或不同相关目的的个人数据，必须在事先进行调查的情况下予以通知。"《个人数据保护法》第 28 条对通知的要件如处理数据的评估、保障措施、类别、目的以及时间都作了规定。第一，通知应包含责任方的名称和地址、目的或加工的用途、数据主体的类别以及与其有关的数据或数据类别的描述、可以向其提供数据的接收者或接收者的类别、计划向欧洲联盟以外的国家转让数据以及其他一般性描述等，允许对适用第 13 条和第 14 条的计划措施的适用性进行初步评估，以保证加工的安全。第二，通知应包括已收集或正在收集的数据或类别的目的。第三，责任方名称或地址的变更必须在一周内通知。对于通知中除了责任方的名称和地址之外其他内容的变更，应在上一次通知后一年内通知每一种情况，但它们似乎具有重大意义。第四，任何偏离规定通知的处理，应予以记录并保存至少三年。第五，更详细的规则可以由关于提交通知程序的一般行政法规发布。《个人数据保护法》第 31 条则是对数据保护委员会调查内容的规定，第一，数据保护委员会应当立案调查任何在数据处理之前的责任方：（1）计划处理

---

〔1〕 荷兰《个人数据保护法》第 9 条规定：（1）已经获得的个人数据不得以不合理的方式进一步的处理。（2）为评估是否处理是不合理的作为，责任方在任何情况下应考虑到以下几点：①拟处理的目的之间的关系和获取数据的目的；②有关数据的性质；③数据处理的后果；④获得数据的方式；⑤充分保障数据的安全。（3）个人历史数据的进一步的处理被用作统计或科学目的的不被视为不合理，凡责任方已作出必要的安排，以确保进一步处理纯粹为这些特定目的的进行。（4）不得处理因办公、职业或法律规定的保密数据。

识别个人的号码，以用于除该号码特别打算的目的之外的目的，目的是将数据与其他责任方处理的数据联系起来，除非该号码用于第 24 条所界定的情况；（2）计划在他们自己的观察的基础上记录数据而不通知数据主体；（3）计划处理关于第三方犯罪行为或非法或不良行为的数据，但根据"私人安全机构和调查局法"颁发的许可证条款以外的数据。第二，"计划在他们自己的观察的基础上记录数据而不通知数据主体"的规定不适用于由法律设立的公共登记册。第三，上述第一点的规定可适用于法律或一般行政法规规定的其他类型的数据处理，如果这种处理对数据主体的个人权利和自由具有特殊风险。数据保护委员会应在其年度报告中说明其认为应将上述规定适用于此类数据的程度。荷兰《个人数据保护法》认为数据处理的责任方应实施适当的技术和组织措施，确保个人数据免受损失或任何形式的非法处理，这些措施应确保适当的安全水平，同时考虑到现有技术和实施的成本，并考虑到与处理相关的风险和要保护的数据的性质，这些措施还应防止个人数据的不必要的收集和进一步处理。当责任方为处理目的处理个人数据时，这些责任方应确保处理方提供足够的保证，确保处理的技术和组织安全措施，责任方应确保遵守这些措施。

三、告知原则及数据主体的权利

数据处理责任方的告知原则主要体现在《个人数据保护法》第 33 条和第 34 条[1]，责任方需要告知数据主体数据处理的目的和用途，且要记录数据来源，要做到对数据主体负责谨慎的态度。荷兰的《个人数据保护法》重点强调数据主体的权利，对数据主体的权利规定占了该法案内容的大部分，如

---

　　[1]　荷兰《个人数据保护法》第 34 条规定："1. 如果以第三十三条所述以外的方式获取个人数据，责任方应向数据主体提供第（2）和（3）款所述的信息，除非数据主体已熟悉此信息；2. 责任方应将其身份和处理目的通知数据主体；3. 责任方应提供更详细的信息，在确定数据类型、获得数据情况或使用数据情况下，这是必要的，以便保证数据主体的处理以适当和仔细的方式进行；4. 如果（1）款的规定似乎不可能或不必要地向数据主体提供所述信息，则不适用，在这种情况下，责任方应记录数据的原产地；5. 如果法律要求或根据法律要求记录或提供数据，则第（1）款的规定同样不适用，在这种情况下，责任方必须根据他的要求，告知数据主体关于导致记录或提供与数据主体相关的数据的法律规定。"

《个人数据保护法》第 35 条〔1〕和第 36 条〔2〕，从法条中可以清晰看出数据主体对与其相关的个人数据的控制权较大，有权对不合理的或者与正当目的不相关的处理行为提出更正、补充、删除以及封锁的请求，有效地限制了数据处理责任方滥用个人信息的行为。与欧盟《九五指令》一样，荷兰《个人数据保护法》对个人信息的保护也有保留和例外，如在涉及国家安全、侦查和起诉刑事犯罪、国家和其他公共机构的重要经济和财政利益、保护数据主体或其他人的权利和自由等方面，数据处理责任方在处理以上相关数据时可以不适用该法案。对出于处理科学研究或统计目的的数据，并且作出了必要安排能确保个人数据只能用于统计或科学目的时，责任方不需要提供第 34 条所述的材料。另外根据荷兰 1995《档案法》第 12 条和第 13 条的规定，如果正在处理作为归档档案记录一部分的个人数据，也不需要责任方提供第 34 条所述的材料。

四、数据传输事先审查原则

数据传输事先审查原则实际上是源自欧盟 1998 年制定的《私有数据保密法》。欧盟制定了一个统一的标准，对于向欧盟以外的国家或地区传输数据时，先衡量该国或地区的个人信息保护法律是否符合欧盟的标准，这个标准在《私有数据保密法》中的表述为要与欧盟的个人信息安全保护法规"相同"或"类似"。荷兰的《个人数据保护法》除了对欧盟以外的第三国或地

---

〔1〕 荷兰《个人数据保护法》第 35 条规定："1. 资料当事人有权自由地并在合理的时间内，要求责任方通知他是否正在处理与当事人有关的个人数据，责任方应在四个星期内以书面形式通知数据主体是否正在处理与他有关的个人数据；2. 如果正在处理这些数据，所提供的信息应包含其完整清楚的摘要，处理目的或目的的定义，处理涉及的数据类别以及收件人或收件人类别，以及有关数据来源的可用信息；3. 在提供第三方可能反对的信息之前，责任方应给予第三方表达其意见的机会，其中此类信息包含有关该第三方的数据，除非似乎是不可能的，或将涉及不成比例的努力；4. 责任方应提供有关数据主体数据自动处理的基本逻辑的信息。"

〔2〕 荷兰《个人数据保护法》第 36 条规定："1. 根据第三十五条被告知有关他的个人数据的人，可以要求责任方在事实上不准确、不完整或与目的无关的情况下，更正、补充、删除或封锁上述数据或处理目的，或以任何其他违反法律规定的方式进行处理，请求应包含要作出的修改；2. 责任方应在收到请求后四个星期内以书面形式通知请求人是否、如何以及在何种程度上遵守，拒绝这样做必须伴有原因；3. 责任方必须确保纠正、补充、删除或阻止数据的决定尽快实施；4. 如果个人数据已记录在不能进行修改的数据载体上，则责任方必须采取必要步骤通知数据用户不可能纠正、补充、删除或阻止数据。"

区的安全标准作了要求外，对于不符合标准的国家或地区也允许在特定情况下传输个人数据，其条件是：（1）数据主体需明确表示同意；（2）转移数据对于履行数据主体和责任方之间的合同是必要的，或者是在数据主体的要求下执行的操作，并且履行该合同对数据主体的有利；（3）转让对于缔结或履行合同或第三方之间缔结的合同是必要的；（4）出于重要的公共利益，或法律上设立、行使抗辩等权利需要转让该数据；（5）数据转移是保护数据主体的重要利益所必需的；（6）转移是从合法设立的公共登记册或从可以援引合法利益的任何人或任何人可以查阅的登记册进行的，条件是在有关案件中满足协商的法律要求。

五、监督和惩罚措施

荷兰《个人数据保护法》对监督和惩罚措施的规范也较为严格和完整。第一，设立了数据保护委员会办公室，负责根据该法案规定的条款监督个人数据的处理，委员会还应监督荷兰个人数据的处理，或按照欧盟另一国家的法律进行处理。第二，明确委员会的职责，主要有：（1）履行法律和条约赋予的其他任务，对完全或基本上与个人数据处理有关的一般行政法规的法案和案文草案发表意见；（2）委员会应在每年 9 月之前提交一份年度报告，说明一般的活动，采取的政策，以及其运作模式的效力和效率；（3）委员会要向欧洲联盟其他成员国的监督机构提供一切协助，以便执行其工作；（4）在有关个人参与处理个人数据时需要提供信息或协助时，不得以保密义务为由提出上诉；（5）委员会应将其临时结论提交给负责人或有关的责任方，并允许他们发表意见，委员会还应将这些调查结果也提交给有关部门，配合执行相关的法律行动。第三，关于委员会的设置，委员会由一名主席和两名其他成员组成，此外，委员会可任命特别成员。该法案还规定在任命特别成员时，应尽一切努力反映社会各阶层。委员会的主席必须满足由皇家法令任命和任期六年的规定，其他两名成员和特别成员由皇家法令任命，任期四年。同时成立咨询委员会，负责就个人数据保护的一般方面向委员会提供咨询意见。第四，关于数据保护委员会的权力，主要有：（1）委员会在执行任务方面是独立的，委员会以官方身份行事或者应有关当事方的请求，可以对数据处理适用"法案"规定的方式进行调查；（2）委员会成员和特别成员，委员会秘书处官员和委员会决定指定的人员负责监督该法案的遵守情况，根据"一般行政法规法"第 5 条 20 款（1）规定，委员会有权采取行政限制措施，但条件是这涉及根据第 1 款指定的官员提供协助的义务，法案中还有对委员会官员的任命条件及职业要求的规定。

在惩罚措施方面的主要内容：（1）行政制裁，数据保护委员会可以根据《个人数据保护法》所规定的义务对违反该法案的行为主体采取行政措施，如果责任当事人违反《个人数据保护法》第 27 条或第 28 条规定的条款，委员会可要求他们支付最高限额为一万荷兰盾的行政处罚，如果责任方给出合理解释，则将其视为对侵权行为负责，委员会不应处以罚款；（2）刑事制裁，对于违反《个人数据保护法》第 4 条第 3 款、第 27 条、第 28 条和第 78 条的责任方，应处于相应的罚款，若蓄意犯以上罪行的责任方，应处以最多 6 个月的徒刑。委员会对于违反法案的责任方处以罚款，需要起草一份报告，报告需要陈述其行为根据法律是否构成侵权和侵权行为发生的地点和时间以及侵权的事实和经过。

第五节　　其他国家和地区网上银行信息安全保障义务的法律规定

我国香港地区于 1996 年 12 月 20 日颁布实施《个人数据私隐条例》，该条例与欧盟的《个人数据保护指令》比较类似，符合该指令中欧盟关于向欧盟成员国之外的第三国或地区传送数据的规定。该条例从以下六个方面进行了规定：（1）个人数据收集的目的及方式；（2）个人数据的保存时间和准确性；（3）个人数据的使用；（4）个人数据的保全；（5）在一般情况下数据必须可提供；（6）查阅个人数据。《个人数据私隐条例》对个人数据的收集和处理提供了具体的规范，对违反该条例的情形作了具体规定，如对损害赔偿规定了相应的处罚机制。为了更好地履行该条例，香港政府还成立了个人信息隐私专员公署，该公署独立运作，专门负责监察《个人数据私隐条例》的实施。该条例指导、管理个人信息的公共机构或者对私营机构进行规范管理，力图以公正的态度，有效地调查及解决投诉等，从而保障个人信息所有人的合法权益。

韩国的个人信息立法可归为专门立法模式，针对个人信息保护，韩国政府相继颁布实施了《个人信息保护法》《位置信息保护法》等法律，《个人信息保护法》对个人信息的公开和使用作了详细的规定，对窃取个人信息的行为也作了明确的处理规定。《个人信息保护法》是个人信息保护领域内的一般法，其他法律另有特别规定的，适用其规定，特别规定主要有《信息通信网使用促进及信息保护等相关法律》《位置信息的保护及使用等相关法律》《信用信息的使用及保护相关法律》《金融实名交易及秘密保障相关法律》等。[1]从韩国的立法模式来看，与美国有些相似，都是有一部专门立法，再加以其他相关法律辅助，共同保护个人信息。

第六节　各国和各地区关于个人金融信息保护制度的差异与融合

综观世界各国和各地区关于个人金融信息保护制度，无外乎美国模式和欧盟模式两种，其他国家和地区或遵循美国模式，更注重保障信息自由，或遵循欧盟模式，注重保护个人权利，例如荷兰《个人数据保护法》在内容上基本沿袭了欧盟《九五指令》，韩国效仿美国模式，有一部专门《个人信息保护法》为主，再加以其他相关法律辅助，共同保护个人信息。因此，研究世界各国关于个人金融信息保护制度，最重要地就是要对美国模式和欧盟模式进行解读，研究二者之间的差异和融合。

一、美国模式与欧盟模式关于个人金融信息保护制度的差异

对美国模式与欧盟模式个人金融信息保护制度的比较，主要是比较两部重要的法律，分别是美国的《金融服务现代化法案》（GLBA）和欧盟的《九五指令》，从这两部代表性法律来看，两者之间存在着诸多不同。美国个人金融信息保护的立法模式属于分散立法，它拥有分行业的金融隐私保护制度，有《联邦隐私权法》等一般性的法律规定，还有《金融服务现代化法》《公平信用报告法》等特别立法，以及电子通讯领域的《公平信用报告法》和儿童保护领域方面的《儿童网上隐私保护法》。而欧盟的立法模式与美国不一样，欧盟是由数个独立国家组成的联合体，各个国家都有其独立的法律体系和立法模式，但是这种独立的特点又因为欧盟这一组织体而相互联系，从

---

〔1〕　参见徐世杰、金秋："韩国大数据应用与个人信息保护法律问题及其启示"，载《金融创新法律评论》2018 年第 1 辑。

《九五指令》到《欧盟条例》，欧盟对于所有行业的隐私保护实行统一标准，并要求各成员国建立统一、独立、权威的数据监管机构。美国偏重于信息保障自由，而欧盟偏向于注重保护个人权利。[1]造成这些不同的原因十分复杂，主要有历史传统、所属法系、社会价值选择等因素。第一，从历史传统来看，美国由于国内历史短暂，对于金融隐私权的保护无法形成统一的标准，崇尚自由竞争重视市场的运行效率是美国一贯的理念，其作为"自由市场竞争论"的坚定奉行者在征信相关立法和实践中得到了很好的证明。[2]而欧洲国家历史更为悠久，对金融隐私权保护亦具有良好的社会和历史基础，1950年隐私权保护就已经写入《欧洲人权公约》，同时欧洲有些国家将隐私权写入了本国宪法之中。第二，从所属法系来看，美国属于英美法系国家，在个人金融信息保护方面大都通过判例法的方式进行保护，欧盟除了英国之外的大多数国家都是大陆法系国家，遵循大陆法系成文法的立法形式，习惯在问题发生以前便在成文法中对未来可能出现的问题进行事先规定，在问题出现以后只需要遵从成文法办事即可，因此欧盟的个人金融信息保护都有专门的法律予以规制，适用统一的标准，对网上银行用户隐私权进行更全面的保护。第三，从社会价值选择来看，欧盟更注重数据安全，美国则偏向数据的市场应用效率。例如，欧洲国家要求采集个人的信用信息前，一般须征得自然人的同意，而美国不要求征得自然人同意，对个人隐私权的保护更多体现在信息使用和争议处理上。相比之下，欧洲经个人同意后采集的信息是不完整的，不能全面反映当事人的信用状况，而且由于个人信用信息在时刻更新，每次采集信息都需要当事人同意，因此征信业的效率比较低。[3]

二、美国模式与欧盟模式在个人金融信息保护制度上的融合与借鉴

尽管存在基本理念和具体制度设计上的差异，但随着国际金融的迅速发

---

〔1〕 参见雷婉璐："我国个人信息权的立法保护——对美国和欧盟个人信息保护最新进展的比较分析"，载《人民论坛·学术前沿》2018年第23期。

〔2〕 由于美国的信用局是民营机构，政府为了保持其高度的竞争和市场化，长期以来采取的是自律的模式，即依靠征信机构的自我约束和行业协会的监督来实现，制定法律和法规时力图在保障消费者权利与促进征信业发展及保证银行体系安全稳定之间寻找平衡点。

〔3〕 董宝茹："欧盟与美国对征信领域中金融消费者保护的比较研究"，载《上海金融》2013年第10期。

展，金融信息的安全日益关乎着全球金融安全和稳定，早已经不是一个国家或地区能以一己之力解决的，在此背景下，欧盟和美国在金融信息保护方面逐步融合和妥协，彼此进行制度借鉴和吸收，其他国家也正向效仿，将两种模式的优势结合起来，例如日本个人信息保护机制在借鉴美国立法模式和欧盟立法模式的基础上，采取了由政府立法和行业自律相结合的立法模式。

（一）融合和妥协的产物——安全港协议

《欧盟指令》规定跨境数据传输的前提条件必须是数据接受国的隐私保护制度经过欧盟委员会判定，达到"充分的"保护标准，否则，欧盟个人数据保护政策明令禁止企业向欧盟之外转移个人数据。但迄今为止，只有加拿大、阿根廷和瑞士符合欧盟的"充分性"判断标准，欧盟委员会认为美国并没有达到与欧盟同等的保护水平，但美国与欧盟之间的数据跨境传输不可避免，为了解决这一难题，美国商务部与欧盟委员会通过谈判，提出了"美国—欧盟安全港"框架协议。[1]尽管安全港协议本身存在一些争议，但它为美国公司从欧盟转移数据提供了一种便利机制，是美国与欧盟个人金融信息保护制度的重要融合。

（二）具体制度的相互借鉴

欧盟和美国虽然在个人金融信息保护的立法模式和具体制度方面存在不同，但在彼此交流合作、贸易往来的过程中，二者相互借鉴合理的成分，促进彼此个人金融信息的保护。例如，美国和欧盟都认可隐私权保护制度在网络环境下的重要性和必要性，美国联邦贸易委员会在2012年发布的有关隐私保护的指南中就要求公司在经营过程中必须充分采取现有的隐私保护制度，在销售产品或者提供服务的整个过程中都要提供全面的个人信息数据保护，欧盟委员会也认为，新的个人数据保护立法将会充分吸收隐私保护制度，企业在产品和服务的最初设计阶段、市场投放阶段、实际使用阶段都应当贯彻隐私和数据保护原则。[2]再如，2012年《有关"1995年个人数据保护指令"

---

〔1〕　美国企业可以自愿加入安全港，接受欧盟个人信息保护政策的约束。获得安全港认证的美国企业将被认为提供了"充分"的隐私保护，欧盟对其在转移个人数据方面的行政管理会进行相应的简化，例如，欧盟成员国对于数据转移的事前许可可以取消或者以自动授权方式进行。

〔2〕　参见王融："欧美个人信息保护政策的分歧与妥协以及对我国的启示"，载《现代电信科技》2014年第10期。

的立法建议》中借鉴了美国立法中开创的"数据侵害事件通知制度"[1]，同样，尽管美国对于欧盟立法改革中所提出的"遗忘权"诟病颇多，但也没有否认遗忘权对于某些需要重点保护的信息所具有的意义。[2]

第七节　对国外网上银行个人金融信息保护的法律借鉴

推动个人金融信息立法，建立和健全个人金融信息法律体系不仅是欧美国家的共同做法和经验，也符合我国加强金融业管理、深化金融业发展以及保护网上银行用户权益的现实需要。在个人金融信息立法方面，不仅要推动"个人金融信息条例"的尽快制定和出台，而且要在立法中明确个人金融信息的概念、所涉各方主体的权利和义务以及救济措施等。

一、尽快制定和出台"个人金融信息保护条例"

目前，世界上制定和颁布个人信息保护法律的国家或地区已经超过 60 个。从欧美的个人金融信息立法经验来看，个人金融信息都被视为特殊的个人信息加以特别保护，尤其是美国联邦及各州制定了专门的法律来规范个人金融信息保护，这一做法值得借鉴。考虑到"个人信息法"是个人信息领域的一般法，不太可能对具有特殊性和高度敏感性的个人金融信息做出事无巨细且完全适用的规定。因此，即便当前我国的"个人信息法"正在加快立法进程，仍然需要另行制定类似"个人金融信息保护条例"的这种特别法，建立、健全个人金融信息保护方面的相关制度，如明确个人金融信息保护的基本原则、保护范围、权利义务、例外情形、救济手段和责任形式等内容。

二、明确个人金融信息的内涵和外延

目前，世界很多国家有专门针对个人金融信息的法律，例如 1978 年美国《金融隐私权法》。我国个人金融信息立法首先要解决的就是目前"个人金融

---

〔1〕"数据侵害事件通知制度"要求公司在数据侵害事件发生之后应当毫无迟延的通报监管机构，对于严重的数据侵害事件，还应当通知受到影响的用户本人。

〔2〕 美国加州就出台法令，允许未成年人向互联网公司提出删除个人信息的要求，就是对欧盟提出的"遗忘权"的借鉴与改良。

信息”定义过于狭窄的问题，目前，我国个人金融信息仅限于金融机构的范围，借鉴欧美个人信息保护立法的“指向性”原则，扩展我国个人金融信息的内涵和外延，明确个人金融信息保护的种类，包括但不限于个人身份信息、征信信息、财产信息、账户信息、金融交易信息、衍生信息，以及其他被金融组织所记录的个人信息，[1]同时将类金融机构[2]通过互联网开展业务产生的个人信息也囊括在内，实现金融监管的统一性，增强立法的覆盖面和前瞻性，为扩大个人金融信息权的保护范围奠定基础。

三、明确监管主体和具体监管职责

世界各国为了更好地对个人金融信息进行保护与管理，纷纷建立了信息保护的专门监管机构，例如，德国的联邦数据保护专员、英国数据保护专员、法国数据保护专员等。世界各国关于信息保护机构的设置主要有欧盟模式和美国模式两种。前者是统一的监管模式，即不仅具有专门的个人信息保护法，还具备专门的国内数据监督保护机构，对全行业实行统一的信息安全监督管理。后者是指不设立专门的信息安全监督管理机构，由各个职能部门根据各自的权限进行监督管理，个人信息保护是其职能部门监管职责的一部分，例如，美国联邦贸易委员会通过禁止欺诈性商业行为来保护消费者私人领域的个人信息；美国联邦通信委员会负责监督电信运营领域保护相关电话使用者的个人信息；美国联邦金融监管机构负责金融领域的个人隐私和信息保护。通过两种模式的比较，可以看出，设立专门的信息保护机构，将信息安全监督管理职责集中于一个部门，更有利于监管工作的开展，形成执法统一的监管模式。设立专门机构负责监督个人金融信息的保护，进行个人信息保护的研究和咨询将有利于网上银行个人金融信息安全的进一步保护。结合我国目

---

〔1〕　参见张慧卿、倪海鹭、高道远：“我国个人金融信息保护立法研究”，载《金融纵横》2019年第12期。

〔2〕　类金融机构，顾名思义是指从事着金融业务的非持牌机构，主要以银行类业务为主，因此可以将类金融机构视为影子银行业务的一部分。2013年底，国务院下发《关于加强影子银行业务若干问题的通知》明确了我国的影子银行主要包括三类：（1）不持有金融牌照、完全无监管的信用中介机构，包括新型网络金融公司、第三方理财机构等；（2）不持有金融牌照，存在监管不足的信用中介机构，包括融资性担保公司、小额贷款公司等；（3）机构持有金融牌照，但存在监管不足或规避监管的业务，包括货币市场基金、资产证券化、部分理财业务等。这三类被认定机构的前两类基本可以被认定为类金融机构。

前网上银行个人金融信息的保护现状，设立专门的监管机构尤为必要和紧迫，机构的具体职责应包括建立个人金融信息保护的统一规范和标准，对网上银行个人金融信息保护工作开展现场检查和非现场监测，督促金融机构加强信息系统安全管理，规范个人金融信息数据库的管理，防止用户信息滥用，对金融机构违规泄漏客户个人金融信息的情况予以处罚。

四、加强政府监管与行业自律管理的结合

在政府监管与行业自律的关系方面，共同协商型是比较倡导的，即监管当局不是强制而是鼓励各行业制定行为准则，制定过程本着平等协商的原则进行，监管机构和行业协会密切合作，共同推动符合本行业特点的行为准则出台，希腊、意大利、葡萄牙等国家目前就是采用这种共同协商的模式，例如，意大利《个人数据保护法典》第 12 条规定："格然特应当鼓励制定不同领域的行为准则和专业实践，并验证其是否符合法律和条例的规定。"我国要在网上银行信息安全监管方面，明确监管牵头部门及相应的监管职责，整合"一行三会"[1]的金融监管职权，建立联席会议制度，并就交叉监管领域定期组织交流协商形成高效协作的金融监管机制，切实保护网上银行用户的个人金融信息权。行业协会的自律管理在约束市场主体不良行为、维护市场秩序、发挥行政执法辅助作用方面发挥着特有的作用，被视为政府监管的重要补充。行业协会制定的自律规范与监管机关的抽象行政行为相比，具有制定和执行自律规范的成本更低、更强的灵活性和变通性以及有利于增强协会成员的守法诚信意识等诸多优点。网上银行的政府监管可以被看作是一种"法制化的公序"；而行业协会的自律性管理可以被看作是一种"组织化的私序"。事实证明，单纯依赖政府监管或行业自律任何一方都不足以保障网上银行的个人信息安全。因此，对网上银行个人金融信息安全的保护离不开政府监管和银行业协会自律管理的紧密和高效结合。

五、完善金融信息风险的内控机制

网上银行信息泄露的后果具有不可预测性，往往会产生极大的连锁反应，

---

　　[1]　"一行三会"是 2018 年国家机构改革前国内金融界对中国人民银行、中国银行业监督管理委员会、中国证券监督管理委员会和中国保险监督管理委员会这四家中国的金融监管部门的简称。

导致金融机构系统性风险的产生。大数据时代，禁止金融机构收集个人信息并不是保护网上银行用户的最佳选择，往往还会导致具有巨大经济价值的信息数据得不到合理利用，从而最终损害网上银行用户的利益。保护网上银行用户信息安全的根本措施是要提高银行金融机构的风险控制能力，通过引入更加先进的加密技术等，最大程度上保障持有的数据安全。网上银行应当制定信息安全泄密事件应急预案，为信息安全事件的发生做好工作部署；应定期组织内部相关人员进行应急响应培训和应急演练，使其掌握岗位职责和应急处置策略和规程；对于专门从事涉及个人信息业务的组织，可以考虑设立专门的个人信息保护负责人或者个人信息保护工作机构，全面统筹实施组织内部的个人信息安全工作。大数据时代，网上银行只有建立起完善的信息风险内部控制机制，才能从根本上防止信息泄露等危害金融安全，损害网上银行用户利益的事件发生。

大数据时代背景下，世界各国是一个相互联系的命运共同体，金融信息安全保护问题日益凸显，对于每一个国家和地区而言，金融信息安全都是关乎国家安全、经济发展和人民福祉的重大问题。随着我国信息化、金融业发展水平的不断深化，基于我国目前网上银行的实践和立法现状，信息安全保护问题尤为突出，借鉴欧美等国家和地区的立法经验，应尽快出台个人金融信息保护的专项立法，构建相应的法律制度，强调个人信息的有效利用和保护，协调信息开发、使用和保护之间的关系，这已经成为大数据时代保护网上银行用户权益，维护我国金融安全和稳定发展的迫切要求。

第六章
大数据时代网上银行信息安全保障义务的法律完善

大数据时代，互联网的快速发展和信息技术的不断革新使得全球范围内的网络数据每天呈现指数级的增长变化。伴随着迅速增长的数据量，我们都处在了一个更加复杂的环境当中，大数据的冲击和影响日益加剧，与此同时，各种安全隐患也日益凸显，数据泄露、黑客侵袭、网络诈骗、信息非法买卖等带来的风险与日俱增。完善大数据时代网上银行安全保障义务，关乎网上银行用户利益保护，关乎金融系统的数据安全，最终关乎国家的整体金融安全。通过信息安全存储和传输最低技术标准的制定、网上银行信息使用规则的细化、网上银行附随义务及其未履行信息安全保障义务时责任承担的完善、统一的网上银行信息安全监管机构的建立、国际交流与合作的加强，大数据时代的网上银行信息安全保障义务将更加明确和完善。

第一节　规定网上银行信息安全存储与传输的技术标准

2005 年的《个人信用信息基础数据库管理暂行办法》建立了个人信用信息基础数据库，设立征信服务中心，规定中国人民银行承担对个人信用数据库的日常运行和管理，该办法笼统地规定了个人信用信息的报送、整理、查询、储存和管理。2012 年中国人民银行发布了《网上银行系统信息安全通用规范》（旧规范，已失效），从技术、管理和业务方面提出了有针对性的安全要求，但该规范并没有涉及数据存储和传输的技术要求。2020 年《个人信息安全规范》是目前我国对个人信息最完善的法律规定，其从个人信息的收集、保存、使用、委托处理、共享、转让、公开披露等方面进行了详细的规定，明确了信息保存时间最小化原则、个人敏感信息加密保存原则、个人信息存储删除义务、信息共享风险评估原则以及跨境数据传输强制报批制度等，但依然没有明确信息安全存储与传输的技术标准。网络附加存储、存储区域网络等信息存储与传输技术能在一定程度上保障信息安全，但必须对网上银行安全存储和安全传输的最低技术标准进行明确规定，才能够确保网上银行采用的安全保障技术符合信息安全的要求。在完善相关法律规定时，可以参照《银行业金融机构信息系统风险管理指引》《信息安全等级保护管理办法》等法律法规以及《信息安全技术　信息系统通用安全技术要求》《信息安全技术　网络基础安全技术要求》《信息安全技术　操作系统安全技术要求》等国家标准，考虑物理安全、网络安全、主机安全、应用安全和数据安全等五个层面，从数据完整性和数据保密性方面确定网上银行信息安全存储和传输最低技术标准。

一、信息安全存储和传输的参考标准和规范评析

（一）信息安全存储和传输的具体参考标准

1. 《个人信用信息基础数据库管理暂行办法》

2005 年中国人民银行印发《个人信用信息基础数据库管理暂行办法》，建立个人信用信息基础数据库，并负责设立征信服务中心，承担个人信用数据库的日常运行和管理。该办法从个人信用信息的报送与整理、查询、异议处理、安全管理等方面进行了规定，明确个人信用数据库采集、整理、保存个人信用信息，对商业银行报送的个人信用信息要进行客观整理、保存，不得擅自更改原始数据。

2. 《银行业金融机构信息系统风险管理指引》

银监会于 2006 年 8 月印发的《银行业金融机构信息系统风险管理指引》是为了有效地防范银行业金融机构在关于信息业务与经营管理以及内部风控中的隐患而制定，以促进网上银行业务的安全、稳健发展。为了加强商业银行信息业务的风险管理，在 2009 年 6 月，银监会根据相关法律法规印发了新的《商业银行信息科技风险管理指引》。该文件针对银行业信息科技风险的特点设计了以"三道防线"为思路的安全模式：第一道防线即事先监控，也就是银行信息科技部门的自我管理；第二道防线即事中管理，指的是风险管理部门如何通过提供管理工具、框架等来进行督促科技部门进行管理；第三道

防线即事后审计，审计部门独立于以上两个部门并对其作出评价。这里的三道防线实际上是将信息科技管理、风险管理、风险审计统一纳入风险管控之中，从而有效地解决银行业轻管理的问题。

3. 《信息安全等级保护管理办法》

2007 年，公安部、国家保密局等联合印发了《信息安全等级保护管理办法》。信息安全等级保护广义上是指涉及该工作的标准、产品、系统、信息等均依据等级保护思想的安全工作，狭义上一般是指信息系统安全等级保护，对信息系统中使用的信息安全产品实行按等级管理，对信息系统中发生的信息安全事件分为等级处置的综合性工作。《信息安全等级保护管理办法》中规定信息系统的安全保护等级应当根据信息系统在国家安全、经济建设、社会生活中的重要程度和信息系统遭到破坏后对国家安全、社会秩序、公共利益及公民、法人和其他组织的合法权益的危害程度等因素确定。信息系统的安全保护等级由两个定级要素所决定，其一是等级保护对象受到破坏时所侵害的客体，包括公民、法人和其他组织的合法权益和社会秩序、公共利益以及国家安全；其二是对客体所造成侵害的程度，根据危害方式、危害后果及危害程度判断对等级保护对象的破坏程度，并归结为一般损害、严重损害、特别严重损害三种。信息系统安全包括业务信息安全和系统服务安全，确定信息系统安全保护等级的一般流程：确定作为定级对象的信息系统；确定业务信息安全受到破坏时所侵害的对象；根据不同的受侵害客体，从多个方面综合评定业务信息安全被破坏对客体的侵害程度；得到业务信息安全保护等级；确定系统服务安全受到破坏时所侵害的客体；根据不同的受侵害客体，从多个方面综合评定系统服务安全被破坏对客体的侵害程度；得到系统服务安全保护等级；将业务信息安全保护等级和系统服务安全保护等级的较高者确定为定级对象的安全保护等级。《信息安全技术信息系统安全等级保护实施指南》要求在信息系统安全保护等级实施过程中严格坚持的基本原则有自主保护原则、重点保护原则、同步建设原则以及动态调整原则。

4. 《个人信息安全规范》

2020 年国家质检总局与国家标准化管理委员会发布《个人信息安全规范》，是目前国内关于信息安全最全面的规定。在信息存储方面，规定了个人信息保存时间最小化原则，明确了个人信息控制者保存个人信息必须遵循时间最小化原则，保存的时间应当是实现目的所必需的最短时间，超出这个期限之后，应当对个人信息进行匿名化处理或者去标识化处理，但对"为完成特定目的所必需的最短时间"缺乏具体的规定，且具有较强的主观性，大大削减了该规则的强制力。《个人信息安全规范》规定了个人敏感信息的加密保存，对于敏感信息中的生物识别信息，应当应采用技术措施处理后再进行存储。在信息传输方面，《个人信息安全规范》从个人信息的转让和共享、个人信息跨境传输等方面进行了规定，明确了信息数据共享时应当符合的要求，同时规定跨境数据传输需要事先进行安全评估。

5. ISO 发布《信息技术安全技术信息安全管理体系要求》

2013 年 10 月 1 日，国际标准化组织 ISO 发布了《信息技术安全技术信息安全管理体系要求》（ISO. IEC 27001-2013），是针对信息安全管理体系要求的国际标准，该标准代替了 ISO. IEC 27001-2005。在 ISO. IEC 27001-2013 标准中明确规定组织应确定如何确定其信息安全风险评估和处置过程的可靠性，在适用时，组织应调整信息安全风险评估和处置过程及采用的方法，以改善过程的可靠性。其主要内容如下：（1）安全策略，即为信息安全提供管理指引和支持并定期评审而指定信息安全方针；（2）信息安全的组织，建立信息安全管理组织体系，在内部开展和控制信息安全的实施；（3）人力资源安全，确保所有员工、合同方和第三方了解信息安全威胁和相关事宜及各自的责任和义务，以减少人为差错、盗窃、欺诈或误用设施的风险；（4）资产管理，核查所有信息资产，做好信息分类，确保信息资产受到适当程度的保护；（5）访问控制，避免信息系统的非授权访问，并让用户了解其职责及义务；（6）密码，即确保适当和有效地使用密码，保护信息的保密性、真实性或完整性；（7）物理和环境安全。

6. COSO 企业内部控制和风险管理框架

COSO 是美国反虚假财务报告委员会下属的发起人委员会（The Committee of Sponsoring Organizations of the Treadway Commission）的英文缩写。1992 年 9 月，COSO 委员会发布《内部控制整合框架》，简称 COSO 报告，1994 年进行了增补。COSO 和《企业风险管理框架》的基本内容包括：

其一，控制环境（control environment）。它包括组织人员的诚实、伦理价值和能力；管理层哲学和经营模式；管理层分配权限和责任、组织、发展员工的方式；董事会提供的关注和方向。控制环境影响员工的管理意识，是其他部分的基础。其二，风险评估（risk assessment）。风险评估是确认和分析实现目标过程中的相关风险，是形成管理何种风险的依据。它随经济、行业、监管和经营条件而不断变化，需要建立一套机制来辨认和处理相应的风险。其三，控制活动（control activities）。控制活动是帮助执行管理指令的政策和程序。它贯穿整个组织、各种层次和功能，包括各种活动，如批准、授权、证实、调整、经营绩效评价、资产保护和职责分离等。其四，信息的沟通与交流（information and communication）。信息系统产生各种报告，包括经营、财务、合规等方面，使得对经营的控制成为可能。处理的信息包括内部生成的数据，也包括可用于经营决策的外部事件、活动、状况的信息和外部报告。所有人员都要理解自己在控制系统中所处的位置及相互的关系；必须认真对待控制赋予自己的责任，同时也必须同外部团体如用户、供货商、监管机构和股东进行有效的沟通。其五，对环境的监控（monitoring）。监控在经营过程中进行，通过对正常的管理和控制活动及员工执行职责过程中的活动进行监控，来评价系统运作的质量。不同评价的范围和步骤取决于风险的评估和执行中的监控程序的有效性。对于内部控制的缺陷要及时向上级报告，严重的问题要报告到管理层高层和董事会。

7. COBIT 信息系统治理与管理标准

信息及相关技术的控制目标（Control Objectives for Information and Related Technology，COBIT）是目前国际上通用的信息系统治理和管理的标准，由信息系统审计与控制协会（ISACA）在 1996 年公布。COBIT 是面向过程的信息系统审计和评价的标准。对信息化建设成果的评价，按照系统属性可以划分为若干方面，如对最终成果的评价、对建设过程的评价、对系统架构的评价等。COBIT 是一个基于信息技术治理概念的、面向信息技术建设过程的信息技术治理实现指南和审计标准。COBIT 是一个非常有用的工具，也非常易于理解和实施，可以帮助企业在管理层、信息技术与审计之间交流的鸿沟上搭建桥梁，提供了彼此沟通的共同语言。几乎每个机构都可以从 COBIT 中获益，来决定基于信息技术过程及他们所支持的商业功能的合理控制。当我们知道这些业务功能是什么，其对企业的影响到什么程度时，就能对这些事件进行良好的分类。

（二）信息安全管理体系的规范评析

首先，COSO 是企业内部控制和风险管理的框架，而 COSO 委员会在信息技术治理指南中将信息技术安全架构界定为内部控制和风险防范的起点与核心，说明信息技术治理需要重点关注信息安全的识别和防范。而银行需要建立完善、健全的信息安全构架来规范信息技术治理行为，通过建立风险控制机制来降低银行的信息技术风险。其次，COBIT 是一个国际上公认的、权威的安全与信息技术管理和控制的标准，这一标准在商业风险、控制需要和技术问题之间架起了一座桥梁，有效地管理与信息相关的风险。另外，自提出 ITIL 以来，ITIL 作为信息技术服务管理事实意义上的国际标准已经得到了全球几乎所有信息技术巨头的支持。IBM、惠普、微软、CA、BMC、ASG 等著名跨国公司作为 ITIL 的积极倡导者，基于 ITIL 分别推出了实施信息技术服务管理的软件和实施方案。ITIL 在欧洲、北美洲、大洋洲已得到广泛应用，全球 1 万多家在各行业处于领先地位的著名企业给我们带来了众多实施 ITIL 的成功案例，通过实施 ITIL 大大改进了企业信息技术服务的质量，促进了信息技术与业务的融合。企业的信息技术部门和最终用户可以根据自己的能力和需求定义自己所要求的不同服务水平，参考 ITIL 来规划和制定其信息技术基础架构和服务管理，从而确保信息技术服务管理能够为企业的业务运作提供更好的支持。对企业来说，实施 ITIL 的最大意义在于把信息技术与业务紧密地结合起来了，从而让企业的信息技术投资回报最大化。最后，以上所述的技术标准对于风险管控有着其独特的技术特点，我国网上银行对于以上技术标准的采纳与吸收将采取与自身系统相结合的方式，这样的处理模式有利于结合国内实际操作情况来应对网上信息安全风险，但我国目前仍然处于技术基础薄弱阶段，对于国外技术标准的吸收仍然会存在难以嵌套的局限。据此，我国正按照等同采用的原则，由全国信息安全标准化技术委员会（SAC. TC260）负责将 ISO. IEC 27001-2013 转化为国家标准即新版 GB. T 22080，以代替原 GB. T 22080-2008。2013 年 10 月国际认可论坛（IAF）成员大会，通过了有关 ISO. IEC 27001-2013 转换的决议（编号为：IAF Resolution 2013-13），这一标准为当前银行业领域所遵循的风险管控标准。

二、规定网上银行信息安全存储与安全传输的技术标准

2020 年中国人民银行虽然发布了《网上银行系统信息安全通用规范》（JR/T 0068—2020），从技术、管理和业务方面提出了有针对性的安全要求，但该规范并没有涉及数据存储安全性和完整性的技术要求，因此，应参照

《信息安全技术 信息系统通用安全技术要求》（GB/T 20271-2006）、《信息安全技术 网络基础安全技术要求》（GB/T 20270-2020）、《信息安全技术操作系统安全技术要求》（GB/T 30284-2020）、《个人信息安全规范》（GB/T 35273-2020）等技术标准，从数据完整性和数据保密性两个方面确定和完善我国网上银行信息安全存储和传输最低技术标准。

（一）信息完整性保护标准

稳定可靠的数据存储是互联网行业的重中之重。数据的庞大、应用的复杂以及攻击的频繁有可能使企业在运用大数据时面对诸多挑战。在信息存储中，安全技术须在读取数据时进行完整性监测，及时监测到泄露可能性并及时进行恢复。在信息传输中，安全技术在数据传输过程中也要进行完整性监测，及时发现被篡改、删除的可能性并及时采取恢复性措施。信息的完整性指的是在存储、传输数据时，确保数据不被篡改或者被篡改后能够及时恢复。保证数据的完整性，就是要考察是否建立起完整的信息安全管理组织架构及制度体系。这种信息安全管理体系的完整性还在于网上银行系统是否定期开展渗透性测试、是否有用户端安全防控措施、是否有强制双因素身份认证[1]以及是否有用户敏感信息防护措施等。大数据时代，网上银行与传统银行业务相比其特殊性在于通过网络提供金融服务，数据的传输具有高速、隐蔽的特点，数据在传输过程中发生错误后，这种错误数据往往难于发现和修改。为了减少用户发送电子支付命令的错误从而更好地保护用户的权益，网上银行在操作程序上应当设计多个措施，确保用户在操作中进行多个确认程序，以便用户在发生错误时能及时发现和进行修改。

信息完整性保护标准要求在信息存储中，安全技术须在读取数据时进行完整性监测，及时监测到泄露可能性，进行及时的恢复，在信息传输中，安全技术须进行完整性监测，及时发现被篡改、删除的可能性，及时采取恢复性措施。[2]具体而言，信息的完整性要求在信息存储与传输过程中满足可追溯性、清晰性、一致性、原始性以及准确性要求。第一，可追溯性，要求可

---

〔1〕 双因素认证是一种采用时间同步技术的系统，采用了基于时间、事件和密钥三变量而产生的一次性密码来代替传统的静态密码。每个动态密码卡都有一个唯一的密钥，该密钥同时存放在服务器端，每次认证时动态密码卡与服务器分别根据同样的密钥，同样的随机参数（时间、事件）和同样的算法计算了认证的动态密码，从而确保密码的一致性，从而实现了用户的认证。

〔2〕 参见李晗："大数据时代网上银行的安全保障义务研究"，载《当代法学》2016年第4期。

以鉴别信息的来源，寻找到信息的输入者，区分信息的源头，这是保证数据完整性的第一步，信息必须能够追溯，否则将无法保证完整性；第二，清晰性，要求做到采集的信息能够被他人理解和阅读，不致产生歧义或者引人误解，数据的转换过程能够保证语言的正确表达，使得不同地区的信息接收者能够获取相同意思的信息数据；第三，一致性，要求保证数据没有矛盾和差异，如使用标准化的数据等，数据一旦发生前后矛盾或者差异性较大，则间接性地破坏了数据的完整内容，无论是在存储过程中还是传输过程中，不能保证信息数据的一致性，数据的完整性就无法保障；第四，原始性，要求在数据被首次记录时保存完整，后期可以通过技术手段追查到最原始的数据信息，使得数据无论流转到何地，在发生信息丢失时也能够通过最原始的数据进行恢复，从而保证数据的完整性；第五，准确性，要求数据的记录、计算、分析、转换等过程都是准确无误的数据信息，不因数据的流动发生内容的失真或者数据片段的丢失，能够准确反映数据最初发布者想要表达的意思。在信息储存和传输的过程中，无论采取何种技术措施，只有满足信息的可追溯性、清晰性、一致性、原始性以及准确性要求，才符合信息完整性的保护标准。

（二）信息保密性保护标准

信息存储中，安全保护技术须做到保证除有访问权限的合法用户之外，其他人都无法进入数据系统，同时保证寄存器、磁盘等记录的剩余信息不会泄露原有信息。在信息传输中，安全保护技术须做到保证在数据传输过程中，信息不被泄露和窃取。自2016年8月山东"徐玉玉事件"发生后，电信诈骗背后的个人信息泄露问题引发社会广泛关注。《民法典》明确任何组织和个人应当确保依法取得的个人信息安全，规定自然人的个人信息受法律保护，任何组织和个人应当确保依法取得的个人信息安全，不得非法收集、使用、加工、传输个人信息，不得非法买卖、提供或者公开个人信息。《电信和互联网用户个人信息保护规定》第6条规定："电信业务经营者、互联网信息服务提供者对其在提供服务过程中收集、使用的用户个人信息的安全负责。"《个人信息安全规范》是对个人信息最全面的保护规范，对个人信息的收集、个人信息的保存、个人信息的使用、个人信息的委托处理、共享、转让、公开披露等进行了具体的规定，明确规定个人信息保存时间最小化，超出信息保存期限后，信息控制者应当对信息进行匿名化或者删除处理。同时规定了收集个人信息后，信息控制者应当立即进行去标识化处理，确保在后续的个人信息处理中不重新识别特定的个人，对于个人敏感信息也原则性地规定了应当采取加密措施等。但是这种原则性的规定保护程度是远远不够的。一方面，作为经营者的网络服务提供者、支付平台、移动运营商和认证中心等，应当负有保证其提供服务环境安全性的义务，经营者不仅应当承担证明消费者信息何时、受何者侵犯的义务，还应当和侵犯者承担连带责任；另一方面，由于个人金融信息泄露涉及的权利人往往众多，因此，应当适用公益诉讼，制止大规模的金融信息侵权事件，使得消费者更方便、更容易的维权。

个人金融信息数据的保密性贯穿信息的收集、查阅、修改、存储等多方面，信息收集合法、依法查阅和修改、安全存储都要达到最低的保护标准才能在最大程度上实现数据保密。具体而言，应当将个人信息保存时间最小化原则、个人敏感信息加密处理原则、信息匿名化和去标识化处理、个人信息跨境传输安全评估原则等确立为个人金融信息的保密性保护标准。首先是针对个人信息收集，《个人信息安全规范》明确了收集个人信息的合法性和最小化要求，收集个人敏感信息必须经过明示同意；其次是针对个人信息的保存，规定了个人信息保存时间最小化，超出期限的信息控制者应当进行匿名化处理或者删除，对于个人信息收集以后要去标识化再储存，确保在后续信息处理中不会识别特定的个人，对于个人敏感信息的存储必须运用加密技术；再次是规定了个人金融信息的主体如果发现个人金融信息控制者所持有的该主体的个人金融信息有错误或不完整的，个人金融信息控制者应为其提供请求更正或补充信息的方法，并在符合特定条件时，个人金融信息主体要求删除的，信息控制者应及时删除个人信息；最后《个人信息安全规范》还针对个人信息的委托处理、共享、转让、公开披露等进行了规定。银行金融机构在开展网上银行业务时应当充分吸收《个人信息保护法》的原则精神，以《个人信息安全规范》的具体规则为指引，落实个人金融信息的保密性保护要求，不断完善网上银行的信息安全保障义务。

（三）提高信息完整性与保密性保护标准的技术措施

通过以上分析，规定数据信息的完整性和保密性的最低保护标准，在数据完整性方面，应以 ALCOA 原则确立的可追溯性、清晰性、一致性、准确性和原始性作为数据完整性标准；在数据保密性方面，应以《个人信息安全规范》确立的个人信息保存时间最小化原则、个人敏感信息加密处理原则、信息匿名化和去标识化处理、跨境数据信息报批原则等为个人金融信息保密性的保护标准。同时，应通过强制性适用统一的数字认证证书、使用云存储保管措施、加快研发 DNA 数据存储技术等措施来保障数据的完整性和保密性，其中的云存储技术和 DNA 存储技术对于保障数据的完整性和保密性具有重要价值。

1. 扩大云存储技术的应用

在信息技术的发展过程中，数据存储经历了从磁盘、光盘、U 盘到移动硬盘的发展过程，表现出存储量不断扩大、存储数据保密性越来越强的特点。随着宽带网络技术、集群技术、网络存储技术的发展，云存储技术应运而生，区别于传统的线下设备存储技术，云存储实质上是一种线上的存储技术，将需要存储的信息数据存储在由广域网和互联网连接的多台虚拟服务器上。实践中，大多数网上银行将在开展业务过程中产生的大量信息存储在自身终端系统，也有银行已经开始应用云存储技术，例如，工商银行的"云保管"。云存储的结构模型从下到上分别是存储层、基础管理层、应用接口层和访问层四层，以表 6-1 的方式简单介绍：

表 6-1　云存储结构模型

存储层	即存储设备层，是云存储最基础的部分		
	FC 光纤通道存储设备	IP 存储设备（如 NAS 和 ISCSI）	DAS 存储设备（SCSI 或 SAS）
基础管理层	基础管理层是云存储最核心的部分。基础管理层通过集群、分布式文件系统和网格计算等技术，实现云存储中多个存储设备之间的协同工作		
应用接口层	视频监控应用平台、网络硬盘应用平台，远程数据备份应用平台等		
访问层	任何一个授权用户都可以通过标准的公用应用接口来登录云存储系统，享受云存储服务（数据存储服务、空间租赁服务、多用户数据共享服务、数据备份服务等）		

云存储技术具有诸多优势。第一，更大的存储容量。云存储的数据是存储在存储设备层上的，存储层实质上是通过虚拟技术在一个统一管理系统管

理下的存储设备群，这些存储设备可以是分布在不同地域的不同机房，不同厂商、不同类型、数量庞大的磁盘阵列或者存储服务器。分布式存储通过众多存储设备的联合，将分散的存储资源整合成一个独立的虚拟存储设备，然后将数据分散储存在各个储存设备层上，这大大地扩大了存储的容量和空间。例如，一个硬盘的容量在 200T 左右，而一个 2U~3U 的服务器可以提供 4~16 个硬盘接口，一个服务器可以提供 800T~6400T 存储的容量，则一个 42U 的机架可以安装 15 台左右的服务器。一架满配的存储设备可以提供 12 000T~96 000T的存储空间，一个存储资源池可以由位于不同机房的成百上千个服务器组成，这样一来存储容量是海量的。[1]同时，云储存技术还大大地提高了存储资源的利用效率，因为存储设备分布在不同地域的不同机房，不同厂商、不同类型、数量庞大的磁盘阵列或者存储服务器，某个机房某个闲置的存储量单独使用的可能性不大，但是当有用户恰恰需要扩容几个 G 的存储空间时，传统的存储方式只能选择购买容量更大的硬盘、U 盘，而云存储只要将某个机房某个设备闲置的剩余存储量充分利用起来，就可以实现存储量的扩大，大大地提升了存储资源的利用率。第二，数据的安全性更高。传统的存储方式，若物理状态的存储设备发生丢失、毁损等，则存储数据将不可复原，他人通过拾得存储设备，很轻易地可以访问数据内容，信息泄露或者被非法利用的风险较高。但是云存储拥有多个备份功能，能够将多份拷贝存储在不同区域不同机房的不同存储设备，即使是一个机房出现设备损坏，也可以通过其他设备进行恢复，大大增强了数据存储的可靠性。同时，存储在设备上的数据采取了独立磁盘冗余阵列（Redundant Arrays of Independent Disks，RAID）[2]，即使有部分数据被损坏了，也可以通过冗余数据的校验计算来恢复，进一步保证了数据存储的可靠性。第三，数据泄露的风险更低。传统的存储方式依赖于存储设备，一旦存储设备被盗，他人便很容易获得设备中的信息。而云存储采用分布式文件系统（Distributed File System，DFS）[3]，信息数据经过

---

〔1〕 参见崔力："云存储技术的优势研究"，载《中国新通信》2020 年第 6 期。

〔2〕 独立磁盘冗余阵列是把相同的数据存储在多个硬盘的不同的地方（因此，冗余地）的方法。通过把数据放在多个硬盘上，输入输出操作能以平衡的方式交叠，改良性能。因为多个硬盘增加了平均故障间隔时间（MTBF），储存冗余数据也增加了容错。

〔3〕 分布式文件系统是指文件系统管理的物理存储资源不一定直接连接在本地节点上，而是通过计算机网络与节点相连。其具有冗余性的特点，部分节点的故障并不影响整体的正常运行，而且即使出现故障的计算机存储的数据已经损坏，也可以由其他节点将损坏的数据恢复。

分片散列混淆存储在不同地区不同机房不同的磁盘阵列等存储设备上，即使某个服务器或者磁盘阵列上的数据被偷盗，盗取的数据也只是一小部分，偷盗者无法获取完整的数据片段，并且被盗取的数据还可以进行通过其他数据进行复原。同时，云存储通过设置用户权限、数据分级管理、一次一密等措施防止他人登录云存储设备，保障信息数据的安全性。

2019 年，工商银行的网上银行推出了"云保管"功能，根据《工银融 e 行用户隐私政策》关于用户信息存储的规定，工商网上银行推出了"云保管"信息存储方式，用户可以选择将信息上传"云保管"而不存储在后台服务器，"云保管"通过"登录密码+人脸"验证解锁以及加密存储、传输等技术方案，保护用户的文件安全。"云保管"目前支持身份证、户口簿、结婚证、出生证明、驾驶证、行驶证、护照、往来港澳通行证、往来台湾通行证、房屋所有权证，银行卡、社会保障卡、证件照片、电子发票、电子保单、电子回单、个人征信报告等证件资料的上传、保管、查询、下载。"云保管"会对用户存储的信息通过后台服务器进行储存，保证数据资料的安全性，即便在服务器灾难等特殊情况时也能做到数据及时恢复，保证数据不丢失。当用户使用"云保管"时，"云保管"会对存储的信息进行加密存储，从技术上保证信息的保密性，存储在"云保管"的信息，只有用户本人凭"登录密码+人脸"验证解锁后才能查看编辑，对这部分信息，"云保管"不做任何主动的审查，工作人员也无法查看用户存储的任何内容。除非在特殊情况下〔1〕，未经用户同意，网上银行不会向第三方提供用户存储在"云保管"中的内容。

云储存技术具有存储容量大、数据安全性高的特点，相比于网上银行将用户信息存储在自身的服务器后台，云存储更能保障用户的金融信息安全和资金安全。大数据时代，网上银行应当加大云存储技术的使用，也可以效仿工行网上银行的"云保管"措施，将用户重要的信息进行更高技术水平的加密保存，以更先进的技术手段履行信息安全保障义务。

2. 加快 DNA 数据存储技术的研发与应用

随着网络技术和计算机技术的快速发展，数据的激增给数据存储带来了

---

〔1〕 这些特殊情况包括：（1）根据法律的有关规定，或者行政、司法机构的要求，向第三方或者行政、司法机构披露；（2）在紧急情况下，为维护您及公众的权益；（3）涉及国家安全的情况；（4）其他依法需要公开、编辑或透露个人信息的情况。

全新的挑战，同时也推动着数据存储技术的变革，DNA 信息存储技术应运而生。截至 2016 年，全球每天生产超过 440 亿 GB 的数据。据 IDC[1] 预测，到 2025 年，这一数字将超过 4600 亿 GB，而全球当年产生的数据总量将达到 160ZB（160 万亿 GB）。这远远超过了人类现有的存储技术能够容纳的水平。

DNA 数据存储技术是生物技术与信息处理技术共同发展的结果。DNA 数据存储技术最大的优点就是数据存储容量巨大，1 立方毫克的 DNA 片段上能容纳 100 亿亿字节的信息。[2]2012 年，哈佛大学的 George Church 教授和他的实验室成功将 650kB 数据存进了 DNA，微软公司从 2016 年开始研究利用 DNA 技术存储数据信息，并计划在 2020 年建设基于 DNA 技术的数据存储系统，微软方面的研究人员表示，这一存储系统的大小同 20 世纪 70 年代的施乐复印机差不多，微软的最终目标是建立基于 DNA 的数据存储系统，代替目前档案信息存储中常见的磁带驱动器。

DNA 是由四个碱基构成的双螺旋链，即腺嘌呤（A）、胸腺嘧啶（T）、胞嘧啶（C）和鸟嘌呤（G），四种碱基两两配对构成 DNA 双链，这些双螺旋链一旦形成，就会紧密地折叠在一起，形成非常紧密的、十分节省空间的数据存储器。DNA 存储就是利用 DNA 的 A、T、C、G 四个碱基对信息进行编码，结合生化技术，按照碱基顺序通过人工合成技术合成 DNA，写入信息实现存储；读取信息时，利用 PCR 技术对存储链进行复制扩增以备份，再对扩增得到的 DNA 片段进行测序、解码，恢复原始信息。[3]为了将数据文件编码到这些碱基中，我们通过使用各种算法，将二进制转换为碱基核苷酸：也就是将 0 和 1 转换为 A、T、C、G，而 "00" 可以被编码为 A；"01" 编码为 G，"10" 编码 T，"11" 编码 C，整个编码过程的基本原理如图 6-1 所示：

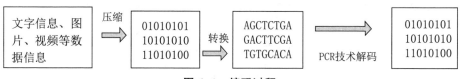

图 6-1 编码过程

---

〔1〕 互联网数据中心（Internet Data Center，简称 IDC）是指一种拥有完善的设备（包括高速互联网接入带宽、高性能局域网络、安全可靠的机房环境等）、专业化的管理、完善的应用的服务平台。

〔2〕 参见网址：http://www.eepw.com.cn/article/201705/359725.htm。

〔3〕 参见张淑芳等："DNA 数据存储技术研究进展"，载《计算机科学》2019 年第 6 期。

经过编码之后，数据信息就以碱基序列的方式存在，双螺旋结构的 DNA
拥有更多可利用空间：单位质量的 DNA 约有 1021 个碱基，可存储 455EB 信
息，此信息量为全球一年信息总量的 1/4；单位体积的 DNA 可存储的信息为
整个互联网的 33 倍。因此，DNA 数据存储技术在未来数据存储和传输领域将
日益重要，不管是网上银行，还是其他的信息数据控制者，都应当加大技术
研发，避免采用将信息数据存储于后台服务器的传统做法，为数据存储和传
输提供更加先进的技术支持和保障。

第二节　完善网上银行信息使用规则

目前，我国关于用户信息使用规则主要规定在《个人信息安全规范》中，
《个人信息安全规范》分别从正面规定了信息使用同意原则和从反面规定了信
息使用的限制。但目前国内各家网上银行的《隐私政策》中关于"我们如何
使用您的信息"部分都规定非常少，往往通过几条原则性的规定进行阐述，
这种含混而模糊的《隐私政策》条款，不利于保护网上银行用户的合法权益，
应当将《个人信息安全规范》中的信息使用规则具体化为各家网上银行《隐私
政策》的一部分，并且对各家网上银行的《隐私政策》内容进行部分明确规定。

一、用户信息使用规则应当具体明确

信息从收集、使用再到存储，使用环节是容易发生信息侵权，也是信息
数据能够直接产生二次价值的过程。目前国内各家网上银行的隐私政策往往
在"我们如何使用您的信息"部分用较短的语句进行说明，说明的语言都是
原则性的规定，在发生信息使用纠纷时，往往按照有利于银行一方进行解释，
造成网上银行用户维权困难。《中国工商银行隐私政策》的用户信息使用规则
一共 3 条[1]，其中第 2.1 条是默示同意条款，用户在勾选"已阅读《隐私政

---

[1]《工银融 e 行用户隐私政策》（2020.2.24 版）第 2.1 条规定：您同意我们可将您的信息用
于我们的其他服务或营销推广，例如向您推荐您可能感兴趣的产品或服务。第 2.2 条规定：为确保服
务安全，帮助我们更好地了解融 e 行运行情况，我们可能记录融 e 行运行的相关信息，比如，您使用
融 e 行的频率、崩溃数据、总体使用情况、性能数据等。我们不会将存储在分析软件中的信息与您在
融 e 行中输入的任何个人身份信息相结合。第 2.3 条规定：当我们要将您的用户信息，用于本政策载
明的收集目的、用途或合理相关范围以外的其他用途时，我们将在使用前再次征得您的同意。

策》"选项框时，即同意工商银行网上银行可以将用户的信息用户其他服务或者营销推广，条款中举例说明"推荐可能感兴趣的产品或者服务"属于第2.1条所说的"其他服务或者营销推广"，此处的默示同意涵盖的信息使用用途过于模糊，缺乏具体化的规定。对于此处的"服务和营销推广"，工商银行应当在《隐私政策》中明确服务或者营销推广的范围，或者采用先列举具体内容再用"其他服务或者营销活动"进行兜底的方式，尽可能地明确服务和营销推广的范围。例如，可以将第2.1条改为：您同意我们可将您的信息用于我们的其他服务或营销推广，具体包括：（1）我们将使用您的信息推荐您可能感兴趣的产品，您可以通过"不感兴趣"设置屏蔽为您推荐的内容；（2）我们需要使用您的信息确认您的身份；（3）我们需要使用您的信息评估您的信用等级，相应的为您评估信用贷款的额度；（4）我们会使用您的信息进行金融产品售出情况分析，但是我们会在使用过程中通过去标识化处理的方式，避免定位到您个人；（5）与上述服务或者营销推广相类似的活动，我们保证使用信息不会超出我们收集您个人信息时所言明的目的，即"为向您提供服务并确保您的融 e 行账号安全"的目的。在此方面，《中国农业银行股份有限公司隐私政策》中规定得比较完善，其关于用户信息使用目的中规定：您的个人信息将在行内共享以进行综合统计、分析加工，帮助我行评估、改善、设计产品、服务及运营活动等，方便我们为您提供更加准确、个性、流畅及便捷的服务。我行可能根据前述信息向您提供营销活动通知、商业性电子信息或您可能感兴趣的广告，如您不希望接收此类信息，您可按照我行提示的方法对各渠道发送的上述推送信息选择退订。若我行需将您的个人信息用于本政策未载明的其他用途时，会按照法律法规及国家标准的要求再次征求您的同意。若我行需将基于特定目的收集来的您的个人信息用于其他目的时，也会事先征求您的同意。《中国建设银行股份有限公司隐私政策》关于用户信息使用规则一共有 5 条[1]，

---

〔1〕《中国建设银行股份有限公司隐私政策》（2020. 3. 27 版）关于信息如何使用的规定：（1）在向您提供我行的金融产品或服务，并为改进这些产品或服务时使用；（2）在我行向您提供金融服务期间，您授权我行持续收集和使用您的信息，在您注销服务时，我们将停止收集您相关的个人信息，但我行会在业务资料归档、审计、监管协查等领域继续使用此前收集的您的相关个人信息；（3）为提升您的产品或服务体验，或为防范风险，我行会对服务使用情况进行汇总、统计分析、加工，但这些信息不会包含您的任何身份识别信息；（4）为了使您知悉使用我行金融产品或服务的情况或使您进一步了解我行服务，我行会向您发送服务状态通知以及相关产品或服务的商业性信息；（5）您授权同意的以及于法律允许的其他用途。

依然存在原则性的规定，例如第 1 条所说的"在向您提供我行的金融产品或服务，并为改进这些产品或服务时使用"，关于"提供金融产品或者服务"的规定仍然具体模糊，也应当以具体列举式的内容规定加兜底条款的方式进行明示，当纠纷发生时，对于信息使用的目的是否用于推销金融产品或者服务进行比照具体条款的同类解释方法，避免从银行的角度进行扩大化的解释，将一些非法信息使用的情形纳入到正常的推销金融产品或者服务。只有将上述原则性规定转变为具体而又明确的内容，网上银行逃避法律规定，滥用用户个人信息的事件才会大幅减少。

二、网上银行《隐私政策》应当明确用户信息使用的地理区域

网上银行《隐私政策》中应当明确个人信息使用过程中涉及的地理区域，主要包括个人信息存储和备份的区域、个人信息传输过程中涉及的地域范围、个人信息跨境传输独立授权等。例如，在"如何使用个人信息"部分须增加：我们收集的上述信息储存在中华人民共和国境内，如果要进行跨境数据传输，我们会单独征求您的授权同意。《中国银行股份有限公司手机银行隐私政策》关于此部分规定得比较完善，规定："我行在中华人民共和国境内收集和产生的个人信息，将存储在中华人民共和国境内。但为处理跨境业务并在获得您的授权同意后，您的个人信息包括汇款人用户名称、详细地址、联系电话、邮编以及收款人名称、所在国家、详细地址将作为交易信息的一部分被转移到境外。此种情况下，我行会采取有效措施保护您的信息安全，例如，在跨境数据转移之前通过协议、核查等措施要求境外机构为您的信息保密。"而《中国工商银行隐私政策》只有存储在境内的规定，缺少数据跨境传输时的规定。

大数据时代，信息数据跨境传输变得越来越容易，由于各国个人金融信息保护程度不同，往往造成在金融信息立法完善的国家收集的用户金融信息，却在其他经济欠发达、金融信息立法缺位或不完善的国家遭到泄露或者非法利用的情形，而一旦信息在他国被非法利用，网上银行用户的维权成本较高，往往不能有效地保护自己的合法权益。因此，个人信息使用规则应当明确信息使用的地域范围，并且以明示的方式告知网上银行用户信息存储的区域，当涉及跨境信息传输时，需要单独取得网上银行用户的明示同意，最大程度上减少跨境数据泄露、全球性金额诈骗事件的发生。

三、应当明确网上银行用户不同类型信息的预计保留时间

信息数据具有时效性，网上银行持有用户的信息数据不是一种永久性的持有，在完成特定的使用目的之后应当进行删除处理，最大限度地降低信息泄露的风险。我国《个人信息安全规范》在第 6.1 条中已经明确了个人信息保存时间最小化原则，即个人信息控制者保存个人信息的期限应当是实现目的所必需的最短时间，超出了这个时间，信息控制者应当进行删除或者匿名化处理。关于信息使用时间的规定，目前国内各家网上银行往往以用户注销时作为停止使用信息数据的截止日期，例如《中国建设银行股份有限公司隐私政策》规定："在您注销服务时，我们将停止收集您相关的个人信息，但我行会在业务资料归档、审计、监管协查等领域继续使用此前收集的您的相关个人信息。"而有的网上银行关于信息使用的截止时间更是原则性地规定其无限期使用网上银行用户个人信息的权利，如《中国农业银行股份有限公司隐私政策》规定："我行仅在法律法规要求，以及为实现本隐私政策的目的所必须的期限内，确定您个人信息的最长储存期限以及您日志的储存期限。"再如《中国银行股份有限公司手机银行隐私政策》规定："我行仅在法律法规要求的最低期限内，以及为实现本政策声明的目的所必须的最低时限内保留您的个人信息，当超出数据保存期限后，我行会对您的信息进行删除或匿名化处理。"

使用信息的时间实际上就是保留信息的最长时间，超出这个期限，如果还任凭网上银行持有个人信息，将会加大信息泄露的风险。网上银行首先应当注明个人金融信息预计保留的期限，例如，自信息收集时起 3 年内，具体可以在《隐私政策》中表述为："我行预计保留您的个人信息为自收集您个人信息之日起 5 年，我行会利用大数据进行收集时间记录，在满 5 年时我行会评估您是否仍在长期不断地使用我行网上银行，并根据具体情况进行有针对性地删除或者全部删除。"预计保留的期限只是作为一个参考，但是可以作为网上银行审查用户是否仍在使用的一个时间节点。实践中，大量存在用户并未注销但是长时间不使用的情形，如果一味地以用户注销作为停止收集和使用个人信息的截止时间，则网上银行实际上依然在长期使用事实上已经注销的用户个人信息，明显违反了收集使用个人金融信息的目的。设置个人金融信息的预计保留期限，网上银行记录首次收集用户信息的时间，在预计时间

到来时，银行利用大数据分析该用户最近一次通过网上银行办理业务的时间点，若长时间没有开展任何业务，例如，最近一次办理银行业务是 2 年前，则网上银行应当进行删除或者匿名化处理。

个人金融信息的保留时间应当以具体使用情况为主要判断标准，以用户注销账户作为截止点为辅。因为毕竟有的信息，属于用户账户得以延续存在的基础性信息，例如手机号码，网上银行应当一直持有，以保证用户正常使用该服务，当用户真实注销手机银行账户后，才可以删除相应的信息。

第三节　完善网上银行信息安全保障的附随义务

附随义务是指基于诚实信用原则，为辅助实现当事人之给付利益或为周全保护当事人之人身或财产上的固有利益，在合同缔结过程中、合同履行过程中以及合同关系结束后，由合同当事人承担的注意、告知、协助、保密、保护和不作为等义务。[1]网上银行用户通过网上银行进行在线存取款、转账、购买金融产品、评估信用、办理贷款等业务，实际上是与网上银行之间订立了服务合同、贷款合同、金融产品买卖合同等，在业务开展的过程中，银行基于诚实信用原则，应当负担告知义务、协助义务与保密义务，但我国目前法律明文规定的附随义务只有保密义务，进一步完善我国网上银行信息安全保障义务中的附随义务内容，将网上银行的告知义务与协助义务法定化，通过给付义务与附随义务相结合，将更好地实现对大数据时代网上银行用户信息安全的保护。

一、完善网上银行信息安全告知义务

（一）网上银行信息安全告知义务的具体内容

告知义务又被称为说明义务、通知义务、建议义务、报告义务、预告义务、警告义务等，网上银行信息安全告知义务是指银行应当将网上银行业务可能具有的风险、银行本身的免责事由等信息以显明的方式提请用户注意，例如，银行对于在用户电子证书或密码下所进行的一切交易操作，均视为用户本人所做的正常操作，即使用户将电子证书或密码提供给他人使用，银行

---

〔1〕　参见林嘉琦："银行附随义务研究"，华东政法大学 2011 年硕士学位论文，第 6 页。

也只承担形式审查义务，这种免责事由应当明确告知用户，出现用户信息泄露，他人使用电子证书或者密码盗取银行存款的情形下，银行应当向用户注册的手机号码发送其他设备登录警示，用户及时修改密码防止资金被盗。我国《民法典》合同编的买卖合同、租赁合同等绝大部分有名合同中，均对告知义务加以规定。从告知义务的内容来看，可以把告知义务分为以下四类：（1）使用方法告知义务，如交付机器，应告知对方机器的装配、使用及维修保养方；（2）质量瑕疵告知义务，如赠与物品，应告知赠与物品的隐蔽瑕疵；（3）业务上告知义务，如乘务员应告知车船的到停时间；（4）债务人不能履行时，应告知履行不能的原因。

在网上银行领域，告知义务体现为银行在向用户提供网上银行业务之前，明确告知用户银行收集用户信息的范围、收集用户信息的方式。在用户办理网上银行业务时，告知义务又体现为一种警示义务，即应当以合理的方式提请对方注意核实交易对象的身份，在其他设备尝试使用用户的电子证书或者密码进行相关操作时，银行应当及时向用户开通网上银行时保留的手机号码发送在其他设备登录的风险提示，用户可以默许其他设备正常使用或者通过修改密码等来保障自己的资金安全。在网上银行实践中，告知义务在各家网上银行隐私政策中规定得比较全面，各家网上银行的隐私政策大都基本相同。首先，明确告知用户个人信息以及个人敏感信息的范围，例如《中国农业银行股份有限公司隐私政策》告知用户个人敏感信息包括身份证件号码、银行账号、通讯地址、征信信息、财产信息、交易信息、生物识别信息、健康生理信息等；其次，告知用户收集个人信息的目的，诸如为了向用户提供产品或者服务、验证用户的身份、审批、管理、处理、执行或实现用户要求或授权的交易，为了履行银行的合规责任，为了进行信贷或征信调查，核验、获取或提供资信或信用信息等。同时，各家网上银行都明确告知本行有利用用户信息进行分析利用的权利，例如，《中国建设银行股份有限公司隐私政策》明确告知：为了提升您在善融商务的购物体验，我行会根据您的浏览、搜索、加入购物车、收藏、购买记录、设备信息、位置信息，提取您的购物偏好、行为习惯、位置信息的特征，基于特征标签向您推送您感兴趣的商品信息。再次，各网上银行也在隐私政策中告知收集用户信息的方式和内容，不过每家网上银行的隐私政策会有所不同，例如，《中国农业银行股份有限公司隐私政策》明确区分收集个人信息的内容包括个人身份信息、个人财产信息、个人生物特征信息、个人账户信息、个人信用信息、个人金融交易信息、个人地理位置信息以及其他衍生信息。对于收集信息的方式，《中国建设银行股份有限公司隐私政策》告知用户在需要使用麦克风、摄像头、手机通讯录、手机短信、地理位置等方式收集用户信息时需要得到用户明确授权，否则不可以使用上述方式收集信息。最后，各家网上银行也都告知用户在某些特殊情形下，将不会经过用户的授权同意可收集、使用、披露个人信息，这些特殊情形各家网上银行规定基本一致。

对于以上告知义务，各家网上银行的隐私政策基本都是格式条款，且用户不勾选"同意"选项则不能享受网上银行服务，还有一些其他告知义务，与用户的资金安全更为紧密。例如，在用户信息泄露而被电信诈骗的场合，银行应当承担紧急止付告知义务，即银行在接到电信诈骗受骗用户求助要求后及时提醒、告知受骗用户，让受骗用户立即采取自救手段迅速冻结犯罪嫌疑人的赃款账户，阻止犯罪嫌疑人转移赃款。这种告知义务是必要的，银行不应该直接紧急止付，由此可能承担错误止付的风险或者成为同类企业相互竞争恶意止付他人银行账户行为的帮助犯，应赋予银行紧急止付告知义务，告知用户紧急止付的方法，例如电话冻结、人脸识别冻结、柜台冻结等，将紧急冻结权授予用户本人，能够更加合理地加强网上银行管理，提供优质服务。[1]

用户在网上银行购买金融理财产品的场合，告知义务表现为对金融产品如实宣传的义务。实践中，有些银行存在对产品宣传不规范、夸大收益率、回避风险的情形。[2]我国目前有的网上银行对金融理财产品的说明告知义务比较规范，例如，通过中国农业银行 APP 登录手机银行，点击首页理财，用户可以看到各类不同的理财产品，对于每一款产品，都有详细的《理财产品及风险和客户权益说明书》[3]，对于可能产生的风险和用户应当享有的权益都采用鲜明的方式提请注意。而有些网上银行，对于产品的说明不够详细、没有采取鲜明的方式提请消费者注意，或者根本没有产品说明书而只是对产

---

〔1〕　参见王昌奎："银行应承担电信诈骗资金紧急止付告知义务"，载《人民检察》2016 年第 24 期。

〔2〕　参见曹渊："论商业银行在理财产品中的告知义务"，华东政法大学 2017 年硕士学位论文。

〔3〕　例如，中国农业银行"金钥匙-安心得利-灵珑"封闭净值型人民币理财产品（电子渠道专享），其《理财产品及风险和客户权益说明书》分为风险提示部分、产品说明部分（包括产品要素、产品运作、产品估值、相关费用、收益分析及预算、信息披露等）、用户权益须知专页部分，该说明书共 9 页，告知说明义务比较详细。

品基本信息进行简单描述。例如，四川天府银行打造的天府手机银行，首页有专门的理财超市，对于每款理财产品也都有相应的产品说明书，但是产品说明书统一采用黑色字体记录，对于风险、权益等重要内容并未以显明的方式提请用户注意。再如，昆仑银行的手机银行中显示的基金超市和理财产品超市比较简略，只对产品的风险级别、类型等进行简单说明，产品说明书需要自行链接到一定的网址，且都未尽到醒目提示。对金融产品履行告知义务是非常有必要的，销售金融产品属于网上银行的重要业务之一，网上银行存在利用理财产品窃取用户个人金融信息，实施非法集资和网络诈骗的风险，只有完善网上银行的信息安全告知义务，才能最大限度地降低网上银行用户信息泄露事件的发生。

（二）加强网上银行信息披露制度建设

网上银行的信息披露是保证用户知情权的基础，也是向用户主动履行告知义务的体现。事实上，用户的知情权与网上银行的信息披露义务是同一问题的两个方面，用户的知情权是通过网上银行的信息披露义务来实现的，这也是"信息不对称"理论的必然要求。[1]《中华人民共和国证券法》（以下简称《证券法》）设专章规定了信息披露制度[2]，而我国大部分银行都是上市公司，应当履行《证券法》规定的信息披露义务，同时在此基础上进一步健全和完善。其一，规定信息披露的时间，要求网上支付服务机构应当每月或每季度定期向银保监会披露可能影响账户交易的事项，依法披露的信息，应当在银保监会的网站和符合规定条件的媒体发布，同时将其置备于网上银行终端操作界面，供社会公众查阅；其二，规定信息披露的方式，除要求支付服务机构在营业场所和官网上公布外，还必须用电子邮件的方式发送给服务接受者；其三，增加披露确定收费标准的方法、支付服务执行时间、救济等内容。最后，明确信息披露的法律责任，对于应当披露而不披露的事项，由银保监会责令披露，同时给予一定罚款。因不披露或者违法披露侵犯用户知情权，造成严重损害的，可以采取责令停产停业、吊销营业执照的行政处罚措施。信息披露过后应当及时留存，保证监管机构随时查询。国际证监会组织（International Organization of SecuritiesCommissions，简称 IOSCO）曾经针

---

〔1〕 参见任超："网上支付金融消费者权益保护制度的完善"，载《法学》2015 年第 5 期。

〔2〕 详见《证券法》（2019 年修订版）第五章信息披露（第 78~87 条）。

对网上开展的证券业务发布三个报告，报告指出，不管使用的现有技术如何，监管机构要求金融机构提供者满足信息保存的标准及要求，这就包括需要创造和维护一定的信息记录，这些信息记录必须是持续、不可修改的，且允许监管部门随时进入系统进行查询。在大数据时代网上银行迅速发展的今天，可以借鉴此机制，要求网上银行利用大数据平台建立信息留存系统，避免信息更新过快而无法调取。[1]

信息披露义务是一种法定义务，网上银行除了要主动履行信息披露义务之外，还要向用户履行其他的信息告知义务，体现为网上银行在向用户提供网上银行业务之前，明确告知用户银行收集用户信息的范围、收集用户信息的方式，在用户办理网上银行业务时，告知义务又体现为一种警示义务，警示网上银行用户注意核实交易对象的身份，在其他设备尝试使用用户的电子证书或者密码进行相关操作时，银行应当及时向用户开通网上银行时保留的手机号码发送其他设备登录风险提示等。网上银行不履行法定的信息披露义务，将会受到银行监管机构的行政处罚，不履行作为附随义务的其他信息告知义务，对于消费者因此遭受损害的，银行应当承担责任。在"王某与建设银行恩济支行基金购买纠纷案"[2]中，王某虽然在建设银行购买的是具有投资风险性的基金理财产品，理应自负盈亏、自担风险，但是在其损失57万后起诉建行恩济支行请求其赔偿时，法院认为银行事前没有履行投资风险告知义务、没有进行用户风险承担能力评估，判决银行应当承担用户投资损失赔偿责任。

二、完善网上银行信息安全协助义务

（一）网上银行信息安全协助义务的具体内容

协助义务，是指合同双方当事人为全面达成合同目的而给彼此提供必要帮助的义务。虽然合同当事人履行义务的范围一般以合同约定的内容为限，但在现实生活中，依据诚实信用原则，作为市场经济参与者的当事人往往在很多情况下负有协助合同对方当事人的义务，以达到双赢乃至多赢。协助义务在我国《民法典》合同编中有体现，例如融资租赁合同中，出卖人不履行

---

〔1〕　参见祁琦琦："互联网借贷平台信息披露制度完善研究"，浙江大学2017年硕士学位论文。
〔2〕　参见北京市高级人民法院（2019）京民申3178号民事裁定书。

买卖合同义务，承租人索赔时出租人的协助义务，此外，还有定作人协助承揽工作的义务、技术咨询合同的委托人提供必要的资料数据、接受受托人的工作成果等义务，也都是对协助义务的法律明文规定。

当发生第三人侵犯网上银行用户信息的情形时，用户由于自身能力的限制和信息的不对称，通常无法找到侵害人，无法诉诸法律，对于这种情形，可以比照《民法典》合同编规定的协助义务，规定网上银行负有帮助追偿、追查的义务，尽量帮助用户寻找侵权人，帮助用户索赔，并在用户提起诉讼时提供相关证据和证词证言，同时规定如果网上银行在接到用户通知后没有尽到帮助追查、追偿义务的，则应当承担相应的责任。《中国工商用户服务协议》明确了用户与工商银行开展网上银行业务时彼此的权利和义务，在银行义务部分，工商银行规定了六大义务：（1）及时准确地处理用户发送的网上银行业务指令，并及时向用户提供查询交易记录、资金余额、账户状态等服务；（2）承担网上银行使用的相关软件合法性的义务；（3）及时为用户办理网上银行注册手续，并根据用户注册功能的不同提供相应的网上银行服务；（4）提供网上银行业务咨询服务；（5）对于用户提供的申请资料和其他信息的保密的义务；（6）因工作失误导致支付结算处理延误，须按中国人民银行《支付结算办法》的有关规定赔偿的义务。上述义务都是原则性的规定，对于网上银行信息安全也只是说承担保密义务，至于泄露之后导致用户资金流失，用户追索困难需要银行协助调取转账终端所在地址、监控录像、转账记录等没有进行规定。其他网上银行的《用户服务协议》中，对于银行的义务规定也都基本一致，限于提供服务、保密、协助办理相关手续、赔偿等。对于网上银行是否应当协助用户进行后续追索欠款的义务，我国目前没有明确规定，大部分都是信息泄露后、损害发生前的有关安全保障的原则性规定，例如，《电信和互联网用户个人信息保护规定》第14条关于电信业务经营者、互联网信息服务提供者采取补救措施的义务以及《个人信息安全规范》关于发生信息安全事件应急处置的相关规定[1]。

在大数据时代，个人信息极易遭到泄露，银行通过开展网上银行业务赚取利润的同时，若是银行主观过错导致信息泄露进而侵犯网上银行用户信息

---

〔1〕 详见《个人信息安全规范》第10.1关于安全事件应急处置和报告的规定以及第10.2关于安全事件告知的规定。

安全、资金安全，银行此时有协助网上银行用户提供相关材料的法定义务。但是非基于银行的过错，例如，网络黑客研发了能够侵入银行系统的更为隐秘的技术措施，窃取用户资料，银行更有能力以自身的技术手段与之抗衡，规定网上银行协助用户追索被盗资金的附随义务，既能让银行提高自身的管理水平，也能够帮助建立更加安全的网上银行金融秩序。银行履行附随义务应达到的程度依具体情况而不同，服务对象的差异性是银行附随义务履行"度"的考量因素之一。确立网上银行保障用户查询、修改、请求删除信息的义务是至关重要的。目前，面向大数据的应用基本都是 Web 应用，各种应用都架设在 Web 平台上，Web 应用程序具有信息存储不安全、传输层保护不足等诸多缺陷，给大数据带来了严重的威胁。当其遭受了攻击和破坏以后，破坏者便可以无限制地访问大数据集群当中存储的数据。因此，对于数据访问权限的管理是非常重要的，应当全方位地管理和保护数据的安全，从而解决整个数据安全与合规、审计问题。常规的数据安全与合规、审计主要包括访问安全、数据访问审计以及数据访问监控，从这三个方面同时入手，才能全面保障数据的安全。

（二）规定网上银行协助用户维权义务

在网上银行领域，银行相对于用户而言，具有更强的技术能力和控制能力，能够通过利用各种技术手段，确保用户存取现金、在线转账等业务顺利开展。在信息泄露、发生网络诈骗的场合，用户往往难以及时制止侵权行为，也很难追踪到侵权一方的 IP 地址、账户信息、侵权场所等，而银行在实践中能够对每一笔交易进行精准监测，无论是侵权人使用的银行账户，还是转账的终端所在地，网上银行的服务器能够轻松地实现精准定位。因此，应当赋予网上银行协助义务，在发生第三者侵犯网上银行用户个人信息、资金安全等合法权益的场合，银行应当协助用户进行钱款追回、调取转账记录、监控记录等，这种协助义务来源于《民法典》合同编中规定的附随义务。目前，在发生银行资金被盗情形，用户需要案发后通过银行进行查询，破案的时效性也不能保证，因此，规定网上银行用户维权协助义务，能够在发生侵权行为的第一时间通过冻结账户、止付、违法警告等方式制止侵权行为，在侵权行为发生之后，通过查询转账账户的信息、锁定盗刷资金的终端地址、调查存取现金的监控等方式，帮助网上银行用户在第一时间进行维权。若网上银行怠于履行此项义务，则应当在其因怠于履行协助义务给网上银行用户造成的损失范围内承担相应的责任。

实践中，值得推广的是银行紧急通知止付制度。在过去，当被害人发现被骗后报案，公安部门需要制作笔录，这需要花费一定时间，即使转账银行恰好位于辖区范围，公安部门还需要办理审批手续，拿着相关文件到案发银行所属分行盖章，如果是跨行转账，还需得到另一家银行的相关文件，而犯罪分子发现资金转入账户后，可以立即层层分解至多个账户，即使数额较大，也可以在几个小时之内取完，而被害人只能通过事后救济的方式追回欠款，这种事后救济能够弥补的可能性很小，或者弥补的损失极为有限。公安部门通过与多家银行建立反电信网络诈骗中心，并规定在满足一定条件下银行应当进行止付，负有协助用户维权的附随义务，能够最大程度地减少网上银行因用户个人信息泄露而发生的网络诈骗案件。[1]这种网上银行用户的维权协助义务还可以通过其他方式进一步落实，例如，延迟转账制度，用户通过网上银行进行转账时，除了前述银行采取显明的方式警告用户谨防网络诈骗以外，还可以提供给用户一个是否延迟到账的明显选择框，用户可以选择延迟一天到账，使得钱款先行保存在银行内部，从而更加谨慎地开展网上银行业务。

在诉讼证据的角度，网上银行用户信息被第三人窃取或者非法利用导致侵权时，银行协助义务具体表现为帮助用户固定电子证据，协助用户维权，也就是电子证据存证的问题。随着电子信息技术的快速发展，传统的证据保全方式已经不能适应电子证据时效性、易损坏的特点，因此，大量的第三方存证平台应运而生。第三方存证平台主要是指除了传统法院或者公证机关之外的第三方平台，其面向社会大众，给当事人提供电子证据数据收集、固定、保全服务，包括用户端和服务器端。[2]现实生活中的第三方存证公司非常多，

---

〔1〕 2016年3月，上海市公安局就通过紧急止付阻断了一起银行诈骗案件，使得299万欧元没有被转账，及时维护了网上银行用户的合法权益。2016年3月31日上午8时许，上海市警方接到一家外资公司财务总监报警：该公司财务主管收到一封来自公司老板的电子邮件，邮件要求公司向农业银行上海分行的一个离岸账户转账299万欧元。财务主管转款后发现这是黑客攻破该公司邮件系统伪造的电子邮件。接到报案后，警方立即与农行上海分行专线联系，仅用了10多分钟就将涉案账户冻结止付，随后协调农行将涉案款项原路返还。

〔2〕 参见田晶林："第三方存证平台中电子数据证据效力研究"，华东政法大学2019年硕士学位论文。

例如，厦门美亚柏科信息股份有限公司开发的存证云〔1〕，采取的是司法鉴定加互联网的模式，为用户提供取证、存证及出证的系列服务。网上银行在协助用户调取银行内部涉案电子证据时，实际上，网上银行就属于一种电子证据存证平台，用户的资金被盗取，银行内部有转账的收款账号记录、转账时间、操作移动终端所在位置等记录，这些证据可以用来证明用户存在实际损失的法律后果，而用户往往无法获取上述信息，利用传统的证据保全措施，往往还要前往银行进行资金被盗公证、收款账户公证等。网上银行应当将上述所有涉案的相关证据进行保存并提供给用户，用户凭借此类证据材料展开诉讼维权。网上银行虽然对于上述证据的保存并不是以营利为目的特意保存，而是系统自动保存的数据，但是网上银行是营利性组织，其通过网上银行业务赚取了巨额利润，实际上履行协助义务，帮助用户维权而保存证据是网上银行本应有的附随义务，在网上银行协助用户保管证据维权之时，网上银行就相当于第三方存证平台，其本身以营利为目的，应当积极地进行存证行为，为网上银行用户遭受侵权时提供充分的电子证据从而帮助用户维权。

三、完善网上银行信息安全保密义务

(一) 网上银行信息安全保密义务的具体内容

网上银行信息安全保密义务实际上已经是一项法定义务。《电信和互联网用户个人信息保护规定》第 10 条规定："电信业务经营者、互联网信息服务提供者及其工作人员对在提供服务过程中收集、使用的用户个人信息应当严格保密，不得泄露、篡改或者毁损，不得出售或者非法向他人提供。"《个人信息安全规范》规定了个人信息保密的具体措施，要求收集个人信息后，个人信息控制者宜立即进行去标识化处理，并采取技术和管理方面的措施，将去标识化后的数据与可用于恢复识别个人的信息分开存储，并确保在后续的个人信息处理中不重新识别个人。收集个人敏感信息，应当采取更加严格的保密措施，采用技术手段、加密手段等安全存储。此外，在我国各家网上银

---

〔1〕 存证云，由厦门市美亚柏科信息股份有限公司开发的国内领先的电子证据综合服务平台，将第三方证据与司法鉴定无缝对接，为用户提供电子数据前期规范取证、中期安全存证以及后期便捷出证的一站式综合服务，解决电子数据保全过程中遇到的取证手段有限、证据效力不高以及线下司法鉴定服务不够便捷的问题。

行的隐私政策中也都明确了网上银行的保密义务[1]，中国工商银行融 e 行对于用户信息保存采取的"云保管"措施，只有用户凭"登录密码+人脸"验证解锁后才能查看编辑，其对用户存储的信息进行加密技术保存，保证数据资料的安全性，即便在服务器危机等特殊情况时也能做到数据及时恢复，保证数据不丢失，是比较值得推广到其他网上银行的保密技术手段，同时，在各家网上银行用户服务协议中都有规定银行具有信息安全保密义务。保密义务应当做扩大理解，《商业银行法》规定的"为储户保密"，不仅指银行应对储户已提供的个人信息保密，亦包括为到银行办理交易的储户提供必要的安全、保密的环境。

在"王某与中国工商银行股份有限公司洪江市支行储蓄合同纠纷案"[2]中，犯罪分子在自动刷卡器上粘贴电子仪器，并在自动取款机上安装微型摄像机获取了王某的信用卡交易密码，然后伪造信用卡来盗取王某卡内资金 3 万余元。法院认为，《商业银行法》第 29 条第 1 款规定："商业银行办理个人储蓄存款业务，应当遵循存款自愿、取款自由、存款有息、为存款人保密的原则。"为存款人保密，保障存款人合法权益不受任何单位和个人侵犯，系商业银行法定义务。银行的保密义务，不仅是指银行对储户已提供的个人信息保密，亦包括为到银行办理交易的储户提供必要的安全、保密的交易环境。本案中，银行未按规定及时审查监控录像，使银行录像监控形同虚设，致储户的交易环境无安全保障，其行为违反了法定义务。《民法典》第 577 条规定："当事人一方不履行合同义务或者履行合同义务不符合约定的，应当承担继续履行、采取补救措施或者赔偿损失等违约责任。"本案中，王某与银行之间的储蓄合同合法有效。王某信用卡内资金被盗虽系犯罪分子所为，但系银行违背法定安全保密义务才造成王某存款损失。银行未依储蓄合同履行保密义务构成违约，判决银行支付王某被盗取全部存款 3 万余元。因此，网上银

---

[1] 例如《中国建设银行股份有限公司个人信息保护政策》明确告知用户：我行已使用符合业界标准的安全防护措施保护您提供的个人信息，防止数据遭到未经授权的访问、公开披露、使用、修改、损坏或丢失。我行会采取一切合理可行的措施，保护您的个人信息。例如，我行会使用加密技术确保数据的保密性；我行会使用受信赖的保护机制防止数据遭到恶意攻击；我行会部署访问控制机制，确保只有授权人员才可访问个人信息；以及我行会举办安全和个人信息保护培训课程，加强员工对于保护个人信息重要性的认识。

[2] 参见湖南省怀化市（2007）怀中民三终字第 28 号民事判决书。

行负有保护用户信息不被泄露和非法利用的义务，这种义务是网上银行信息安全保障附随义务中最重要的部分，网上银行保密义务的严格履行才能在最大程度上保障用户个人金融信息的安全。

在网上银行业务领域，这种对用户个人信息的保密，包括为办理交易的储户提供必要的安全、保密的交易环境，还应扩大解释为网上银行 APP、电子证书等设备的安全，保证用户进行网上银行业务的硬件安全。"用户证书"是用于存放用户身份标识，并对用户发送的网上银行交易信息进行数字签名的电子文件，存放在介质 U 盾中，能够有效地保证电子交易的安全。中国金融认证中心的成立使得电子认证更具备权威性，截至目前，已经为全国超过 98%的银行颁发证书，保证网上银行身份的真实性。此外，个人生物识别技术的推广也有利于保障用户个人信息，人脸识别、指纹识别甚至是眼角膜识别，使得网上银行领域非本人操作或未经本人授权无法进行相关业务。通过交易前技术设备和生物识别技术的保障、交易后"云保管"等技术措施的保存、金融信息泄露后追责制度的完善，网上银行信息安全保密义务才能够得到更好的履行。

（二）加重网上银行违反法定保密义务时的责任承担

个人数据具有巨大的二次利用价值，绝对化的规定网上银行不得持有用户信息实际上是在阻碍社会经济的发展。银行利用大数据平台对用户信息进行分析利用，实现了用户信用动态评估、金融产品精准营销、风险预测等，但是持有这些用户信息必须要承担保密义务。目前，我国《商业银行法》、《电信和互联网用户个人信息保护规定》、各家银行的《隐私政策》、《用户服务协议》等都明确规定了或者约定了银行负有用户信息保密义务，《个人信息安全规范》也规定了个人信息保密的具体措施，要求收集个人信息后，个人信息控制者宜立即进行去标识化处理，并采取技术和管理方面的措施，将去标识化后的数据与可用于恢复识别个人的信息分开存储，并确保在后续的个人信息处理中不重新识别个人。收集个人敏感信息，应当采取更加严格的保密措施，采用技术手段、加密手段等安全存储。但实践中用户信息遭到泄露的事件仍然频繁发生。例如，2020 年 5 月，著名脱口秀演员王某池因上海笑果传媒有限公司拖欠其演艺报酬，与之涉诉，诉讼中，笑果传媒提供的案件材料中，涉及王某池个人在中信银行股份有限公司上海虹口支行的账户交易明细，王某池从未授权笑果传媒查询其个人交易记录，中信银行虹口支行未经其同意将个人信息非法提供给他人，侵犯其合法权益，事后中信银行发布致歉信，同时将相关支行行长开除。

侵权者能够以身试法，原因就在于违法成本较低，不足以遏止信息泄密事件。《商业银行法》第73条第4项〔1〕通过兜底的形式规定了银行应当承担的民事和行政责任，其最高的处罚力度也只是违法所得5倍的罚款。《征信业管理条例》规定，信息提供者未经信息主体同意即将本人非依法公开的信息提供给征信机构的金融信用信息基础数据库的，或者未按照与个人信息主体约定的用途使用个人信息的，在情节严重或者造成严重后果的情况下，单位仅仅受到2万元以上20万元以下的罚款，个人仅仅受到1万元以上5万元以下的罚款。《电信和互联网用户个人信息保护规定》关于电信业务经营者、互联网信息服务提供者在保管的用户信息发生泄露、毁损、丢失时，未及时采取必要措施的，仅仅会受到责令限期改正、警告，可以并处1万元以上3万元以下的罚款，惩罚力度相当低。当银行将业务转移至线上以后，其最重要的安全保障义务之一就是保障网上银行用户信息能够安全存储在银行服务器中，因此，应当加大银行泄密时的行政惩罚力度，同时对于涉案的泄密人员构成犯罪的一律追究刑事责任。

第四节　确定网上银行未履行信息安全保障义务时的责任承担

安全保障义务的设立是为了防范风险，对风险处于支配、控制地位的人，必须以一个一般理性人应有的注意去控制风险，避免给他人、社会带来损害。对于具体的安全保障义务标准的确定，需要综合考虑风险的大小、风险控制的可能性、风险控制人的能力、受害人自我保护的能力和危害结果的严重性等诸多因素，得出合理的信息安全保障义务标准。网上银行具有风险大、技术依赖强和专业性强的特点，用户的信息保障很大程度上都依赖于网上银行自身的安全保障技术和格式合同约定，网上银行由于本身的专业性和在信息

---

〔1〕《商业银行法》第73条规定：商业银行有下列情形之一，对存款人或者其他客户造成财产损害的，应当承担支付迟延履行的利息以及其他民事责任：（一）无故拖延、拒绝支付存款本金和利息的；（二）违反票据承兑等结算业务规定，不予兑现，不予收付入账，压单、压票或者违反规定退票的；（三）非法查询、冻结、扣划个人储蓄存款或者单位存款的；（四）违反本法规定对存款人或者其他用户造成损害的其他行为。有前款规定情形的，由国务院银行业监督管理机构责令改正，有违法所得的，没收违法所得，违法所得5万元以上的，并处违法所得1倍以上5倍以下罚款；没有违法所得或者违法所得不足5万元的，处5万元以上50万元以下罚款。

收集、保护中占有的优势地位，承担的安全保障义务应当超过"一般理性人"应该具有的审慎义务，即网上银行的注意义务不是在危害结果预见和危害结果控制这两种义务中的平衡分配，而是应该更新自身的安全技术，随时监控、排查，做到更优先地预见到风险的存在，主动排查危险。当网上银行尽到了这种注意义务时，即说明履行了信息安全保障义务。大数据时代的网上银行与传统商业银行相比，具有高技术性、高风险性、交易虚拟性等一系列特点。在因自身漏洞或者职员操作不当导致信息侵权发生时，应当适用过错推定原则，推定网上银行一方存在过错。在举证责任方面适用"过错"要件和"因果关系"要件举证责任倒置，用户只需要举证证明网上银行存在不履行信息安全保障义务的行为以及自身因信息泄露或者非法利用遭受损失，由网上银行举证证明自身已经充分履行信息安全保障义务而不存在过错以及行为与结果之间不存在因果关系，不能举证证明的，网上银行将承担举证不能的不利后果。

一、区分危害网上银行信息安全的不同情形，确定不同的责任

网上银行信息安全的侵害来源包括三种情形：一是网上银行自身安全技术漏洞和职员操作不当；二是用户故意、重大过失或者一般过失造成信息泄露或者非法利用；三是第三人侵害。对于第一种情形，网上银行当然承担全部责任，不能通过格式条款将责任转嫁给用户；对于第二种情形，用户故意或者重大过失造成信息泄露的，用户具有可归责性，应该由用户承担责任，对于用户一般过失造成自身信息泄露，为避免处于弱势地位的用户承担过重的责任，应当规定网上银行分担相应的责任；对于第三种情形，可依据《民法典》侵权责任编的规定，存在第三人侵害行为的，网上银行应当承担与其过错相应的补充责任，网上银行为制止第三人侵权尽到了合理的审查、监管义务时，不承担责任。在存在第三方侵权的情况下，若无法确定侵权的第三人或是第三人没有赔偿能力，而网上银行和用户均不存在过错，此时可以适用公平责任[1]，由网上银行给予用户适当的补偿。

---

[1]　公平责任是指，在当事人双方均无过错的情况下，由人民法院在考虑受害人的损害程度、双方的经济状况和其他相关情况下，对受害人的财产损失适当予以补偿。公平责任原则作为一项辅助原则，适用要件包括：第一，发生了实际损害；第二，不能适用过错责任原则；第三，根据实际情况确定责任分担。

在上述三种网上银行信息侵权情形中，网上银行违反安全保障义务的情形是指第一种情况，即网上银行因其自身的技术、职员操作等原因导致信息泄露事件的发生，因其没有尽到安全保障义务，因而具有可归责性。按照《民法典》侵权责任编关于侵权责任成立的构成要件，理论上应当由受害一方网上银行用户主张侵权行为、损害后果、因果关系及银行主观过错四要件。但是用户举证证明网上银行一方有过错是一件十分困难的事情，网上银行往往通过出示用户已经勾选"已阅读《隐私政策》《用户服务协议》"选项框等证据来进行抗辩，而用户事实上也的确无法证明网上银行没有履行信息安全保障义务，故而继续适用传统过错责任原则明显有违公平原则，适用过错推定责任原则有利于减少用户的证明难度，过错推定责任原则是指推定行为人具有过错，若行为人不能证明自己没有过错，应当承担相应的责任。《民法典》第1165条第2款规定："依照法律规定推定行为人有过错，其不能证明自己没有过错的，应当承担侵权责任。"过错推定责任仍然是以过错为归责依据，只是在举证时采取举证责任倒置的证明方式，在本质上是一种特殊的过错责任。在发生信息安全侵权案件时，直接推定网上银行具有相应的过错，从而实现对用户的平衡保护。

二、规定网上银行信息侵权案件适用举证责任倒置

网上银行不同于一般的经营者，网上银行业务具有虚拟化、无纸化、高新技术性的特点，网上银行通过借助虚拟平台并运用信息技术为用户提供相应的服务，开展业务所用到的硬件设施以及软件应用都来自网上银行一方，在因网上银行硬件系统、技术软件等出现问题，导致用户产生损失的情形，用户存在较大的取证难度，根据传统民事诉讼"谁主张，谁举证"的证明责任分配原则，明显会加重网上银行用户举证责任的承担。同时，网上银行信息泄露案件的证据多为电子证据，具有网络化、数字化的特点，又储存在网上银行服务器上，用户并不能真正掌握，在诉讼中要求用户提供并不在其掌握中的电子证据显然有失公平，为保护用户的合法权益，应当根据网上银行和用户对电子证据的实际掌控能力等因素，适用举证责任倒置。前文已经论述了网上银行违反信息安全保障义务应适用过错推定责任原则，即侵权责任四要件中的"过错"已经倒置给银行一方，为了更进一步减轻网上银行用户

的举证难度，对于四要件中的"因果关系"要件也应该适用倒置的规则，即由银行承担本身不存在过错、侵权行为与损害后果之间不存在因果关系两方面的举证责任，用户只需要承担证明自身遭受侵权行为，并因侵权行为造成了损害后果。

（一）适用举证责任倒置的法理依据

所谓举证责任倒置，是指基于法律规定，将通常情形下本应由提出主张的一方当事人（一般是原告）就某种事由承担的举证责任，转由他方当事人（一般是被告）承担，如果该方当事人不能就此举证证明，则推定原告的事实主张成立的一种举证责任分配制度。王利明教授认为："适用举证责任倒置应当符合如下条件：1. 实行举证责任倒置必须要有明显的法律依据；2. 原告就某种事由的证明出现举证障碍；3. 根据案件的具体需要，确有必要保护受害人的利益；4. 被告就某种事由的存在与否具有证明的可能性。"〔1〕

网上银行信息安全的相关侵权案件中，绝大部分的案件焦点集中在举证责任上。有学者认为在涉及网上银行安全保障义务的案件中，应将鼓励当事人去做事故预测成本，以便能够达到社会资源配置最优水平作为核心目标。网上银行安全保障义务案件涉及双方预防问题，也就是说银行和用户都有责任对损害结果的发生采取相应的预防措施。但是，从外部性内在化〔2〕的经济学角度来说，银行在开展网上银行业务产生了巨大的收益同时也具备了更高的风险，银行理应对此承担相对更多的责任。那么判定银行存在多大的过错，是否达到了最佳的预防损害发生的水平，就成为此类案件的关键。引入汉德公式〔3〕，通过 B（预防成本）、P（事故概率）、L（事故损失）对此类案件进行定量分析，成为学界提出的一个新观点，即当 B<PL 时，银行尽到其预防的责任了，那么在此方面则不承担责任，反之承担责任。〔4〕汉德公式虽然将案件化繁为简，却过于将案件数理化，导致其可操作性十分有限。因为在

---

〔1〕　参见王利明："论举证责任倒置的若干问题"，载《广东社会科学》2003 年第 1 期。

〔2〕　外部性内在化：为了消除因外部性而引起的市场失灵，就要将外部费用引进到价格中，从而激励市场中的买卖双方改变理性选择，生产或购买更接近社会最优的量，纠正外部性的效率偏差，这种纠正过程称为外部性的内在化。

〔3〕　汉德公式：1947 年由美国联邦上诉法院第二巡回法庭法官勒尼德．汉德（Learened Hand）在审理卡洛尔．波音拖船公司案中提出的一种过失认定公式。以侵权行为的预防成本 B 与造成损害的盖然性 P，损失金额 L 的乘积之比来认定行为人是否应当承担相应的责任。

〔4〕　参见常怡主编：《比较民事诉讼法》，中国政法大学出版社 2002 年版，第 416 页。

实践中 B（预防成本）、P（事故概率）和 L（事故损失）很难做到量化分析，并且针对不同案情还会出现变化，故此观点无法在司法实践中广泛适用。此外，有人提出网上银行信息安全案件的举证中应同样适用证据学上的"罗森贝克规范说"。"罗森贝克规范说"认为，对权利受到侵害的一方当事人要维护自己的权利，就应该适用有关权利产生的规范要件，并且对权利产生的要件相关事实加以举证，相应的，否认权利产生或者存在的当事人，应当对权利妨碍、消灭、限制等法律要件事实进行相应举证。[1] 该种规则就是传统民事诉讼中的"谁主张，谁举证"原则，那么如果依据该理论，在网上银行安全保障义务案件中，如用户网上银行财产权或者其他信息被他人恶意侵犯，用户就需要证明：（1）网上银行内资金或信息确实已经被他人非法恶意侵害；（2）是银行的过错使得用户网上银行账户的权利受到侵害。

在传统银行的安全保障义务案件中，是由受害用户对银行没有尽到安全保障义务承担举证责任，而银行在第三人侵权的情况下，若能够证明自己尽到安全保障义务，则免除承担任何责任。然而，大数据时代网上银行的繁荣发展，在便利银行和用户双方的同时，对涉及网上银行安全案件的举证造成了极大的困难，主要体现在以下几个方面：首先，作为服务提供商，网上银行几乎没有任何方法能够证明网上银行用户个人信息和密码的错误是用户在操作中因过错造成的，而相对应的，用户也很难提供具体的证据证明自己并没有将任何密码透露于他人；其次，银行无法证明或者保证自身电子设备如处理器或者系统能够免受恶意攻击，也正是由于这种技术上存在的特殊性，使得用户根本无法证明网上银行在技术上存在漏洞。因此，"罗森贝克规范说"在大数据时代网上银行安全保障义务的举证中存在一定的局限性。传统的举证责任认定方式已经不能够解决大数据时代网上银行案件的利益分配，需要结合利益衡量理论，通过权衡网上银行与网上银行用户之间的利益关系，探求针对网上银行安全保障义务案件的最佳举证责任。

第一，在网上银行用户信息或者财产被侵犯的案件中，银行作为金融服务的提供者，在网上银行系统的开发、系统设置及系统维护上面都具有比用户更大的优势，因此网上银行更易履行为用户提供安全且稳定的网上银行业

---

[1] 参见王海俊："浅谈法官如何运用利益衡量"，载《人民法院报》2007 年 2 月 8 日，第 5 版。

务环境的义务。第二，用户作为网上银行使用者，享受网上银行提供的金融服务，有权获得安全稳定的金融服务环境。这并不意味着用户自身不需要承担任何义务，用户应当在网上银行业务的各个阶段中对自己的个人信息及财产处理过程中尽到审慎的注意义务，保护好个人信息和网银交易密码等。第三，《最高人民法院关于民事诉讼证据的若干规定》（2008 年）第 7 条规定了在法律没有具体规定且依据其他司法解释无法确定举证责任承担时，人民法院可以根据公平原则和诚实信用原则，合理确定举证责任的承担，该条款为确立网上银行信息安全侵权案件的举证责任提供了依据。第四，依据"消极行为不举证"的证据学原理，法院在审理案件中只能要求主张事实发生或者存在的当事人承担举证责任，不能要求主张事实不存在或没有发生的当事人负举证责任。在网上银行案件中，通常用户很难证明自身没有将银行账号密码或者其他信息泄露给他人，规定用户承担证明事实不存在或没有发生的义务，将会明显加重用户一方的举证责任，在网上银行用户陷入举证不能时，将会承担败诉的风险。银行作为网上银行信息和相关数据的控制方，对交易数据有绝对的提取权，用户获得该数据往往是十分困难的，一旦用户出于紧急情况要求取得银行控制的交易数据，银行往往会以涉及商业秘密或者保护其他用户交易信息为由拒绝提供相关数据，这使得网上银行用户根本无法通过获取内部信息来证明银行方存在过错。同时，网上银行业务具备高度的专业化和复杂性，网上银行信息和技术都是由银行方提供和掌握的，并且网上银行虚拟特性又使得固定证据存在较大难度，实践中，除了交易凭条，用户往往无法取得交易过程中的数据。而且由银行进行举证成本较低，相比于用户无法取得各种网上银行系统内的交易信息或者其他同侵权案件相关的信息，银行作为控制方，对自己掌握的数据进行提供显然要容易且成本较低。因此，就举证难易度及实现可能性两方面而言，大数据时代网上银行安全保障义务案件应当适用举证责任倒置。

（二）适用举证责任倒置的法律依据

我国目前不同地区的法院在审理网上银行安全保障义务案件中，适用的法律有所不同，适用举证责任倒置的主要法律依据主要基于以下规定：

首先，从合同角度论证网上银行安全保障义务案件的举证责任。根据从裁判文书网上收集的 3 万多个网上银行安全保障义务纠纷案例，法院一般将网上银行信息安全侵权案件的审理案由认定为储蓄合同纠纷，因此，当然适用《中华人民共和国民事诉讼法》中关于审理合同纠纷的相关诉讼法律规定。《最高人民法院关于民事诉讼证据的若干规定》（2008 年）第 5 条第 2 款对合同纠纷案件的举证责任规定："对合同是否履行发生争议的，由负有履行义务的当事人承担举证责任。"网上银行安全保障义务纠纷案件中，银行作为服务提供商，理应对网上银行系统及硬件的安全性能进行保障，并将这种保障的履行作为义务。网上银行在运行过程中如果安全性出现瑕疵，就可以被认为银行方未能够尽其安全保障义务，未能履行合同相应义务。用户基于此可以就网上银行系统存在危险而致其信息泄露、财产损失提起诉讼，实际上可以归为用户因银行未履行储蓄合同提起的诉讼。该种情况适用《最高人民法院关于民事诉讼证据的若干规定》（2008 年）第 5 条规定，举证责任承担方应为合同义务履行方，即银行。

其次，从《电子签名法》的角度论证网上银行安全保障义务案件的举证责任倒置规则。随着网上银行的兴起，电子签名和数据电文授权在业务运行中逐渐普及。2005 年 4 月 1 日，我国为了规范电子签名行为，确立电子签名的法律效力，维护有关各方的合法权益，实施了《电子签名法》，明确了电子签名的具体内容。所谓电子签名，是指数据电文中以电子形式所含、所附用于识别签名人身份并表明签名人认可其中内容的数据。《电子签名法》第 28 条规定："电子签名人或者电子签名依赖方因依据电子认证服务提供者提供的电子签名认证服务从事民事活动遭受损失，电子认证服务提供者不能证明自己无过错的，承担赔偿责任。"在网上银行服务过程中，用户一般通过网上银行特定密码，或者安全性更好些的"U 盾"[1]以获得动态交易密码来进行账号操作，网上银行的账户密码使用即可被认为是网上银行的电子签名使用，"U 盾"在银行的官方定义为"用于网银电子签名和数字认证的工具"。所以当用户在网上银行使用密码进入网银操作界面进行操作或者使用"U 盾"进行交易操作的时候，即被认定为用户在使用电子签名，当然适用《电子签名

---

[1] U 盾，最初由银行 2003 年推出并获得国家专利的客户证书 USBkey，是银行提供的办理网上银行业务的高级别安全工具。它外形酷似 U 盘，安全性能如一面盾牌，意为 U 型的盾牌，所以取名"U 盾"。它的作用是在办理网上银行业务时保护着网上银行资金安全，规避黑客、假网站、木马病毒等各种风险。U 盾是用于网上银行电子签名和数字认证的工具，它内置微型智能卡处理器，采用 1024 位非对称密钥算法对网上数据进行加密、解密和数字签名，确保网上交易的保密性、真实性、完整性和不可否认性。

法》第 28 条规定，采用举证责任倒置，那么，作为电子认证服务提供者的网上银行需要证明自己不存在过错，否则要承担赔偿责任。

最后，从行使自由裁量权的角度认定举证责任倒置。在我国目前的司法实践中，法官除了依照明确的法律规定对举证责任承担进行认定，还可以通过行使自由裁量权在案件审理过程中采用举证责任倒置。《中华人民共和国民事诉讼法》第 8 条规定："民事诉讼当事人有平等的诉讼权利。人民法院审理民事案件，应当保障和便利当事人行使诉讼权利，对当事人在适用法律上一律平等。"此外，《最高人民法院关于民事诉讼证据的若干规定》（2008 年）第 7 条规定："在法律没有具体规定，依本规定及其他司法解释无法确定举证责任承担时，人民法院可以根据公平原则和诚实信用原则，综合当事人举证能力等因素确定举证责任的承担。"在网上银行信息安全保障义务案件的实际审理过程中，法官如果认为用户对网上银行案件相关的证据难以举证，根据公平原则和诚实信用原则，为了保障案件受害者的合法权益，完全可以通过行使自由裁量权，确定由被告方即网上银行方承担举证责任。

综上所述，网上银行的安全保障义务主要指为保证用户的信息安全及财产安全，网上银行依托安全合理的身份识别手段，提供安全稳定的硬件、软件及网络环境，承担网上交易风险提示等义务，而且在用户因使用网上银行遭到侵害时，网上银行负有协助追查等义务，在违反该义务时，理应采用过错推定原则，在举证方面采用举证责任倒置，由网上银行承担证明自身不存在过错以及侵权行为与损害后果之间不具有因果关系的举证责任，用户只需要承担证明网上银行存在不履行或者不适当履行信息安全保障义务的侵权行为，以及因网上银行未履行安全保障义务导致其损害发生的证明责任。适用举证责任倒置，可以更好地保护网上银行用户的利益，促进网上银行安全保障义务的更好履行。

第五节　确立政府监管和行业自律相结合的网上银行信息监管模式

在信息监管领域，世界各国为了更好地实现对信息的保护与管理，纷纷建立了信息保护的专门机构，例如，德国的联邦数据保护专员、英国数据保护专员、法国数据保护专员等。世界各国关于信息保护机构的设置主要有欧盟模式和美国模式两种。前者是统一的监管模式，在具备独立的《个人信息保护法》的基础上，设立专门的信息数据监督保护机构，对全行业实行统一的信息安全监督管理，比较有代表性的是法国的"国家信息与自由委员会"，我国香港地区的个人隐私专员公署和澳门地区的个人资料保护办公室也采用的是这种模式。后者是指不设立专门的信息安全监督管理机构，由各个职能部门根据各自的权限进行监督管理，个人信息保护是其职能部门监管职责的一部分，例如，美国联邦贸易委员会通过禁止欺诈性商业行为来保护消费者私人领域的个人信息；美国联邦通信委员会负责监督电信运营领域保护相关电话使用者的个人信息；美国联邦金融监管机构负责金融领域的个人隐私和信息保护。[1]通过比较两种模式，可以看出设立专门的信息保护机构，将信息安全监督管理职责集中于一个部门，更有利于信息监管工作的开展。

一、建立以央行监管为主、各机关分工责任的网上银行信息安全监管平台

从目前我国网上银行信息安全监管的实践来看，存在严重的多头交叉监管现象，应该加快明确各监管机构的监管职责分工。首先，2017 年 6 月生效的《网络安全法》明确了国家网信部门和有关部门依法履行网络信息安全监督管理职责。2021 年 4 月 29 日公布的《个人信息保护法（草案二次审议稿）》第六章也明确了国家网信部门负责统筹、协调个人信息保护和相关监督管理工作。因此，国家网信部门应是从个人信息保护和网络安全的宏观角度出发，对网上银行信息安全进行全局性的监管。其次，2020 年 11 月 1 日起施行的《中国人民银行金融消费者权益保护实施办法》明确了中国人民银行依法承担消费者的金融信息保护，2013 年 3 月实施的《征信业管理条例》第 4 条也规定了中国人民银行及其派出机构依法对征信业进行监督管理。因此，目前应由中国人民银行统一承担网上银行信息安全监管职责，但《中国人民银行金融消费者权益保护实施办法》只是宏观地规定了中国人民银行及其分支机构承担消费者金融信息保护工作，履行金融信息监管职责，并没有明确具体承担金融信息监管的职能部门，而已经存在的中国人民银行金融信

---

〔1〕 参见张继红、颜苏："大数据时代我国金融信息保护机构的模式选择"，载《证券法律评论》2018 年第 00 期。

息中心〔1〕仅仅主要负责采集、汇总和分析信息数据，以及保障中国人民银行网络和信息系统的运行安全等技术性工作。最后，保障信息安全是网上银行应当履行的义务，是网上银行合规建设的重要考量因素，是银行业务活动监管的重要内容，从这个意义上来讲，对网上银行的信息安全进行监管也属于银保监会的职权。此外，在包含金融领域在内的所有信息安全监管领域，还有工业和信息化部门依法对电信和互联网用户个人信息保护进行监督。综上所述，应在明确中国人民银行对网上银行信息安全统一监管的基础上，加快明确各监管机构的监管职责和具体分工，建立网银信息监管平台，整合央行、国家网信部门、银保监会以及工信部等机构的监管职权，规定国家网信部门对网上银行金融信息的宏观统筹协调监管职责以及银保监会对网上银行信息安全的业务监管职责，避免多头监管和监管漏洞，明确统一监管标准，最大程度地遏制网上银行信息泄露和侵权事件的频发。〔2〕

网银信息监管平台应当遵守职权与义务相一致原则，赋予网银信息监管平台各类职权的同时也应规定承担的义务：网银信息监管平台既有权制定和发布规章，进行信息安全行政执法，又有义务对执法过程中知悉的客户个人信息进行保密、对执法活动进行行政公开、对社会大众进行信息安全宣传教育等。

（一）制定网上银行信息安全的相关规章

作为网上银行信息安全监管机构，制定信息安全管理的相关规章是其必备职权之一。世界各国的信息安全监管机关对于此项职权亦都有规定，例如，根据西班牙的《个人数据保护基本法》第 37 条规定的"数据保护委员会制定和发布法律或者其他规范性法律文件中规定的授权事项；在可适用且不影响其他机构的职权的情况之下，发布使处理操作符合本法原则的必要指示；发布指导，给出安全性建议"，网银信息监管平台应就网上银行信息安全制定统一标准，并将具体的内容规定纳入各家银行的隐私政策和客户服务协议之中，以成为我国各家网上银行开展业务的具体行为准则。

（二）信息安全行政调查

网银信息监管平台作为网上银行信息监管机构，还应该进行具体的行政

---

〔1〕　参见网址：http://www.pbc.gov.cn/jinrongxinxizhongxin/148526/148523/index.html.

〔2〕　参见李晗："大数据时代网上银行的信息安全保障义务研究"，载《法学杂志》2021 年第 4 期。

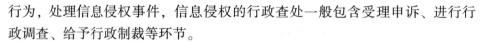

行为，处理信息侵权事件，信息侵权的行政查处一般包含受理申诉、进行行政调查、给予行政制裁等环节。

1. 受理申诉

受理申诉是行政调查开始的第一环节，是指网上银行用户在遭受信息侵权事件之时请求信息安全监督管理机构进行处理的行为。《欧盟指令》规定了受理申诉的内容，第 28 条规定："各监督管理机构应当认真听取任何人及其代表提出的涉及个人数据处理与其权利保护相关的主张并及时告知其处理结果。"奥地利《个人数据保护法》第 30 条规定："任何人都有权以数据管理者或者处理者对其权利构成侵害为由，向数据保护委员会提出申诉。"为了规范银行业和保险业消费投诉处理工作，保护消费者合法权益，2020 年 1 月 14 日，我国银保监会发布《银行业保险业消费投诉处理管理办法》（以下简称《投诉办法》），从明确消费投诉事项、规定银行保险机构职责、明确投诉处理程序、完善投诉处理制度机制、便民高效化解投诉、强化监管督察和对外披露六个方面保障消费者投诉的权利，有利于畅通投诉渠道、提高处理效率，提升消费者对银行保险机构投诉处理工作的满意度。网银信息监管平台受理信息安全申诉程序问题可以参考《投诉办法》中关于投诉处理程序的规定，如明确受理渠道、受理范围、处理时限等程序要求，最大化满足网上银行用户合理诉求，结合申诉处理工作实际，鼓励提高申诉处理效率，对于事实清楚、争议情况简单的，规定网银信息监管平台应当在 15 日内办理完毕并告知申诉人，情况复杂的可延长至 30 日，情况特别复杂或者有其他特殊原因的，经过必要审批程序后，办理期限再延长 30 日。从行政法的角度讲，网银信息监管平台对信息的调查安全事件分为依申请调查和依职权调查，因此其在日常监管工作中不是仅仅依据网上银行用户的申诉才能启动信息安全调查程序，如果其发现网上银行在保障信息安全方面存在问题和不足或者发现信息侵权事件等，应当主动对相关银行展开调查。

2. 行政调查

网银信息监管平台在受理网上银行用户的申诉或者主动发现信息侵权事件之后，将进入具体调查程序，采取相应调查措施，即对于受理申诉的案件，网银信息监管平台工作人员有权进入信息控制者或者信息处理者的经营场所、办公地点，来检查电脑设备及其储存的各种信息文件，同时有权进入相关系统调取有关信息，从而来判断侵权行为是否真实存在，相关企业或者其他组织是否遵守个人信息保护制度的相关规定。对于行政调查程序，世界各国（地区）法律均有规定，例如，法国《数据处理、数据文件和个人自由法》第44条规定："法国数据保护监管机构的成员（CNIL）履行信息安全监督管理职责的时间是从上午6点到晚上9点，在这个时间段内，有权获取用于个人数据处理专门目的的处所、环境、设备或者建筑物。"瑞典《个人数据保护法》第43条也规定了监管机构有权依据其监督职能，获得个人数据处理的信息及文件，对个人数据处理设施进行检查。荷兰《个人数据保护法》第61条规定注册办公室成员有权不经宅主同意进入其住宅。我国香港地区《个人资料（隐私）条例》也规定了信息调查专员的调查权[1]。《中华人民共和国行政强制法》对于行政机关进行行政调查时可以采取的行政强制措施进行了规定，包括限制公民人身自由；查封场所、设施或者财物；扣押财物；冻结存款、汇款以及其他行政强制措施，但是《中华人民共和国行政强制法》第10条[2]对上述行政强制措施规定了法律保留事项。网上银行的信息安全调查涉及客户的数量大、范围广且往往需要掌握密码学、数字认证技术等专业知识，且证据容易灭失，因此，查封设备、调取文件、冻结账户这些强制措施非常必要，从而防止客户资金因个人信息泄露而流失。

（三）实施行政制裁

在经过受理申诉和行政调查以后，接下来就是对确属信息侵权的网上银行实施相应的行政处罚。各国信息监管机构可能采取的监管措施一般主要包括提醒、建议、警告、训诫、命令封存、删除或者销毁数据、采取临时性监管措施，如停止处理或者最终性禁令或者罚款等。各国也都对违反网上银行信息安全保障的后果义务进行了具体规定。法国《数据处理、数据文件和个人自由法》第45条规定："针对违法的数据控制人，CNIL可以按照严重性程

---

〔1〕香港《个人资料（隐私）条例》第38条规定：专员收到相关申诉或者投诉；或者有合理理由相信有符合下列情形的作为或者行为，即已经或正在由资料使用者作出的或从事的、关乎个人资料的及可能属于违反本条例规定的，则专员须就有关资料使用者进行调查，以确定在有关的投诉中指明作为或行为是否属于违反本条例的规定。

〔2〕《中华人民共和国行政强制法》第10条规定：行政强制措施由法律设定。尚未制定法律，且属于国务院行政管理职权事项的，行政法规可以设定除本法第九条第一项、第四项和应当由法律规定的行政强制措施以外的其他行政强制措施。尚未制定法律、行政法规，且属于地方性事务的，地方性法规可以设定本法第九条第二项、第三项的行政强制措施。法律、法规以外的其他规范性文件不得设定行政强制措施。

度，依次采取警告或者限期停止、罚款、停止处理禁令、撤销批准等。"同时对罚款的数额进行了规定："如果是第一次违反，则不应超过 15 万欧元，如果在第一次罚款确定之日起 5 年内第二次违反，则罚款的数额不应超过 30 万欧元，或者对于法人不超过最后一个财政年度总营业额的 5%，但不应该超过 30 万欧元。"《中华人民共和国行政处罚法》第 9 条[1] 和第 13 条[2] 对行政处罚的种类等作出了规定，同时明确了国务院部、委员会制定的规章可以设定警告或者一定数量罚款的行政处罚，罚款的限额由国务院规定。因此，网银信息监管平台作为整合央行、国家网信部门、银保监会以及工信部等机构监管职权的产物，有权对于网上银行违反信息安全保障义务的情形，进行警告或者一定数量罚款，其他种类的行政处罚交给《个人信息保护法》，或者由国务院通过行政法规的形式进行授权规定。

目前，世界各国都在不断提高个人信息侵权的违法成本，加大惩罚力度，从而建立起守法的良性循环，增强消费者对于信息安全的信心。其中典型的案例就是 2012 年谷歌因其浏览器绕过用户隐私设置，被联邦贸易委员会罚款 2550 万美元以及 2016 年，脸谱网因未经授权向用户发送朋友的生日信息，被要求按每条未授权信息 1500 美元的标准进行赔偿。2016 年，欧盟的《通用数据保护条例》明确了罚款的上限标准，第一档针对那些不能履行条例规定义务的数据控制者，将被处以一千万欧元或者前一年度全球营业额的 2% 的罚款，以两者中较高者为准；第二档针对未能说明如何获得用户的同意、违反数据处理之一般性原则等性质更为严重的违法行为，将被处以两千万欧元或者企业前一年度全球营业额的 4% 的罚款，以两者中的较高者为准。

（四）遵循执法公开原则

阳光是最好的防腐剂，执法必须公开透明。网银信息监管平台的执法过程应当透明化，每隔一段时间要通过制作报告等方式，对其一定时间内的执

---

[1]《中华人民共和国行政处罚法》第 9 条规定：行政处罚的种类：（一）警告、通报批评；（二）罚款、没收违法所得、没收非法财物；（三）暂扣许可证件、降低资质等级、吊销许可证件；（四）限制开展生产经营活动、责令停产停业、责令关闭、限制从业；（五）行政拘留；（六）法律、行政法规规定的其他行政处罚。

[2]《中华人民共和国行政处罚法》第 13 条规定：国务院部门规章可以在法律、行政法规规定的给予行政处罚的行为、种类和幅度的范围内作出具体规定。尚未制定法律、行政法规的，国务院部门规章对违反行政管理秩序的行为，可以设定警告、通报批评或者一定数额罚款的行政处罚。罚款的限额由国务院规定。

法活动——例如如何处理申诉——进行总结和评价，并对执法过程中出现的一些疑难问题进行归纳总结，可以效仿司法机关的案例指导制度，对一些典型的个人信息侵权案件在执法过程中的典型化处理进行公开，从而便于日后类似案件进行参考性的借鉴。在执法信息公开方面，我国香港地区和澳门地区有很多成熟的经验，我国香港特区个人资料隐私专员公署自成立起，每年都会公布执法年报，就本年度的法律工作、受理申诉情况、案件执法情况进行总结。我国澳门地区的个人资料保护办公室每年都会公布本年度的年度报告，包括法律咨询、行政执法、案件跟进情况，同时报告也会说明本年度地区和国际交流等情况。目前，我国银保监会也有在其网站上设政务信息专栏，但主要公开的信息是银保监会关于人事信息、行政许可、行政处罚等内容。最早规定政务信息公开的文件是 2008 年 4 月 30 日中国银监会根据《中华人民共和国政府信息公开条例》的规定，印发了关于《中国银行业监督管理委员会政府信息公开管理办法（试行）》的通知，2016 年，中国银行业监督管理委员会又发布了《中国银监会党委办公室关于深入开展政务公开工作的实施意见》（银监党办发〔2016〕17 号），文件规定的政务信息是指银监会及各派出机构在依法履行银行业监管职责过程中制作或者获取的，以一定形式记录、保存的信息。网银信息监管平台的执法过程、调查结果等信息当然属于政务信息范围，应当参照银保监会已有的专栏公示方法，做到公开透明。

（五）遵守信息保密义务

执法人员在执法过程中不可避免地会获取涉案相关的信息数据，在允许其为了执法需要而适当保留信息数据的同时，必须严格规定其应当履行保密的义务。根据 1995 年《欧盟指令》第 28 条规定："成员国应当规定监督管理机构成员及其全体官员对其所接触的秘密信息负有保密义务，即使是在其任期结束之后，这种保密义务应当继续履行。"基于此，欧洲大多数国家都将信息安全保密义务规定在本国的信息安全立法中。《中华人民共和国政府信息公开条例》第 17 条第 1 款规定："行政机关应当建立健全政府信息公开审查机制，明确审查的程序和责任。"执法机关在公开信息前，应当依照《中华人民共和国保守国家秘密法》以及其他法律、法规和国家有关规定对拟公开的信息进行审查。银保监会作为信息安全执法机关，对于其执法过程中知悉的客户的个人信息，应当履行保密义务，不得违法披露，当然也有例外，即涉及国家秘密、社会公共利益必须公开的时候。《电信和互联网用户个人信息保护

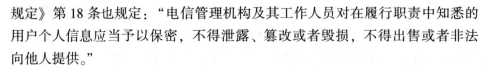

规定》第 18 条也规定："电信管理机构及其工作人员对在履行职责中知悉的用户个人信息应当予以保密，不得泄露、篡改或者毁损，不得出售或者非法向他人提供。"

（六）加大信息安全宣传教育

信息安全监管机构向社会大众宣传和普及信息安全教育，让更多的信息控制企业和组织、个人了解到其在信息安全领域的权利和义务非常重要。例如，我国澳门地区的个人资料保护办公室具体负责信息安全宣传工作，具体方式包括举办讲解会、专题讲座、课程培训等，协助市民掌握和了解个人资料保护相关法律制度，清晰自己在信息安全领域的权利和义务，此外，还通过印制宣传单页、宣传品、年报等方式进行信息安全宣传教育。香港地区的个人隐私专员公署在其网站上专门开设"教育培训"栏目，里边包含专业研习班、网上学习平台、系列讲座等，公署推出系列网上课程，例如，《中小企业个人资料隐私自学课程》《零售业保障隐私面面观》等，同时为了对《个人资料（隐私）条例》进行民众化宣传，公署每月定期举办条例学习讲座。在网上银行信息安全保护领域，网银信息监管平台也应当定期宣传网络诈骗、个人信息买卖等违法行为的严重性，增强公众对于个人信息保护的安全意识和信息泄露后的维权意识，行政执法要依靠广大公众，只有公民维权意识提高，执法成本才会降低，执法效果也会更好。

二、推动银行业协会的自律管理

行业协会作为自律组织进行自我管理起源于 1875 年的美国银行家协会，我国亦在各金融领域都建立了行业协会。行业协会的自律管理在约束市场主体不良行为、维护市场秩序、发挥行政执法辅助作用方面发挥着特有的作用，被视为政府监管的重要补充。行业协会制定的自律规范与监管机关的抽象行政行为相比，具有诸多优点：

1.制定和执行自律规范的成本更低。行业协会规范的制定者是本行业的众多经营者，充分体现了本行业经营者的意志，对于自己制定的行业规范，各经营者更加容易接受并且保证其实施。但是行政监管法规却呈现较强的滞后性和冗杂性，政府监管者不是本行业的经营者，不了解本行业的特点，制定的法律法规有时并不具备可实施性和可接受性，无法从纸面的法律转换为现实中的法律，同时，法律法规具有天然的滞后性，社会生活不断地更新变化，法律规范不能及时进行相应的调整和修改，将大大增加执法的成本。

2.具有更强的灵活性和变通性。行业协会规范的修改不像法律法规那样需要政府履行必要程序，自律规范是本行业经营者共同意志的集中体现，随着金融领域的不断创新，当自律规范出现不适应性的时候，协会成员可以本着共同协商的态度对自律规范进行适时的修改和补充，实时掌握金融机构及其他第三方信息收集者信息收集、使用、分享的情况。实际上自律规范在制定法和科技进步之间构建起一座缓冲的桥梁，面临大数据时代诸多特点，自律规范可以在短时间内对信息监管领域的有效经验进行及时更新，当自律规范得到多数本行业经营者认可时，又可以将自律规范的内容通过政府立法的形式上升为国家通用的法律规范，从而形成金融市场信息监管实践-行业协会自律规范-政府信息监管法律法规的互动模式。

3.有利于增强协会成员的守法诚信意识。政府监管法律法规具有很强的刚性，通过对违法者进行处罚的方式来强制各行各业遵守法律法规，不得实施信息侵权行为。但是行业协会规范却是本协会成员共同协商制定的结果，行业协会在培育成员企业的诚信意识方面具有天然的优势，对于违反协会规范的成员，往往采用集体惩戒的方式，如建立行业协会诚信评估系统，取消多次失信成员的成员资格，使之丧失同行业认同感等。政府监管是一时的，而行业协会的影响却是深远的。

银行业协会的定位决定其应当发挥信息安全自律管理的作用。目前，我国的银行业金融机构达到4607家，而银行业协会的会员只有728家，还有很大一部分银行业金融机构不是银行业协会的会员，不受银行业协会自律管理的约束。因此，须进一步增加银行业协会的会员数量，从而更好地发挥政府监管与行业自律相互结合的效果。目前银行业协会并没有专门负责信息安全保护的委员会，而在大数据时代，网上银行用户个人信息极易受到侵害，因此银行业协会设立专门的信息保护委员会，协助网银信息监管平台进行信息安全监管非常必要。

三、网上银行信息安全监管平台与银行业协会的有机结合

政府和市场都不是万能的，政府主要借助法律及依法行使的强制性行政

手段给予市场法律上的约束，可以被看作是一种"法制化的公序"；而行业协会则主要是借助行业自律公约以及非强制性的精神引导给予市场道德上的约束，可以被看作是一种"组织化的私序"[1]，事实证明，单纯依赖于任何一方的作用都不足以保障网上银行的信息安全。网银信息监管平台作为信息监管的专责机关，履行法定的信息监管职责不言而喻，但是其制定的大量政策法规，需要银行业协会宣传和落实，同时银行业协会通过会员章程的形式间接约束会员的行为，也能够促进网银信息监管平台的监管。网银信息监管平台通过强制性手段达到制止信息安全侵权事件的发生，而银行业协会则是通过会员公约、会员章程等软手段协助网银信息监管平台进行信息安全监管。

从国际范围来看，行政机关和行业协会的关系可以分为三个类型：（1）行业主导型，即行业在制定行为准则方面具有完全的自由裁量权，监管机构的作用被削弱，只审查行业的行为准则是否与国内数据保护法一致，这些成员国主要有奥地利、比利时、丹麦、芬兰、德国等。（2）政府主导型，即由政府的监管机构来负责推动制定行业守则，行业协会不制定，即监管机构的作用被强化，这些成员国主要有爱尔兰、罗马尼亚等，例如罗马尼亚《与个人数据处理和数据自由移动有关的个人保护法》规定："行业协会有义务制定行为守则并提交监管机构进行审核。"（3）共同协商型，即监管当局不是强制而是鼓励各行业制定行为准则，制定过程本着平等协商的原则进行，监管机构和行业协会密切合作共同推动符合本行业特点的行为准则的出台，这些国家主要有希腊、意大利、葡萄牙等，例如，意大利《个人数据保护法典》第12条："格然特应当鼓励制定不同领域的行为准则和专业实践，并验证其是否符合法律和条例的规定。"第三种共同协商型模式是值得鼓励和倡导的，避免政府过度干预市场是政府适度监管理念的基本内容，核心就在于应当顺应市场规律，科学制定市场运行规则，行业协会自律管理是政府强制监管的重要补充，能够有效发挥自我监督、自我管理的优势。实践中，我国银行业监督机构和银行业协会经常会共同到特定地区进行市场调研，就某项专门工作听取当地工作人员的专题报告。例如，2019年5月21日，银保监会李斌处长、孟思凡科长，银行业协会欧阳军主任、翁敏科长，农总行安全保卫部韩涛处长、

---

[1] 郭薇："政府监管与行业自律——论行业协会在市场治理中的功能与实现条件"，南开大学2010年博士学位论文。

吴涛科长一行六人，到广东分行就"目前银行金融机构安全保卫工作体系"进行调研。[1]

国家干预理论表明，政府对资源的控制力越强，私主体对于资源的管控力就越弱，完全国有化或者私有化都不是最有效的资源配置方式。同样的道理，金融秩序的稳定也是建立在自律和他律相互结合之上的，政府的监管力度过大，必然会压缩自律的空间，只有政府适度监管，辅之以行业自律，才能适应大数据时代网上银行的快速发展。

总之，一方面，由于银行业协会天然的、普遍的私益性导致其自发进行市场治理的"动力"不足，当行业协会的公共性和私益性相冲突时，其更倾向于顺从来自行业的力量而不是贯彻政府和公众的意愿。[2]另一方面，行业协会自身蕴涵的公共性、在市场治理上的优势及其对行业事务积极主动地进行自发管理的行为使之具备进行行业管理的能力，因此，将银行业协会的自律管理与网银信息监管平台的专责监管相结合，使各网上银行受到政府法规和自律规范的双重约束，可以使其更好地明确自身的信息安全保障义务，更加规范地开展网上银行业务，加强自身合规建设。

第六节　建立网上银行信息安全保护的国际合作机制

美国"棱镜门事件"的曝光使得国际社会意识到信息安全已不再是某个国家独立存在的问题，单凭一个国家的力量难以从各方面从容应对，世界各国在信息安全面前是一个命运共同体。网上银行的信息安全更是关乎世界各国金融安全和稳定。在大数据时代，互联网技术手段不断升级并广泛应用，网上银行个人金融信息可能在甲地收集、在乙地储存并在丙地加以利用，这就涉及金融信息跨境传输的问题。跨境因素的介入使个人金融信息保护变得错综复杂，究其原因就在于各国对金融信息保护的程度存在较大差异。例如，欧洲国家不仅仅出台了专门的《个人数据保护法》，亦建立了专门的信息保护监督管理机构，具有较高的个人信息保护水准，而另外一些国家有关个人信

---

　〔1〕　参见："中国银保监会和银行业协会到广东分行开展安全保卫工作调研"，载 https://www.meipian.cn/24ntdgi2。

　〔2〕　参见郭薇、秦浩："行业协会与政府合作治理市场的可能性及限度"，载《东北大学学报（社会科学版）》2013 年第 1 期。

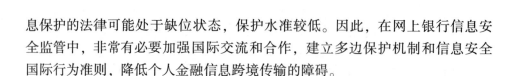
息保护的法律可能处于缺位状态，保护水准较低。因此，在网上银行信息安全监管中，非常有必要加强国际交流和合作，建立多边保护机制和信息安全国际行为准则，降低个人金融信息跨境传输的障碍。

一、加强网上银行跨境信息传输的国际交流

国际社会在应对跨境数据流动问题上制定了一些规范性文件。联合国1990年《关于电脑处理数据资料规范指南》第9条规定："当两个或两个以上的国家的立法对个人资料保护提供了相当程度的保护措施之时，个人资料应当允许在国家之间进行自由流动。"经合组织《关于隐私保护和个人数据跨境流动指南》专门规定了跨境数据传输自由流动与合法限制原则。[1]亚太经合组织的《跨境隐私规则体系》旨在确保个人信息的跨境自由流通，主要希望实现四个目标：（1）发展恰当的个人信息保护，尤其是要防止对个人信息不必要的侵害以及个人信息滥用所造成的不利后果；（2）确保全球组织能够收集、取得、使用或者处理亚太经合组织经济体的数据，在组织内部制定并实施统一的方法；（3）协助执行机构履行保护信息隐私权的任务；（4）推动国际机制促进和加强信息隐私权保护，并维持亚太经合组织经济体以及其贸易伙伴间信息流动的连续性。

具体到各个国家和地区，对于信息跨境传输的规定差异较大。主要分为三类：第一类是严格限制数据跨境传输，以欧盟为典型。《欧盟指令》明令禁止将公民的个人信息数据传输到那些不能提供充分保护的地区或者国家，欧洲主要国家都采取此种限制性立法模式，这种模式可以在某种程度上影响其他国家的信息保护立法，迫使其提高本国的信息保护水准，但是也会对国际贸易形成某种障碍。第二类主要是对传输机构进行跨境数据流动施加限制，主要是意大利和日本，明确传输机构应当承担信息传输至第三方时的保护责任，并采用合同形式明确彼此之间的信息保护义务及责任。第三类是事先取

---

〔1〕 自由流动与合法限制原则应当考虑以下四个方面：（1）成员国对于个人数据在国内的处理及其传送，应考虑到对其他成员国可能造成的影响；（2）成员国应当采取合理的措施确保个人数据的国际流通，包括经由一个成员国的传输不受干扰的内容；（3）成员国自己与其他成员国之间，应去除个人数据国际流动的限制，但其他成员国并未遵守本指南的各项原则或者上述数据所传送的国家并无个人数据保护规制之情形的除外；（4）成员国应避免借保护个人数据及个人自由的理由，在超出保护的必要程度内，创设个人数据国际流通障碍的法律与政策。

得同意型，即不要求必须签署将个人信息转移至境外第三方的合同，韩国是要求必须得到信息主体"选择加入同意"，我国台湾地区则是要求必须取得向国外传输及处理数据的许可。[1]

自 1991 年开始，美国每年都会举办 RSA 信息安全大会（RSA Conference），至今已经举办 30 次，成为国际信息安全领域里规模大、有影响力的产业盛会，每年都会有来自全球范围内的专家聚集于此探讨信息安全新趋势新难题[2]。刚刚过去的 2020 RSA 信息安全大会在美国旧金山 Moscone Center 召开，主题是"HUMAN ELEMENT（人为因素）"，重点关注信息安全社区中人们的价值。与此同时，中国于 2020 年 4 月举办第十二届信息安全高级云论坛暨美国 RSA 热点研讨，会议由公安部网络安全保卫局指导，中国计算机学会主办，CCF 计算机安全专业委员会、绿盟科技集团、360 集团承办，对 RSA 大会的热点问题进行研讨，主题同样是"以人为本"。中国信息安全高级论坛已有 12 年的举办历史（2009-2020），每年通过组织亲临美国 RSA 会议现场的专家、学者、企业代表等，共同就当年最新的国际信息安全热点进行分享，与业界同仁学习交流。在金融领域，各国及国际组织每年也会召开论坛、峰会等，例如，我国每年一届的中国国际金融论坛（2004-2019），但是内容主要是金融产业与实体产业发展、金融开放发展等，针对金融机构网上银行信息安全方面并没有举行大规模的会议，制定相应的政策法规。

在大数据时代，个人金融信息爆炸式增长，网上银行的信息安全已成为全球金融安全的重要组成部分，虽然目前国际社会在跨境数据流动问题上制定了一些规范性文件，但专门针对网上银行用户信息跨境传输保护方面的还没有，也没有专门针对这方面开展的系列论坛和峰会。加强网上银行跨境金融信息传输的国际交流，可以通过每年召开"世界网上银行信息安全峰会"的形式，进一步加大国际合作机制，这是解决网上银行用户信息跨境侵权事件的有效措施。

---

〔1〕　参见张继红："个人数据跨境传输限制及其解决方案"，载《东方法学》2018 年第 6 期。

〔2〕　RSA 大会正通过在美国、欧洲和中国举办年度行业活动，推进世界各地的信息安全进程。纵观其 22 年历史，RSA 大会一直致力于吸引这一领域的全球精英，为大会与会者创造机会，与同行、杰出人士及新兴和成熟公司直接互动，了解 IT 安全最重要的问题。随着 IT 安全领域重要性和影响力的不断增长，RSA 大会在让全球安全专家保持联络、获得新知方面起到了不可或缺的作用。

二、完善网上银行信息安全多边保护措施建设

单边保护措施是指由一些经济实力比较大的国家或者地区性组织来制定符合本国的个人信息保护政策，并通过采取强制性措施推行本国的法律理念和原则，迫使被强制国家不得不制定或者修改与强制国家相同的政策，通过此种单边强制手段，大国逐渐建立起符合本国国情的国际信息保护政策，最为典型的就是欧盟和美国，例如为了加强与欧盟的合作，不少周边国家都陆续修改本国个人数据保护法以适应《欧盟指令》所要求的数据传输限制政策。在大数据时代，信息产生的速度和传播的广度远远超过了人类的控制能力，跨境数据交流如果依靠单边保护措施，被强制国家不仅仅在个人信息保护领域受到强制，也不可避免地会受到强制一方国家的政治、经济、历史等其他因素的影响，简单粗暴地推行单一国家或地区的法律制度及其价值信仰，容易使被强制国家产生抵触、敌对情绪，助长"制度霸权主义"，不利于跨国信息保护。双边保护措施是指两个国家经过平等谈判、协商达成双边协议，共同解决信息跨境保护问题，从短期来看，信息保护双边协议是两个国家共同意志的体现，双方都会无条件遵守协议的内容，相比于单方保护措施一方强制另一方接受霸王条款更加具备可实施性。双边保护协议比较典型的就是欧盟的《安全港协议》和《隐私盾协议》，美国政府无需全面修改本国个人数据保护法就可以加强与欧盟的合作，降低国内立法成本。然而双边协议也有其固有的缺陷，即协议双方是否处于实力相当的水平，如果双方经济实力差不多，那么展开协商的可能性和协议的可接受性就会增加，但是如果双方实力相差甚远，形式上是平等协商，实质上和单方保护措施没有本质区别，也是强国一方单方推行其政策措施，此外，单一国家为了加强与不同国家的交流合作，不得不分别与各个国家签订双边保护协议，这将大大增加成本降低效能。

多边保护措施是指国际社会、各个国家和地区通过共同协商，合作完成跨境数据信息传输保护，包括区域性多边保护措施和全球性多边保护措施两种。区域性保护措施源自全球各国经济差距较大，政治、经济、文化等诸多方面都不平衡，很难一开始就形成具有全球共识的个人信息保护政策，区域性多边保护措施充分发挥某一地区的地缘性优势，因而作为一种过渡性的机

制存在，欧盟就是比较成功的区域性多边保护措施的践行者。但实践中，即使是一个区域之内的部分国家，达成信息保护的共识也并非一帆风顺，《欧盟指令》也是以英国、爱尔兰为首的北方阵营和以法国、意大利为主的阵营相互妥协的产物，最终《欧盟指令》具有很强的开放性。相比于欧盟的刚性约束力，亚太经合组织则采取了比较柔性的做法，其组织机构比较松散，由众多大小会议形成，其《关于隐私保护及个人数据跨境流动指南》等多部政策都仅具有鼓励规劝的作用，提供给成员国制定信息保护立法的建议和参考，并且亚太经合组织成员之间的分歧更大，因为成员国既有保护水准较高、采取综合立法的日本、加拿大等国，又有依靠部门执法和行业自律相结合的美国，还有没有建立个人信息保护法的中国。区域性多边保护措施在一定程度上发挥了区域间合力，有利于在跨境数据传输方面达成一致意见，但是区域性保护措施的影响力毕竟有限，单靠区域内国家的力量难以应对全球化的风险和挑战。

随着大数据时代的到来，金融信息的收集存储早已超越了国界，单边保护措施、双边保护措施以及多边保护措施中的区域性保护措施都不足以应对全球化带来的挑战，世界各国必须本着相互尊重、共同协商的宗旨，探索和建立具有全球共识性的跨境信息安全保护的规范性文件，建立起大数据时代网上银行信息安全保障的全球合作机制，使各个国家都将网上银行的个人金融信息安全保障义务落到实处。全球化多边保护措施需要统筹的国家更多，各国之间的信息不对称性将会导致达成全球共识的难度更大，但是全球化多边保护措施是在更多国家参与下制定的，大幅度降低重要的信息收集、监督与执行的成本，对于参与数据处理的各国企业而言能够形成更加稳定的预期，是大数据时代最应当倡导的一种跨境数据保护策略。2005 年 9 月，在瑞士举办的第 27 届数据保护与隐私专员国家会议，通过了"蒙特勒宣言"〔1〕，为推

---

〔1〕 "蒙特勒宣言"（Montreux Declaration），该宣言认识到各国和各地区数据保护法律规范存在的分歧，个人数据全球化流动应有的保护措施缺位，宣言呼吁各国各地区在尊重法律、政治、经济以及文化背景多样性的同时，应强化先前国际组织提出的关于个人信息保护的基本原则，使其得到世界性的普遍认可。截至目前，已经有 50 多个国家及地区的数据保护机构加入该行动计划，除了欧盟数据保护监督员、美国联邦贸易委员会、澳大利亚信息专员办公室、加拿大隐私专员办公室，还包括部分欧洲国家，如比利时数据保护委员会、保加利亚个人数据保护委员会、西班牙数据保护委员会、捷克个人数据保护办公室、法国数据保护局、德国联邦数据保护专员、柏林数据保护及信息自由专员，以及荷兰、波兰、瑞士、新西兰等国的数据保护机构，还有我国澳门及香港地区、韩国、日本等亚洲国家及地区和摩洛哥等非洲国家的数据保护机构加入。

动建立国际间多边保护措施指明了方向。同时为了促进个人信息的自由流动及全球性个人信息保护标准的建立，可以借助一些政府间国际组织如联合国等发挥组织作用，引导建立具有全球共识的多边保护措施。2010 年 3 月，11个隐私执行当局联合建立"全球隐私执行网络"，目的就是联合全世界的隐私执行机构以促进隐私保护法制在跨境领域的合作，并制定了行动计划，之后又有 16 个隐私执行当局加入该行动计划。加强金融信息安全的多边保护措施建设，需要世界各国开展定期磋商，形式可以参照美国 RSA 信息安全大会，每年定期举办一次网上银行信息安全国际峰会，主办国每年轮换，全球开展网上银行业务的各大金融机构可以借此机会共同交流学习，如美国等发达国家由于自身网上银行业务遍布全球，应当将其安全性更高的加密技术、数字认证技术以及保密产品向世界其他国家推广，而一些金融业不太发达的国家和地区也应逐步建立与世界多数国家基本持平的信息安全保密等级，如此一来，将会形成全球性的网上银行金融信息安全加密互联互动网，客户在开展网上银行业务中的个人金融信息即使从一国流转到另外一国，也不会因为这些金融信息的跨境传输遭受更大的风险和损失。

三、制定规范各国网上银行信息安全的国际公约

除了定期开展网上银行金融信息安全的国际交流，完善网上银行信息安全多边保护措施建设，世界各国应当尽快制定规范各国网上银行信息安全的国际公约，形成全球统一性的金融信息安全保护机制和行为准则。2015 年 1月 9 日，中国、俄罗斯联邦、塔吉克斯坦和乌兹别克斯坦向联合国大会共同拟定提交了《信息安全国际行为准则》，旨在明确各国在信息空间的权利与责任，推动各国在信息空间采取建设性和负责任的行为，促进各国合作应对信息空间的共同威胁与挑战，以便构建一个和平、安全、开放、合作的信息空间，确保信息通信技术和信息通信网络的使用促进社会和经济全面发展及人民福祉的目的，并与维护国际和平与安全的目标相一致。该公约共 13 条行为准则，规定了自愿遵守公约的国家应当履行的义务，主要包括不得利用信息通信技术和信息通信网络干涉他国内政、破坏国际安全与和平等消极义务以及世界各国应当充分合作、推动建立国际信息安全保护机制、促进信息安全文化及保护关键信息基础设施等积极义务。关于网上银行信息安全的国际公

约可以在充分吸收该准则的精神和内容的基础上构建。

（一）网上银行信息安全国际公约的基本原则

1. 主权原则

《联合国宪章》第 2 条规定了各成员国主权平等原则，明确各成员国在其国际关系上不得使用威胁或武力，或以与联合国宗旨不符之任何其他方法，侵害任何会员国或国家之领土完整或政治独立。信息安全属于国家主权的一项内容，网上银行信息安全的国际公约作为专门约束各成员国国内金融机构开展网上银行义务的准则，必然应当符合主权原则的要求。网上银行信息安全的国际公约应当规定：各国金融机构在开展全球性业务时采集的客户信息、与网上银行隐私政策有关的决策、保障信息安全采取的行动等不得侵犯其他国家的主权完整和主权安全；各国不得通过开展网上银行业务收集其他国家公民的与金融业务无关的个人隐私、其他国家的国家秘密、对其他国家金融机构进行网络监控等行为，侵犯他国主权。

2. 人权原则

1948 年《世界人权宣言》第 12 条规定："任何人的私生活、家庭、住宅和通信不得任意干涉，他的荣誉和名誉不得加以攻击。人人有权享受法律保护，以免受这种干涉或攻击。"正如 2020 年美国 RSA 信息安全大会的主题是"HUMAN ELEMENT（人为因素）"，即重点关注信息安全社区中人们的价值。因此，网上银行信息安全的国际公约应当规定：公民在各国金融机构网上银行业务中同意、许可使用的个人信息属于公民私人信息，各国应当充分尊重和保障公民在网上银行领域的各项权利和自由，保障公民在网上银行领域的财产安全，保证公民个人信息不被不合理地侵犯，不得将公民个人金融信息用于非正当目的。为了落实这一原则，网上银行信息安全的国际公约应当规定：一国金融机构要开展跨国业务所应当履行的各项程序和应当符合的各项资质，审查跨国银行是否具备开展网上银行跨国业务的能力。

3. 信息安全原则

网上银行信息安全的国际公约最本质的内容就是规定各成员国在收集信息时应当保证收集的合法性和安全性，正如前文所说，大数据时代信息是一种具有社会性的权利，个人信息权不应当绝对化，各国及国际组织可以在合法收集公民个人信息的基础上，对信息进行分析利用，例如跨国金融机构可以通过开展网上银行义务收集的个人信息来预测各国国家潜在的金融风险，从而能够最大程度上降低全球经济危机的发生。网上银行信息安全的国际公约应当规定：安全使用个人信息和大力发展网上银行业务是信息时代国家金融经济发展的一大支柱，国家鼓励、支持网上银行业务发展，同时对各金融机构保障信息安全予以监督和管理。

4. 企业自律原则

众所周知，公民个人信息泄露事件都是企业为了一己私利对掌握的个人信息进行出卖、非法许可他人使用的结果。美国"棱镜门"事件的帮凶，即美国电信巨头威瑞森，每天都会向美国国家安全局上交数百万用户的通话记录，同时美国国家安全局直接接入微软、谷歌、苹果等9家网络巨头公司的服务器中，这些大型技术公司、网络巨头公司无疑是美国政府的共犯。因此，规定企业自律原则十分必要，既要尊重企业合法自主经营和开展网上银行业务收集公民个人信息的权利，允许其在遵守法律的前提下对此加以分析利用，同时也应当要求这些行业的企业制定自律公约，约束企业承担社会责任。

（二）网上银行信息安全国际公约的主要内容

除了基本原则之外，网上银行信息安全的国际公约主要内容应包括信息使用规则、信息安全建设以及公约执行机制。

1. 信息使用规则

首先是获取信息的条件，即收集客户的个人金融信息应为开展网上银行业务之必要，不得随意收集公民个人信息，也不得收集与网上银行业务无关的个人信息。各成员国应当将此规则内化为本国的法律法规，各国的银行业监管机构应当对各银行开展网上业务的资质进行审核，例如，如果某银行有过信息安全失职事件，则限制其网上银行业务。其次是使用信息的目的必须正当，即银行业金融机构将收集的客户个人金融信息进行加工利用以获得二次价值的时候，应当是为了更大程度上满足业务发展的需要，归根到底是为了更好地为客户提供金融服务，不得将该信息使用在与业务无关的领域，例如，银行将个人信息提供给保险机构，保险机构根据客户的经济能力精准营销理财类保险产品，这就超出了个人金融信息使用的正当目的，应当予以制止。再次是使用信息的手段，各成员国银行业金融机构应当建立完善的信息安全库和信息数据分析中心，保存客户的个人金融信息，规定接触上述信息的人员必须特定化且严格审核，分析数据只能是内部的专门人员进行。最后就是信息使用不当的惩戒，各成员国银行业监管机构或者信息安全专责机关应当依法监管网上业务，及时有效地制止个人金融信息非法泄露事件并予以罚款，情节严重的予以吊销营业执照，构成犯罪的，对泄密的相关管理人员依法追究刑事责任。

2. 信息安全建设

所谓信息安全建设，就是要求各成员国对网上银行的加密技术、数字认证技术等金融信息安全技术设施进行更新建设，同时鼓励发达国家将自身研发的比较可靠的加密技术推广到其他国家，对其他国家进行技术支持。我们知道，日常网络上的交流实际上都是加密的，即只有我们自己能够解密服务器发给我们的内容，在网络上传播都是以密文的形式进行，黑客之所以能够拦截个人信息，就在于其通过技术手段制作了假冒的公钥和私钥，冒充服务器与客户进行交流，例如，客户向网上银行发送"我的银行卡密码是123456，请帮我查一下银行卡余额"，这段内容通过虚假的公钥进行加密发给黑客，黑客通过匹配的虚假私钥进行解密从而获得客户的银行密码。各个国家为了保证服务器公钥的合法性，大都采用数字认证技术对公钥和发布公钥的服务器进行认证，以保证二者的对应性，即由一个权威的机构来证明服务器对外发布的公钥就是服务器的。因而，建立各国统一的数字认证机构属于网上银行信息安全建设的重要组成部分。

3. 公约执行机制

作为网上银行信息安全国际公约的成员国，应当履行公约规定的义务，但是国际公约往往因没有强制执行力而成为"软法"，因此，有必要建立公约的执行机制，建立公约执行机制比较灵活的做法是授权其他国际组织负责解决信息领域的争端，如规定国际法院可以审理、裁决信息安全领域的争端。当然，通过将公约的内容国内法化之后，可以通过本国法律对其实施制裁，具体而言，这种执行机制是通过成员国之间的相互制裁作用实现的，即公约的签署国有义务将公约的内容纳入本国国内网上银行信息安全立法之中，对于不履行公约义务侵犯本国网上银行个人金融信息合法权益的国家，将会受到来自其他国家的经济制裁，将该国银行纳入本国"黑名单"，拒绝为其提供本国市场、限制其设立银行分支机构以及进行投资业务，公约的执行机制必须赋予强制力保障，同时，也要防止发达国家利用信息安全国际立法推行政治霸权主义和法律帝国主义，公约的内容必须建立在各国一致同意的基础之上。

　　网上银行的信息安全是一个国家乃至全球金融安全的重要组成部分，在全球化日益加剧的今天，加强世界各国之间的合作，制定共同适用的国际规则，形成有效的国际合作机制，是应对网上银行信息安全问题的必然途径。在保障网上银行信息安全面前，世界各国是一个命运共同体，形成完备的网上银行信息安全保障体系，对网上银行用户的个人金融信息进行合法的获取、存储和使用，才能保障网上银行用户的信息安全、财产安全以及其他合法权益，更好地建立并维护世界金融秩序，从而实现我国乃至全球的金融安全和稳定发展。

第七章

现行法律关于网上银行交易安全保障义务的规定及其不足

CHAPTER 7

大数据时代，数据的收集、分析与利用构成企业运营的核心。依托大数据，网上银行得以精确把握客户的需求，向客户提供精准的金融服务。对于网上银行而言，从客户处收集的数据是其宝贵的财富，但是客户数据又涉及客户隐私，如何合法收集客户数据、合理利用客户数据、避免客户数据的泄露是大数据时代网上银行信息安全保障义务的独特内容。

在大数据时代，网上银行除了负有独特的信息安全保障义务外，还依然负有保障客户交易安全的义务。与过去传统的线下存取款业务相比，在大数据时代，在网上银行系统中通过电子数据传输的形式认证客户身份、发送支付指令，从而实现其银行账户中的资金变动成为当下更便捷、更受客户青睐的方式。在大数据时代，网上银行使得数据安全与交易安全紧密相关，要保护网上银行交易安全就要从保护电子合同安全、电子认证安全和电子支付安全等方面保障数据安全。

第一节 现行法律关于网上银行交易安全保障义务的规定

一、关于网上银行电子合同安全的法律规定

（一）电子合同概述

电子合同，是指当事人之间通过计算机和信息网络以电子形式达成的设立、变更、终止财产性民事法律关系的协议。不同于在银行营业厅订立的传统书面合同，网上银行电子合同有其独特之处。第一，当事人双方在合同的订立过程中无需当面协商即可通过电子数据的传输订立合同，大大提升了合

同订立的便捷性；第二，由于当事人双方通过银行的网络系统订立合同，在电子合同签订的过程中，当事人双方无法当面进行相关身份的核实，由此易产生交易风险；第三，认证的方式不同，在传统书面合同中，双方当事人通过签字、盖章等方式实现对合同内容的认可，在电子合同中，往往通过电子认证的方式体现当事人双方对合同的认可；第四，电子合同安全性较差，以数据形式存储的电子合同容易产生被删除、被篡改的风险；第五，电子合同的当事人一般会通过数据电文传输的方式作出自己的意思表示，通常情况下，电子通信发出即到达，因而发出的电子通信难以撤回，除非出现网络堵塞等意外情况，因而传统合同法中关于要约的撤销、撤回和承诺的撤回制度不能完全适用于电子合同。

常见的电子合同可以分为三种形式：电子数据交换（Electronic Data Interchange）合同、电子邮件合同和点击许可合同。电子数据交换合同是指双方当事人在一种国际公认的标准格式下依靠计算机系统自动处理的能力通过电子数据交换的形式订立协议。电子数据交换合同与传统交易合同的订立相比具有效率高、成本低的优点，同时亦存在合同内容在传递和存储中容易被泄露和修改的固有风险。电子邮件合同在商业活动中有着较为广泛的应用，其实质就是合同的双方当事人通过线上发送电子邮件的形式进行要约和承诺。[1]《民法典》采用"功能等同"的原则，认可了电子邮件合同具有书面合同的法律效力，这种合同形式在具备高效、便捷的优点的同时，其安全性不高的缺点也同样显而易见。点击许可合同则主要应用于服务行业，由服务提供者制定点击许可合同供服务使用者订立合同。在现实生活中，面对不特定的用户，经营者往往无法逐一订立合同。为了提高订立合同的效率，经营者选择在其经营系统上放置事先拟定好的合同条款供用户选择是否接受。若用户点击"同意"即表示接受该合同条款，向经营者发出要约，待经营者作出承诺后合同便宣告成立。点击许可合同的目的在于使合同的订立流程简化，使交易更加便捷。但是从实质上讲仍是格式合同，合同的内容通常较为冗长、繁琐，用户很少去阅读内容而直接点击同意，且用户不点击同意便无法正常享受服务，这就容易使得提供服务一方利用电子格式合同侵犯用户合法权益。

---

[1] 参见王予予："论大数据时代网上银行的安全保障义务"，北京工商大学 2016 年硕士论文，第 11 页。

（二）关于网上银行电子合同的法律规定

1. 关于电子合同法律效力的相关规定

根据电子合同的订立方式是否使用电子自动缔约系统，电子合同可以分为两种：一种是由当事人亲自操作计算机系统以数据电文的形式做出要约或承诺[1]；另一种是至少有一方当事人通过电子自动缔约系统订立合同[2]。后一种由于具有标准化和缔约自动化的特点，使得订立合同的效率广泛提高，受到银行金融机构一类企业的青睐。但电子合同的订立方式不可能像传统书面合同那样由合同当事人对缔约双方的身份以及合同的内容进行核对后再完成签字、盖章，合同双方仅能通过网上操作来确认双方的意思表示，并且由于电子数据易受人为原因或技术原因的影响，当事人通常会以电子合同未经本人签名、非本人操作、合同缺乏相关约定为由，对电子合同的法律效力进行否认，这就为电子交易的安全带来了巨大挑战。为了规范电子合同的法律效力问题，《电子签名法》对数据电文的含义以及对以数据电文形式订立的合同的效力进行了明确的界定，认可其具有与传统的书面合同相同的法律效力。在《民法典》第469条第2款和第3款[3]的规定中，立法者对视为书面形式的数据电文的要求在已有基础上增加了"并可以随时调查取用"的要求。

为了尽可能地保障电子交易的安全，解决在电子合同订立过程中经常出现的难以确定交易相对人的身份、容易泄露当事人之间的交易信息、难以保存当事人之间的交易记录等问题，我国正在逐步推广电子合同订立系统[4]和可信

---

[1]　在此种模式下，用户需要操作计算机进入银行的网上银行系统，在浏览完并同意银行对网上银行业务所作的关于用户协议、隐私政策、风险提示的说明后，根据自己的意愿选择是否申请开通网上银行业务。如果决定申请开通网上银行业务，则在《申请书》上按银行要求填写完整的个人账户信息之后即完成了要约。银行则在审核完毕用户信息之后以电子邮件等方式作出承诺，合同在双方表示一致时成立。

[2]　在此种模式下，用户和银行基于事先达成的"基本交易合同"确定双方交易信息的标准与格式，并根据事先设计好的自动程序，由一方的计算机发出电子订单，收到该订单的相对方的计算机则使用既定的程序进行判断、选择后作出承诺，以进行交易。

[3]　《民法典》第469条第2款和第3款规定：书面形式是合同书、信件、电报、电传、传真等可以有形地表现所载内容的形式；以电子数据交换、电子邮件等方式能够有形地表现所载内容，并可以随时调取查用的数据电文，视为书面形式。

[4]　按照商务部的规定，电子合同订立系统是指具备缔约人身份认证、合同电子签名、合同存储与调用等功能，以实现在线订立电子合同及处理信息的系统。

电子合同标准[1]，综合借助安全套接字层技术（Security Socket Layer）[2]、加密通道技术、数字证书认证技术、公共电子签名技术、公共电子验签技术和可信时间戳等技术以证实交易相对方的身份，借此保障双方之间的交易具有安全性、真实性和不可抵赖性。

2. 关于电子合同成立时间的相关规定

合同的成立时间对于合同双方具有重要的法律意义[3]。根据买卖合同成立的一般条件，买卖合同一般在买卖双方达成购买合意之时即宣告成立[4]。而合同的成立时间的确定，则根据大陆法系和英美法系的不同而存在着显著区别。对于传统书面合同的成立时间，大陆法系国家多采用承诺送达要约人之时作为合同的成立时间的"到达主义"，而英美法系国家则采用的是受要约人发出承诺之时即宣告合同成立的"投邮主义"。但由于电子信息传输所具有的即时性，数据电文的传输速度足够迅速，导致受要约人做出承诺的在途时间几乎可以忽略不计，而受要约人的承诺一经作出即可到达要约人。在电子数据交换中，对发信主义和到达主义是否需要再作出区分已无实际意义。根据《民法典》第137条[5]、第483条[6]、第484条[7]的规定，我国现行法律对要约和承诺的生效时间采取了"到达主义"的标准，而合同的成立时间则以承诺生效的时间为准。立法者在考虑合同成立时间的问题时，显然是注意到了电子合同与传统书面合同的不同，并且根据接收数据电文的要求，规定在电子合同中，要约和承诺的到达以数据电文进入电子系统的时间为准。

---

〔1〕 即符合《电子签名法》第11条规定的合同。

〔2〕 安全套接字层协议是用于服务器之上的一个加密系统，它可以确保在客户机与服务器之间传输的数据仍然是安全与隐密的。

〔3〕 合同成立的时间决定合同效力的起始与法律关系的确立，而合同成立的地点则直接影响到法院管辖和法律适用的问题。

〔4〕 参见韩世远：《合同法总论》，法律出版社2018年版，第105页。

〔5〕 《民法典》第137条规定：以对话方式作出的意思表示，相对人知道其内容时生效。以非对话方式作出的意思表示，到达相对人时生效。以非对话方式作出的采用数据电文形式的意思表示，相对人指定特定系统接收数据电文的，该数据电文进入该特定系统时生效；未指定特定系统的，相对人知道或者应当知道该数据电文进入其系统时生效。当事人对采用数据电文形式的意思表示的生效时间另有约定的，按照其约定。

〔6〕 《民法典》第483条规定：承诺生效时合同成立，但是法律另有规定或者当事人另有约定的除外。

〔7〕 《民法典》第484条规定：以通知方式作出的承诺，生效的时间适用本法第一百三十七条的规定。承诺不需要通知的，根据交易习惯或者要约的要求作出承诺的行为时生效。

传统书面合同要求一方所作出的要约或者承诺的意思表示必须到达对方当事人。而以数据电文形式订立的电子合同，由于数据电文只能在双方当事人之间的电子系统上进行传递交换，那么一方当事人所作出的要约或承诺的意思表示必须到达另一方当事人的电子系统，才算作是"意思表示到达对方"。而对于拥有多个电子系统的当事人，法律允许其向对方指定接收意思表示的电子系统，如果一方当事人没有指定接收数据电文的电子系统的，则以数据电文进入其任何系统的首次时间，视为其意思表示到达的时间。另外一种确定合同成立时间的规定，是根据《民法典》第491条〔1〕的规定，当事人双方还可以在受要约人对要约人的要约作出承诺后，通过签订确认书的形式确定合同成立，合同成立的时间即在双方签订完确认书之时。即电子合同的成立时间，原则上是数据电文进入意思表示相对人的电子系统的时间，如果相对人指定了接收数据电文的电子系统，那么合同的成立时间便是数据电文进入相对人指定系统的时间；如果相对人未指定接收数据电文的电子系统，那么合同的成立时间就是数据电文进入相对人任何系统的首次时间；如果当事人双方事先约定通过签订确认书的方式确定电子合同的成立时间，则合同的成立时间以确认书成立的时间为准。

　　3. 电子合同的格式合同特征

　　格式合同凭借其效率高的优点在传统商业银行办理业务时就被广泛运用。在对于格式条款的运用以及限制上，《民法典》第496条〔2〕、第497条〔3〕、第498条〔4〕给出了相关规定。对于格式合同运用的广泛性以及实践中可能存在的问题已经有很多学者做出了大量研究，由于网上银行业务是在网络系统

---

　　〔1〕《民法典》第491条规定：当事人采用信件、数据电文等形式订立合同要求签订确认书的，签订确认书时合同成立。当事人一方通过互联网等信息网络发布的商品或者服务信息符合要约条件的，对方选择该商品或者服务并提交订单成功时合同成立，但是当事人另有约定的除外。

　　〔2〕《民法典》第496条规定：格式条款是当事人为了重复使用而预先拟定，并在订立合同时未与对方协商的条款。采用格式条款订立合同的，提供格式条款的一方应当遵循公平原则确定当事人之间的权利和义务，并采取合理的方式提示对方注意免除或者减轻其责任等与对方有重大利害关系的条款，按照对方的要求，对该条款予以说明。提供格式条款的一方未履行提示或者说明义务，致使对方没有注意或者理解与其有重大利害关系的条款的，对方可以主张该条款不成为合同的内容。

　　〔3〕《民法典》第497条规定：有下列情形之一的，该格式条款无效：（一）具有本法第一编第六章第三节和本法第五百零六条规定的无效情形；（二）提供格式条款一方不合理地免除或者减轻其责任、加重对方责任、限制对方主要权利；（三）提供格式条款一方排除对方主要权利。

　　〔4〕《民法典》第498条规定：对格式条款的理解发生争议的，应当按照通常理解予以解释。对格式条款有两种以上解释的，应当作出不利于提供格式条款一方的解释。格式条款和非格式条款不一致的，应当采用非格式条款。

中进行，具有广泛的受众，所以为了提高效率降低成本，格式条款的运用也同样不可避免，对于网上银行有关格式条款的解释和效力认定可以适用《民法典》的有关规定，根据《民法典》第 496 条规定的公平原则确定合同当事人的权利和义务，并要求合同提供方以合理方式提请合同相对方注意免除或者减轻其责任等与对方有重大利害关系的条款以尽到作为格式合同提供者的提示说明义务。提供格式条款的一方未履行提示或者说明义务，致使对方没有注意或者理解与其有重大利害关系的条款的，对方可以主张该条款不成为合同的内容。根据《民法典》第 497 条关于格式条款无效条件的规定判定格式合同的提供方银行是否存在使格式合同无效的情形。以及根据《民法典》第 498 条关于格式条款争议解释规则的规定在对格式条款的理解发生争议，存在多种针对条款的解释的时候，应当以不利于提供格式条款的银行一方的解释为准，以此来保障在合同缔结过程中处于弱势地位的用户的合法权益免受处于强势地位的商业银行的过度侵害。

然而，网上银行业务的格式条款又因其自身的特殊性而区别于传统的格式条款。首先，对于银行事先拟定的格式条款，交易相对人在线上申请开通网上银行业务时，如果不同意该格式条款的规定则无法继续进行申请开通网上银行业务的后续步骤，交易相对人仅可以在同意银行事先拟定好的格式合同的前提下方可继续进行后续步骤，这实质上是一种利用格式条款并借助技术手段实现"强制缔约"的行为，剥夺了交易相对人提出异议的合法权利。《消费者权益保护法》第 26 条第 2 款[1]规定了经营者不得利用格式条款并借助技术手段强制交易。网上银行用户作为网上银行用户，其权益也同样应当受到《消费者权益保护法》的保护。再加上网上银行网络化的特点，交易相对人无法和商业银行进行当面洽谈，只能在不同意该格式条款而无法办理网上银行业务与接受实质上对其自身不利的格式条款享受后续服务之间做出选择。其次，对于商业银行制定的繁杂的格式条款，其篇幅往往很长，商业银行会为了使交易相对人在点击"同意"时方便或为了适应屏幕的大小而只放置部分合同的内容供交易相对人浏览，或者是只提供文件形式的合同，如果

---

[1]《消费者权益保护法》第 26 条第 2 款规定：经营者不得以格式条款、通知、声明、店堂告示等方式，作出排除或者限制消费者权利、减轻或者免除经营者责任、加重消费者责任等对消费者不公平、不合理的规定，不得利用格式条款并借助技术手段强制交易。

交易相对人需要阅读合同的话，则需要其自行下载阅读。在这种情况下，交易相对人通常会为了节省时间直接跳过阅读合同款项点击接受。这就有可能产生一个问题，如果交易相对人与商业银行发生纠纷，被交易相对人忽视的格式条款中可能规定了对其不利的内容，影响交易相对人的权益和维权。

二、关于网上银行电子签名安全的法律规定

（一）电子签名概述

对于书面合同的成立而言，当事人的签章代表了合同双方对合同内容的认可以及表示愿意受合同内容的约束，因此，签章对书面合同的成立有着极为重要的意义。原《中华人民共和国合同法》第 32 条规定了合同自当事人双方签字或者盖章时成立，《民法典》第 490 条第 1 款则强调"自当事人均签名、盖章或者按指印时合同成立"，这是对缔结传统书面合同成立要件的规定。在网上银行交易过程中，确保交易双方的身份和交易内容值得信赖是双方进行交易的基础。现阶段主要通过电子签名的方式确认交易双方的身份，保障交易的可信性。所谓电子签名，其定义有广义和狭义之分。广义的电子签名指的是包括采用非对称密钥加密技术的数字签名和生物比对辨认技术在内的所有可以用于鉴别表意人身份、证明表意人对文件内容认可的电子技术手段。而狭义的电子签名指的是仅采用非对称密钥加密技术的数字签名。《电子签名法》对电子签名的定义[1]与联合国《电子签名示范法》中的定义基本相同，联合国《电子签名示范法》在起草"电子签字"定义时，主要是从概念的广泛性、不偏重任何技术的原则、电子签字的实质三个方面进行考量，《电子签名法》对电子签名的定义也正是在综合考虑了这三个问题之后，才选择了广义的含义。一般可将广义的电子签名分成两大类：第一类是经人为的特征（如密码的记忆与拥有）作为鉴别的参照物，例如个人身份密码或个人身份号码（PIC/PIN）及数字签名等；第二类是与用户个人生物特征相联系的，如指纹、视网膜纹、脑电波或声波等，都可用来辨别用户。此外，通过动态签名的识别，又称生物笔迹鉴别法，也可使个人身份与其签名发生特定的

---

[1]《电子签名法》第 2 条第 1 款规定：本法所称电子签名，是指数据电文中以电子形式所含、所附用于识别签名人身份并表明签名人认可其中内容的数据。

联系。[1]由于受到价格成本和技术风险的影响，还没有大规模在当前运行的网上银行和电子商店系统中使用第二类签名方法。

通过电子签名，交易双方可以在线上对对方的当事人身份和交易内容进行验证，保证网上银行的交易双方对交易内容的认可，该方法不仅方便快捷，还具有较高的可行性和安全性。但在实际应用中同样也存在着电子签名的法律效力、责任分担等法律问题。对此，世界上许多国家都相继出台了规范电子签名技术的法律法规，保障电子签名技术能够在最大限度上发挥效用，同时又能够避免风险。

电子签名技术与网上银行的交易安全息息相关。现阶段，众多网上银行都在采用基于电子签名的身份认证方式作为维护网上银行交易安全的保障措施。网上银行所使用的运用 USB KEY 技术的各类"U 盾"产品，其实质就是对电子签名技术方案的运用。如中国工商银行推出的 U 盾、中国建设银行推出的网银盾、中国农业银行推出的 K 宝和 K 令以及中国银行推出的中银 e 盾等，虽然名称各不相同，但其实质上仍然以 USB KEY 为载体，内植数字证书，能够有效进行交易核对和身份认证的高级别安全认证工具。因此，在网上银行交易过程中引入可靠的身份认证服务和电子签名服务是非常关键的。

(二)《电子签名法》的规定

作为我国首部规范电子认证领域的立法，《电子签名法》对数据电文和电子签名的内涵、有效条件、法律效力以及电子签名人、电子认证服务提供者和电子签名依赖方的权利义务等方面作出了较为明确的规定。

1. 对电子签名的基本要求

正如上文所述，电子签名的概念有广义和狭义之分，美国、澳大利亚、新西兰等国在其国内立法中对电子签名采用了广义上的概念，新加坡等国则在其国内立法中对电子签名采用狭义上的概念。我国在立法上对电子签名的含义采用了广义上的概念，之所以在法律规范中采用广义上的概念有以下几点原因：首先，广义上的电子签名可以有效鼓励和促进电子签名行业的发展，避免出现由于法律规范的限制和特定技术垄断等原因，阻碍其他创新性技术方案在电子签名中的研发和应用，进而对电子签名行业整体的技术升级产生

---

〔1〕 参见郭德忠："技术特定与技术中立之争——电子签名立法模式之比较研究"，载《湖南省政法管理干部学院学报》2001 年第 4 期。

消极影响；其次，可以通过多种电子签名技术方案的市场竞争，赋予使用者选择的权利，保障使用者的合法权益不受技术垄断的影响。

虽然采用广义的电子签名概念具有上述优势，但不可否认，如果对电子签名行业的技术准入门槛缺少较高要求的话，可能使得电子签名行业出现技术水平良莠不齐、缺乏统一的行业标准等问题。为了避免产生上述问题，规范电子签名市场，仍需要《电子签名法》对合格的电子签名所需要具备的基本条件加以规制。《电子签名法》第13条[1]将具有可靠性作为电子签名使用的基本要求。之所以要将可靠性作为电子签名的基本要求，主要是因为在包括网上银行业务在内的各种网上交易中，线上交易的双方当事人尤其是网上银行无法像线下交易的双方当事人一样在交易时当场确认对方的身份，为了降低因为线上无法有效确认对方身份所可能带来的各种交易风险，就需要使用电子签名来识别认证对方的身份，以确保使用人的身份是唯一的，没有他人冒用使用人的身份，并以保证在双方之间传递的与交易有关的数据电文不会被拦截、修改。因此，作为确保使用人身份唯一，交易行为不可抵赖、不可被篡改的电子签名必须具备的使用条件就是可靠性。所谓可靠的电子签名，一方面能够确保电子签名工具在正常情况下仅能处于电子签名人的控制下，另一方面能够确保电子签名工具所制作出的数据仅能由电子签名人专有，即每个签名人拥有着各不相同的电子签名，以识别认证各个签名人的身份，使签名人不可以其并非交易行为人作为理由进行抗辩。同时，在签署后可以发现对电子签名或数据电文进行的任何改动，以避免签名人以当前电子签名或数据电文内容与其所发出的电子签名或数据电文内容不一致为理由进行抗辩。对于可靠的电子签名，其具有和手写签名或者盖章同等的法律效力。

2. 电子签名人的义务

一是如实告知的义务。当电子签名人向电子认证服务提供者申请使用电子签名认证证书时，应当按照电子认证服务提供者的要求向电子认证服务提供者如实告知本人的相关身份信息并提交相关证明材料。当电子签名人使用的电子签名制作数据存在设备遗失或者出现数据信息泄露、被盗取等不安全

---

[1]《电子签名法》第13条规定：电子签名同时符合下列条件的，视为可靠的电子签名：（一）电子签名制作数据用于电子签名时，属于电子签名人专有；（二）签署时电子签名制作数据仅由电子签名人控制；（三）签署后对电子签名的任何改动能够被发现；（四）签署后对数据电文内容和形式的任何改动能够被发现。当事人也可以选择使用符合其约定的可靠条件的电子签名。

的情形时，电子签名人应当将有关情况及时告知电子认证服务提供者和电子签名信赖方，使其不再使用存在安全风险的电子签名制作数据，以避免在交易时因安全风险产生损失。

二是妥善保管的义务。当电子签名人取得电子签名制作数据后，应当对电子签名制作数据进行妥善保管，既要妥善保证数字证书介质，保证私钥存储和使用的安全，也要保证电子签名制作数据处在本人的控制之下，如果电子签名人随意将电子签名制作数据转给他人使用或者将密码等重要信息随意告诉给他人，或者因保管不当造成电子签名制作数据的遗失或被窃，会使得代表电子签名人身份信息的电子签名制作数据信息被他人所掌握，并以电子签名人的身份与他人进行网上交易，造成电子签名人的财产损失。电子认证服务提供者通常会在《电子认证服务协议》中与电子签名人约定：转让、转借或转用数字证书而产生的相关后果由用户自行承担。

三是适当使用数字证书的义务。为了保证电子签名的安全性，以及避免电子签名被电子签名人申领后用于其他用途，电子签名服务提供者通常会在《服务协议》中要求电子签名人对其申领的数字证书的使用行为负责：用户应当适当使用数字证书，避免在具有风险的环境下使用数字证书；用户应当合法使用数字证书，不得用于从事网络攻击等犯罪活动。CFCA 在其制定的《CFCA数字证书服务协议》中规定："4、订户应合法使用 CFCA 发放的数字证书，并对使用数字证书的行为负责""12、如果 CFCA 发现了订户证书的不当使用，或者订户证书被用于违法甚至犯罪行为，CFCA 有权直接吊销订户证书。"〔1〕

3. 电子认证服务提供者的义务

在电子认证服务的三方参与者中，作为第三方的电子认证服务机构，其应当承担以下四项义务。

一是保证电子签名认证证书安全可靠的义务，即向电子签名人保证签发内容准确无误的电子签名认证证书的义务和向电子签名信赖方保证电子签名认证证书的内容可被了解、证实的义务。《电子签名法》第 21 条〔2〕规定了准

〔1〕《CFCA 数字证书服务协议》，载 http://www.cfca.com.cn/20150811/101230094.html。
〔2〕《电子签名法》第 21 条规定：电子认证服务提供者签发的电子签名认证证书应当准确无误，并应当载明下列内容：（一）电子认证服务提供者名称；（二）证书持有人名称；（三）证书序列号；（四）证书有效期；（五）证书持有人的电子签名验证数据；（六）电子认证服务提供者的电子签名；（七）国务院信息产业主管部门规定的其他内容。

确无误的电子签名认证证书上需要电子认证服务提供者所必须要载明的包括证书序列号等基本信息数据的内容，以保证电子签名数据与电子签名人的身份可以实现一一对应的关系。另外，《电子签名法》第22条[1]还规定了电子认证服务提供者应当向电子签名信赖人所需要承担的保证义务，即向电子签名依赖人保证电子签名认证证书内容的完整和准确且可以得到了解与证实。

二是妥善保管认证信息的义务，《电子签名法》第24条[2]对电子认证服务提供者保存与认证有关信息的期限作出了原则性规定，即从签发认证证书之日起至少保存与认证有关的信息至认证证书失效后的5年。对于认证证书失效5年后，电子认证服务提供者是否还具有保管储存相关信息的义务，法律不作强制性规定，交由电子认证服务提供者和电子签名人自行约定。

三是提示告知义务。即电子认证服务提供者应当在订立电子认证服务合同时告知电子签名人所需要提供的个人信息资料，并对合同中关于电子认证服务提供者和电子签名人之间的涉及双方权利义务、责任承担等重要事项的合同条款对电子签名人如实进行提示和告知。另外，当电子认证服务提供者发现电子签名人所使用的电子签名存在安全风险时，应当将该情况及时告知电子签名依赖人。

四是保密义务。对于电子认证服务提供者在与电子签名人订立电子认证服务合同时所获得的关于电子签名人的信息资料以及在电子签名人使用电子签名认证服务时所产生相关的数据信息，电子认证服务提供者应当在法律允许的范围内进行保管和使用，且应当做好相关资料数据的保密工作，不得泄露和随意使用。

4. 电子认证依赖方的义务

《电子签名法》中并未对电子认证依赖方的责任与义务作出明确规定，而电子认证依赖方与电子认证服务提供者之间并不存在合同关系也就不用承担合同义务。虽然"电子认证依赖方并未与电子认证服务提供者发生直接的关系，而是通过在与电子认证申请者交易过程中接触认证机构。为此，电子认证依赖方主要是基于对数字证书的信赖而与电子认证服务提供者发生相关的

---

[1] 《电子签名法》第22条规定：电子认证服务提供者应当保证电子签名认证证书内容在有效期内完整、准确，并保证电子签名依赖方能够证实或者了解电子签名认证证书所载内容及其他有关事项。

[2] 《电子签名法》第24条规定：电子认证服务提供者应当妥善保存与认证相关的信息，信息保存期限至少为电子签名认证证书失效后五年。

法律关系。此外，还存在基于对所提供的证书目录及状态查询服务所产生的合理信赖关系"。[1]由于电子认证依赖方在电子认证法律关系中"存在感不足"，电子认证依赖方与电子签名人之间通常具有合同关系，那么对于电子签名依赖方所需要承担的义务应当认为是最基本的合理注意义务。对于电子认证依赖方，系基于对电子认证服务提供者所提供的认证服务的信赖而对电子签名的真实性和有效性予以认可进行交易，但这份认可并不意味着电子认证依赖方就可以不用再对电子签名的安全性进行检查了，恰恰相反，电子认证依赖方仍然应当遵守认证证书的使用规则，并根据电子签名的获取规则和使用规则对交易相对人所使用的电子签名进行检查，以确认电子签名的安全有效，并且需要根据电子签名的信用等级确定交易风险进行交易，以达到"合理信赖"的要求。

三、关于网上银行电子支付安全的法律规定

(一) 电子支付概述

根据《电子支付指引（第一号）》的规定，所谓电子支付是指"单位、个人直接或授权他人通过电子终端发出支付指令，实现货币支付与资金转移的行为"。资金的流动总是伴随着交易的产生，而交易相对人之间的支付与结算则是资金流流动所呈现出的具体形式。面对着电子商务蓬勃发展的新形势，像现金、票据等传统的支付方式受制于较低的支付结算效率、较高的支付安全风险和较高的管理运作成本等不利因素，已经严重阻碍了电子商务的进一步发展。随着现代信息技术的进步与发展以及各种高科技设备的广泛普及和应用，我国商业银行和互联网金融得到了进一步发展，传统的支付手段正在经历着巨大的升级与变革，当支付方式遇上了互联网技术，电子支付这一新型支付方式顺势而生。为了保障资金流动能够安全、快捷、高效和方便，推动电子商务的进一步发展，电子支付作为现阶段最热门、最方便快捷的支付方式正在逐渐使社会经济生活的方方面面发生翻天覆地的变化。

网上银行电子支付，将支付系统与网络设备相结合，在一个开放的系统平台内，以数字流转的方式，通过网络实现随时随地转账结算，方便、快捷

---

[1] 刁胜先、李艳："论电子认证的法律关系"，载《重庆邮电大学学报（社会科学版）》2010年第6期。

又高效。[1]自 2005 年我国的“网上支付年”之后，电子支付系统在众多商业银行和公司企业都相继得到了应用，许多网上银行和第三方支付机构纷纷建立。电子支付系统在这 15 年间经历了不断的更新完善，逐渐形成了一个以电子支票、信用卡和电子现金为银行主要电子支付手段的比较完善稳定的电子支付环境。2020 年，我国银行共处理电子支付业务 2352 亿笔，金额 2711.81 万亿元，其中，网上支付业务 879.31 亿笔，金额 2174.54 万亿元，同比分别增长 14.46% 和 1.86%；移动支付业务 1232.20 亿笔，金额 432.16 万亿元，同比分别增长 21.48% 和 24.50%；电话支付业务 2.34 亿笔，金额 12.73 万亿元，同比分别增长 33.06% 和 31.69%[2]。但是也不能忽略其中的风险，电子支付在降低交易成本和带来巨大便利的同时，其对于交易软件、硬件设施的要求也会很高，在交易过程中，如果信息安全系统出现故障或者被黑客攻击，那么这种数字化的支付方式很容易被攻破，出现用户资金被用户之外的第三人冒名划拨的风险，给用户带来巨大损失[3]。

图 7-1 2015～2020 年我国电子支付交易规模[4]

---

〔1〕 参见王予予：“论大数据时代网上银行的安全保障义务”，北京工商大学 2016 年硕士学位论文，第 15 页。

〔2〕 参见“2020 年支付体系运行总体情况”，载 http://www.pbc.gov.cn/goutongjiaoliu/113456/113469/4213347/index.html。

〔3〕 参见刘颖：《大额电子支付的法律基础——以美国〈统一商法典〉第 4A 编为中心的论述》，北京邮电大学出版社 2001 年版，第 79～86 页。

〔4〕 数据来源：中国人民银行，访问网址：http://www.pbc.gov.cn/。

（二）《电子支付指引（第一号）》的规定

我国目前规范网上银行电子支付的主要是中国人民银行在 2005 年颁布的《电子支付指引（第一号）》。2005 年作为我国的"网上支付元年"，网上支付得到了蓬勃发展，电子支付不仅在商业银行系统得到了应用，许多非银行的第三方支付机构也纷纷开始提供电子支付服务。《电子支付指引（第一号）》作为我国第一部规制网上银行电子支付业务的法律文件，根据当时的形势需要对电子支付的定义、支付流程、安全控制以及网上银行责任承担等问题进行了规定。一方面，《电子支付指引（第一号）》对电子支付的定义作出了规定。《电子支付指引（第一号）》根据指令发起方式的不同将电子支付分为六类[1]，而《电子支付指引（第一号）》所界定的电子支付种类是网上银行中的线上与线下支付业务，全部与银行账户直接外联。该规定使得《电子支付指引（第一号）》显著区别于规范涉及银行卡和电子货币的第三方支付机构线上与线下业务的《非金融机构支付服务管理办法》。另一方面，《电子支付指引（第一号）》对商业银行、用户和第三方认证机构各自的权利义务作出了规定。

1. 商业银行的基本义务

一是确认义务。作为接受用户委托发出电子支付指令的发起行，需要建立一套可以确认用户身份和其发出的电子支付指令的安全程序，通过安全程序可以使银行有效地对用户的身份、指令的来源等要素进行必要的确认，以避免他人冒用用户身份，发出指令转移。

二是提示义务。发起行应在用户向银行发出指令之前进行必要的提示，如在用户发出指令之前先行提示用户在发出指令之时所需要关注的事项；提醒用户在发出指令之前由其先行确认其所要发出的指令是否正确与完整；提示用户应当注意妥善保管电子签名设备，避免因转借、遗失、失窃等原因遗失电子签名设备；对电子签名可能存在的安全风险也应当向用户进行提示。

三是严格执行指令的义务。银行在收到用户所发出的支付指令后应当严格执行该指令，不得作出任何变动。而作为接收指令的接受行也同样对收到的指令不得作出任何变动。银行在收到用户所发出的指令后，应当对用户的指令进行严格的执行，不得打折扣。

---

〔1〕 即网上支付、电话支付、移动支付、销售点终端交易、自动柜员机交易和其他电子支付。

四是保管和保密义务。银行应当通过必要措施妥善保管用户的信息资料、交易数据和交易记录，并向用户保证在不超出相关法律规范和用户授权的前提下使用用户的身份信息资料和交易记录或向第三方提供交易数据，不会在未经法律许可或用户授权的情况下私自向第三方泄露。同时，对在确认用户身份时形成的日志文件以及在交易时形成的交易数据等数据资料应当在交易后的 5 年内以适当的形式妥善保存。

五是保障义务。通过采用符合国家有关信息安全标准、技术标准、业务标准的技术和设备，通过采用安全的业务处理系统，通过制定配套的风险控制策略，通过对系统的操作管理人员和系统服务人员实施合理授权控制以保障系统所存储数据的真实、完整与安全。

六是信息披露与告知义务。银行应当向申请办理电子支付业务的相对人公开披露业务的基本信息、相关风险、注意事项、争议处理方式等重要信息；银行应当在告知用户所提供信息的使用目的和范围、安全保护措施以及用户为提供或未真实提供相关信息资料后果的基础上，向用户提出提供自身相关资料信息的要求。

七是先行赔付义务。对于第三方服务机构的原因造成用户损失的，应当先由银行向用户先行赔偿。赔偿之后可以向第三方服务机构追偿。

八是审慎性义务。银行应当根据审慎原则对提交办理电子支付业务申请的用户进行审核，并针对个人用户与单位用户之间对电子支付交易额的需求的不同，在支付额度的限制上作出适当区别。目的是通过此种限制方式既保障不同种类用户的电子支付的需求，又能避免当用户密码等身份信息被盗取时用户财产损失过大的情况，即当用户发出的电子支付指令存在异常时，这种限制方式能够为用户和银行发现异常情况留下发现时间。

九是协助义务。当用户的身份资料或者登录密码被他人盗取，并且通过了银行的身份认证程序和交易授权程序时，银行负有配合、协助用户查找原因，减少用户损失的义务。当用户由于其自身错误操作等行为导致其发出的电子支付指令不当的，如果用户未及时发现该错误，则银行应当主动与用户取得联系并通知用户改正其所发出错误的支付指令或者配合用户采取补救措施；如果用户发现了该错误并根据协议所确定的程序和方式及时将情况告知了银行，那么银行则应当对情况进行积极调查并向用户告知对该情况的调查结果。

2. 用户的基本义务

作为申请和使用网上银行电子支付服务的用户需要承担以下义务：一是如实告知义务，用户在向银行提出申请开通使用网上银行电子支付服务的请求时应当根据银行的要求向银行提供自己的真实身份资料，当用户发现由其保管的电子支付交易存取工具出现遗失被盗的情况或者由于其自身操作不当的原因造成电子支付指令的执行出现差错时应当及时依照合同的规定妥善地告知银行并及时解决问题；二是妥善保管和使用义务，用户在取得电子支付工具后，应当对其进行妥善的保管和使用，不应当把自身的信息资料、密码等重要信息随意泄露给他人。

3. 第三方认证机构的基本义务

《电子支付指引（第一号）》鼓励开展电子支付业务的银行将数字证书业务或者电子签名身份认证外业务外包给第三方认证机构，由其承担对使用电子支付业务的用户进行交易授权的工作。作为专门从事数字证书业务或者电子签名业务的机构，其在该领域的专业程度自然要远大于专门从事金融服务的银行机构。因此，第三方支付机构作为承包人就需要承担承包合同中所规定的应当向发包人（银行）承担的合同义务，同时也要承担《电子签名法》中要求的认证机构所要承担的相关义务。

（三）电子支付安全的保障措施

《电子银行业务管理办法》第38条[1]和第40条[2]规定了金融机构应当采用适当的数据加密措施和身份认证措施保障网上银行的交易安全。现阶段，用户向银行申请开通网上银行的方式可以分为线上申请开通和线下申请开通两种方式。线上申请开通即用户通过网络访问银行官方网站申请开通网上银行服务，线下申请开通即用户持本人身份证件到银行营业网点现场办理开通网上银行服务。

目前，各大银行所推出的网上银行服务（不论是针对个人用户还是针对

---

[1]《电子银行业务管理办法》第38条规定：金融机构应采用适当的加密技术和措施，保证电子交易数据传输的安全性与保密性，以及所传输交易数据的完整性、真实性和不可否认性。金融机构采用的数据加密技术应符合国家有关规定，并根据电子银行业务的安全性需要和科技信息技术的发展，定期检查和评估所使用的加密技术和算法的强度，对加密方式进行适时调整。

[2]《电子银行业务管理办法》第40条规定：金融机构应采取适当的措施和采用适当的技术，识别与验证使用电子银行服务用户的真实、有效身份，并应依照与客户签订的有关协议对客户作业权限、资金转移或交易限额等实施有效管理。

企业用户）的主要功能概括来讲包括账户查询、转账汇款、缴费支付、信用卡、个人贷款、投资理财（基金、黄金、外汇等）等各类金融服务。为了保证网上交易的安全，银行通常会根据不同服务所具有的不同风险而要求用户选择不同的服务开通方式。不同的服务具有不同的交易风险，在上述各项网上银行业务中，账户查询服务属于其中安全风险相对最低的业务，同时也是其中最基础的服务。根据各银行出台的网上银行服务业务规则的相关规定，账户查询服务作为网上银行众多服务中最为基础的一项服务，只要用户开通网上银行服务就具有账户查询服务的功能。而至于其他服务则属于风险较高的服务，如果个人用户需要开通包括转账汇款业务在内的高风险服务的话，为了避免未经用户授权的第三人在未经用户同意的情况下擅自代替用户开通其名下的网上银行转账汇款服务，并借助该服务秘密转移用户名下账户内的资金，银行通常会要求用户本人持身份证明资料到银行柜台，现场办理开通风险较高的网上银行服务功能，以保障交易安全。

随着网上银行业务的扩散推广，为了保障银行与用户之间的交易安全，各大银行都逐渐建立起了一套安全防护体系。以五大国有控股银行为例，从五大国有控股银行的官方网站上可以发现现阶段银行用于维护网上交易安全的常用办法，即通过软件技术和硬件设备打造防护安全体系。在软件方面，依托具有密码校验、CA 证书、SSL（加密套接字层协议）加密和服务器方的反黑客软件等多种方式的网上银行系统以加强对用户交易信息安全的保障；依托屏幕软键盘、专用浏览器等增加用户端的安全性。在硬件方面，使用 U 盾、动态口令卡、短信动态口令等形式，采用密码和安全工具相结合的方式对使用人的身份进行验证。目前，网上银行常用的安全防护手段主要包括以下几种。

1. 静态密码

静态密码是由网上银行用户在其注册开通网上银行业务时自行设置的，与用户的用户名相对应的密码。静态密码在用户设置完成后，在用户每次登录网上银行操作系统输入密码时通常是固定不变的，只有在用户重新设置静态密码或者出现用户忘记静态密码的情况下才会出现变更的情况。静态密码作为一种最传统、最普遍的安全防护手段，其安全性在众多的安全防护手段中也是最低的，容易产生安全风险。为了避免出现第三人在得到用户的网上银行用户名等相关用户信息后，为控制用户的网上银行账户而恶意使用"忘记密码"功能改变用户的静态密码，从而窃取用户在网上银行账户内的资金的情况，银行通常会采用信息验证的方法核验申请修改密码的当事人的身份，尽力避免非用户本人对静态密码的修改。有的网上银行还会在用户重置密码成功后暂时将用户网上银行的账户转账及支付功能关闭，以降低用户被第三人恶意修改密码后转移资金的事件发生。此外，由于静态密码的固定不变，给了犯罪分子通过尝试获取用户网上银行密码的机会，为了避免非用户本人的第三人通过多次输入登录密码的方式试探出用户的正确密码，银行方面通常还会规定"每日错误限制"，即每日输错密码的次数连续累计达到一定次数后，将冻结用户当日网上银行的使用，以降低交易风险，保障用户的资金安全。

2. 动态口令

单纯依靠设置静态密码的方式保障网上银行用户的交易安全容易使用户的账户存在被盗号等安全隐患，而银行又无法强制要求用户定期修改其网上银行的登录密码。为了弥补静态密码所固有的不足，进一步加强对网上银行交易安全的保障，银行推出了动态口令措施。所谓动态口令，是与静态密码相对应的概念。动态密码根据专门的算法由系统生成一个不可预测的随机的数字组合，每个密码在规定的时间内只能使用一次，过时则作废。目前，动态口令的应用方式包括手机短信动态口令、动态口令卡等方式。其中，手机短信动态口令是由短信密码认证系统通过手机短信的方式将一组短时动态密码发送到用户在开通网上银行服务时预先绑定的一个手机号上，用户通过该组密码完成登录、支付、查询环节的密码认证或者公共场所上网凭据。而动态口令卡则是一张背面以矩阵形式印有若干个数字串的卡片。用户在使用网上银行进行对外支付交易时，网上银行系统会随机给出一组口令卡坐标，用户需要从卡片上找到与坐标相对应的密码组合并输入网上银行系统，只有当密码输入正确时，才能完成相关交易。银行方面也会通过这种在每次交易中仅使用一次，交易结束后即失效的随机产生的密码组合，避免用户的交易密码被黑客窃取[1]。

此外，银行还在密码的输入方式上作出了改进。随着科技的发展，各种各样的技术层出不穷、日新月异，对于电信诈骗的手法也越来越先进，仅就

---

[1] 参见彭丽艳："浅谈数字证书在网络安全中的应用"，载《科技创新与应用》2014年第14期。

获取他人银行账户和密码的各种新方法就层出不穷。随着科技的进步和网上银行业务的大规模发展，犯罪分子也开始使用木马病毒、黑客攻击等技术手段或窃取用户的交易信息，或远程操控用户的交易操作。有的不法分子会向用户的计算机中植入记录键盘输入信息的木马病毒，意图获取用户的交易信息。为了规避传统的键盘输入方式被不法分子所利用的风险，银行开始在密码输入的方式上作出改进，比如使用软键盘（Soft Keyboard）技术[1]，通过让用户用鼠标点击在屏幕上显示的"键盘"输入密码的方式降低用户的账号、密码被他人盗取的风险。

3. 数字证书

数字证书（Digital certificate）是指由第三方证书授权机构（Certificate Authority）颁发的，"利用电子信息技术手段，确认、鉴定、认证互联网上信息交流参与者的身份或服务器的身份，是一个担保个人、计算机系统或者组织的身份，并且发布加密算法类别、公开密钥及其所有权的电子文档"。[2]数字证书以密码学为基础，采用数字签名、数字信封、时间戳服务等技术，在互联网上建立起有效的信任机制[3]。用户在使用数字证书时通过在互联网中标识证书持有人的数字身份，用来保证电子讯息在互联网传输过程中的安全性和完整性。当用户进行网上银行交易时，安全系统将通过存储在用户电脑上的数字证书进行网上银行系统验签，验签成功方可进行后续的交易。

数字证书技术在网上银行业务方面也有着广泛的运用，不同银行对其各自的数字证书技术产品的名称各不相同，而 U 盾[4]便是其中的代表产品。其

---

　　〔1〕　软键盘指的是软件虚拟键盘，是用软件来模拟的键盘，像 WINDOWS 自带的软键盘，在屏幕上弹出一个键盘模样的界面，可以用鼠标来点按上面的按键来输入。

　　〔2〕　张波、任新利主编：《网上支付与电子银行》，华东理工大学出版社 2012 年版，第 151 页。

　　〔3〕　数字证书技术采用公钥密码体制，即利用一对互相匹配的密钥进行加密、解密。每个用户拥有一把仅为本人所掌握的私有密钥（私钥），用它进行解密和签名；同时拥有一把公共密钥（公钥）并可以对外公开，用于加密和验证签名。当发送一份保密文件时，发送方使用接收方的公钥对数据加密，而接收方则使用自己的私钥解密。即使数据电文被第三方截获，由于其没有相应的私钥，也就无法对数据电文进行解密。通过数字的手段保证加密过程是一个不可逆过程，即只有用私有密钥才能解密。

　　〔4〕　即中国工商银行于 2003 年推出并获得国家专利的用户证书 USB Key，是中国工商银行提供的办理网上银行业务的高级别安全工具。因它外形酷似 U 盘，安全性能如一面盾牌，意为 U 型的盾牌，所以取名为 U 盾。而 USB Key 是一种 USB 接口的硬件设备。它内置单片机或智能卡芯片，有一定的存储空间，可以存储用户的私钥以及数字证书，利用 USB Key 内置的公钥算法实现对用户身份的认证。由于用户私钥保存在密码锁中，理论上使用任何方式都无法读取，因此保证了用户认证的安全性。

操作流程是，网上银行用户开通网上银行业务后，可以从银行处获得能够验证身份的 U 盾。在用户通过由其控制的电脑完成 U 盾驱动程序的安装和证书信息的下载后即可使用。在进行网上银行交易时，用户需要将 U 盾同电脑的 USB 接口进行连接，再根据银行的提示输入 U 盾密码，经过银行系统验证无误后方可完成相关操作。在 U 盾投入到维护网上银行交易安全的任务之后，人们逐渐注意到 U 盾等数字证书技术在使用中可能存在的不足，比如密码存在被他人非法截取的风险，以及交易数据在从用户的用户端提交到 USB Key 过程中存在被他人篡改的风险。2011 年时曾发生过犯罪分子使用木马程序远程控制网上银行用户的电脑，然后在用户的 U 盾尚未拔掉的情况下，完成了转账交易，造成了用户财产损失[1]。为了弥补传统 U 盾在使用中存在的不足，在传统 U 盾基础上增加了"确认"和"取消"按钮，以及用来显示交易金额和交易账号的液晶显示屏的二代 U 盾随之产生并正在得到广泛运用。升级版的 U 盾通过实现对用户交易信息的屏幕显示和对用户交易行为的按键控制的方式进一步加强了对网上银行交易安全的保护。借助以 U 盾等产品为代表的数字证书技术的运用为网上银行交易安全又增添了一道砝码。

4. 网上银行绑定计算机

用户在进行网上银行操作时通常都要使用到计算机，而他人在盗取用户网上银行的用户名和密码后，在一般情况下也要使用计算机以用户的用户名和密码登录网上银行来完成转移资金的操作。为了加强对网上银行交易安全的保护，有的银行决定对用户进行网上银行操作时所使用的计算机进行绑定，在绑定之后，仅有绑定的计算机被允许进行涉及重要交易的操作，如进行支付、汇款、转账等行为的操作。绑定计算机的方式对于广大的个人网上银行用户来讲，可以降低他人在其使用的电脑上登录用户的网上银行账号和密码的风险。

当前，银行通常会一并采用多种安全方式保障用户的交易安全。以中国银行为例，其推出了包括三道防线、九重安全措施在内的网上银行基础安全机制。其中，三道防线分别设置在登录账户环节、网上交易环节、交易确认环节。在登录账户环节借助用户名（6~20 位数字和英文字母）、静态密码（8~20

---

[1] 参见"互联网安全月：用户增强安全防范意识是关键"，载腾讯网：https://tech.qq.com/a/20110425/000371.htm。

位数字和英文字母）和图形验证码（4 位数字和英文字母，系统随机生成）
相结合的形式保障用户的登录安全。在网上交易环节，中国银行采取中银 E
盾和中银 E 令两种安全认证工具以保障交易的安全进行。当用户向他人进行
转账、支付、缴费、还款交易时，根据所使用的安全认证工具的不同，适用
不同的认证方式。使用中银 E 令的用户需要输入动态口令，使用中银 E 盾的
用户需要输入静态密码以认证用户的身份，并且需要对每一笔交易全部进行
认证。在交易确认环节，根据使用安全认证工具的不同适用不同通知方式。
对于使用中银 E 令的用户，中国银行将通过手机交易码短信向用户提示中银
E 令用户的关键交易信息，在用户确认是其本人发起的真实交易后，输入手
机交易码才算完成交易；对于使用中银 E 盾的用户，中国银行通过中银 E 盾
的液晶显示屏，向中银 E 盾用户提示关键交易信息，用户在点击确认按键后
方可完成交易，否则将会取消交易。九重安全措施是指使用防范木马程序等
恶意程序攻击的安全控件。向用户提供可以随时让用户了解到其网上银行账
户变动情况的短信提醒服务；设置可以提高辨别网站真假能力的预留信息；
记录并显示用户的登录历史方便用户核对其实际登录情况、发现登录是否存
在异常；设立可以避免他人恶意试取用户登录信息的登录锁定程序，被锁定
登录的用户，需要用户本人持有效身份证件到银行柜台现场解锁；屏蔽用户
的关联账户的账号、卡号部分信息，保证用户账户信息安全；由用户自主设
置网上银行交易的每日限额以求有效控制风险；设立会话超时程序，如在登
录后长时间未操作系统会提示并自动退出以尽可能避免用户的网上银行账户
被他人操作；设置专门的退出按钮保证网上银行能够安全退出。除了基础安
全机制外，中国银行还在其基础安全机制的基础上针对用户的高风险交易设
置了安全保护问题验证作为加强认证的方式。

除此之外，网上银行还会在其官网上设有安全专区用来发布用户安全须
知、安全小技巧、防骗技巧等知识，提醒用户"登录正确网址"、"保护好用
户名和密码"和"其他网银操作中的注意事项"，以尽可能多地提醒用户注意
网上银行的使用规范，保障网上银行的交易安全。

四、关于网上银行纠纷归责原则和证明责任的法律规定

现阶段，我国网上银行业务产生的纠纷主要集中于未授权支付，也可以

称之为"网络盗刷"。对于网上银行未授权支付，存在违约责任和侵权责任竞合的情形，既可以认为是银行违反了储蓄合同的保障用户储蓄安全的义务，从而依据《民法典》第577条之规定向人民法院提起违约之诉，也可以认为是银行未尽到安全保障义务而依据《民法典》第1198条之规定向人民法院提起侵权之诉。但是在司法实践中，用户就网上银行未授权支付向人民法院提起侵权之诉的情形并不常见。其原因在于，根据《民法典》第1198条之规定，如盗刷网上银行账户等未授权支付是由于第三人的行为造成用户损害，用户所遭受的损害赔偿责任也就应当由第三人承担，未尽到安全保障义务的银行只在其过错范围内承担相应的补充责任。而利用网络盗刷他人网上银行账户的第三人则往往难以被逮捕归案，即使能够被逮捕归案也只能依法追究其刑事责任，对于用户的财产损失第三人则往往不具有赔偿能力，无法偿还。这样一来，如果用户就网上银行未授权支付向人民法院提起侵权损害赔偿之诉，那么用户就不仅需要就银行存在过错承担举证证明责任，而且其财产损失也得不到充分的赔偿。因此，主张银行就未授权支付承担违约责任而向人民法院提起违约之诉就成为用户的主要选择。

针对网上银行业务产生的纠纷，人民法院通常基于用户和银行之间存在的储蓄合同关系按照违约责任进行处理。《民法典》第577条在违约责任归责原则上确立了严格责任原则，违约责任以不履行或不适当履行合同为构成要件，违约方有无过错，不影响违约责任的承担。但在银行卡未授权支付的司法实践中，大多数法院通常都在持卡人证明银行对银行卡被盗刷存在过错的前提下，即银行未能识别出伪卡或者由银行方面泄露的银行卡密码，才判决由银行承担责任。但也存在部分法院采用严格责任归责原则审理相关银行卡未授权支付纠纷的案例[1]。

虽然，我国目前还尚未对网上银行业务纠纷的归责原则作出明确的规定，但在司法实践中，根据2005年以来最高人民法院相继发布的"顾某诉上海交行储蓄合同纠纷案"[2]和"王永胜诉中国银行股份有限公司南京河西支行储蓄存款合同纠纷案"[3]等处理未经授权的银行卡交易案件的指导案例，其中

[1] 参见北京市第三中级人民法院（2017）京03民终10477号民事判决书。
[2] "顾某诉上海交行储蓄合同纠纷案"，参见《最高人民法院公报》2005年第4期。
[3] 参见"王永胜诉中国银行股份有限公司南京河西支行储蓄存款合同纠纷案"，载《最高人民法院公报》2009年第2期。

所确立的过错责任原则在相关的网上银行交易中得到了广泛运用。根据过错责任原则，当用户作为原告起诉银行违反合同约定，要求由银行承担网上银行账户内资金被盗的损失时，需要向法庭举证证明银行方面存在违约行为——在非本人操作或者未经本人授权的情况下，银行将用户名下网上银行账户内的资金转移至他人账户，以及证明银行对用户名下网上银行账户内资金的丢失存在过错。"银行虽然是履行保护储户安全的一方，但原告应对存在他人利用伪卡盗刷的事实提供证据加以证明，没有证据或者证据不足以证明他人利用伪卡盗刷的事实，由原告承担不利后果。"另外，用户还可以对自身不存在过错，即并非是由于用户自身行为造成的账户名和密码泄露进行证明。

在"顾某诉上海交行储蓄合同纠纷案"中，原告向审理法院提交了包括（1）用以证明原告和银行之间存在的储蓄合同关系的交通银行借记卡；（2）用以证明原告到自助银行刷卡准备取款的经过的证人证言；（3）用以证明原告在发现卡内资金短少后立即向公安机关报案的《接受刑事案件登记表》；（4）用以证明原告向公安机关报案经过的《接报回执单》《呈请立案报告书》《呈请移送案件报告书》；（5）用以证明犯罪嫌疑人作案经过的由公安机关制作的针对犯罪嫌疑人的讯问笔录和针对原告的询问笔录；（6）用以证明原告卡内的资金系被犯罪嫌疑人（未经授权第三人）提取的犯罪嫌疑人指认犯罪地点的记录、盗码器图片、上海市公安局的文检鉴定书；（7）用以证明犯罪分子窃取原告卡内资金的事实已被司法机关确认的刑事判决书；（8）用以证明原告的诉讼请求与其实际损失相一致的交通银行太平洋借记卡对账单在内的多项证据。在"王某胜诉中国银行股份有限公司南京河西支行储蓄存款合同纠纷案"中，原告王某胜向人民法院提交了包括（1）用以证明原告卡内的资金系被犯罪嫌疑人（未经授权第三人）提取的刑事判决书；（2）用以证明涉案借记卡账户交易情况的原告所持有的借记卡交易清单在内的证据。

在这两起储蓄合同纠纷案件中，用户都需要提供证据对存在未经授权的支付行为或盗刷行为以及银行对用户银行卡密码的泄露存在过错加以证明。对于前者，通常的证明方法都是证明在合理的期间内原告的人卡并未分离，且持卡人未出现在非授权支付发生地。但是值得注意的一点是，该证明方法对于不存在地域限制的网上银行，则难以证明非授权支付的发生。对于后者，银行的过错的表现形式一般为未能识别出伪卡或者是出于银行的原因泄露银行卡密码，这就需要通过犯罪嫌疑人（未经授权第三人）的供述来还原银行卡被盗刷的原因，从而判断究竟是原告和被告中的哪一方存在过错。但同样值得注意的一点是，如果不能抓获犯罪嫌疑人并获得其供述则难以还原银行卡被盗刷的原因，从而难以证明究竟是原告还是被告存在过错。随着借助互联网运行的网上银行业务规模的扩大，电信诈骗、网络盗刷案件的数量也随之急剧增长，有许多电信诈骗、网络盗刷案件难以确定犯罪嫌疑人，遑论获得犯罪嫌疑人的供述了。这就增加了原告证明银行存在过错的困难，使得原告需要承担更高的败诉风险。

第二节　现行法律关于网上银行交易安全保障义务规定的不足

一、网上银行电子合同的法律规范不完善

（一）未规定数据电文到达指定接收系统以外的电子合同成立时间

通过意思表示的到达制度，可以推定对方是否知悉或者应当知悉该意思表示。在电子交易中，意思表示的相对方如果要知悉对方所作出的意思表示，就必须进入自己的电子系统进行查看，而任意一方当事人都可能会拥有多个电子系统接收电子数据。在此种情况下，如果要约人向受要约人告知了其专门指定了某个专门接收数据电文的电子系统，而受要约人却把承诺的数据电文发送到了要约人的其他的电子系统，那么对于要约人来讲，其并未知悉该承诺，但是受要约人的承诺已经到达了要约人的电子系统，该承诺根据到达主义的规则已经发生了法律效力，合同也已成立，但受要约人可能还不知道该合同已经成立，故而可能出现违约的情形，这对指定了电子交易接收系统的当事人可能存在不公平的现象。《民法典》对此种情况并未作出明确规定。有学者认为，对于电子合同而言，在此种情形下，单纯的到达主义标准有违到达主义生效的本旨，且不符合控制范围理论，已经不能满足电子合同的要求，继而提出了检索到达规则，即根据合同相对方在自己电子系统中检索到该意思表示的时间作为该意思表示的生效时间[1]；也有学者认为，以相对方

---

[1]　参见李井杓："EDI 合同的法律问题——兼论《中国合同法（草案）》上的 EDI 问题"，载《法商研究（中南政法学院学报）》1999 年第 1 期。

在其电子系统检索到对方意思表示的时间作为意思表示的生效时间会难以证明何时检索到，如果要约人将带有要约的数据电文发送到了受要约人指定的信息系统以外的其他系统，而受要约人为此故意不及时检索也不作出意思表示的话，又会容易使得要约人的利益受到损失。[1]因此，应对数据电文到达指定接收系统以外的电子合同的成立时间加以明确的法律确定。

（二）电子合同的格式条款性质容易损害用户的权益

在网上银行业务中，为了适应线上更加庞大的交易需求和进一步降低交易成本的需要，电子格式合同在电子交易中得到了广泛应用。点击许可合同和浏览合同是现行电子交易中最常见的两种电子格式合同形式，当前网上银行业务的开展主要依靠的是点击许可合同。在实际操作中，网上银行电子合同容易出现两大类问题：一是电子合同的格式合同性质容易损害用户的权益；二是出现电子合同内容错误时的责任承担问题日益复杂。

第一，格式合同内容繁杂，网上银行用户通常不会全部阅读合同内容。格式合同通常来讲具有较长的篇幅、较多的内容、信息量较大，有的格式条款中还会以链接的形式对条款的词句做解释说明。对于大多数用户而言，往往因追求便捷和效率，不太可能在有限的时间内对合同条款进行充分、全面的阅读并且有深刻的理解。以中国建设银行和中国农业银行提供的个人网上银行的格式合同为例，在中国建设银行的官方网站上注册开通个人网上银行服务时，中国建设银行提供了《中国建设银行网上银行个人用户服务协议》、《中国建设银行网上银行风险提示》和《中国建设银行股份有限公司隐私政策》，三份文件共有十七页二万余字，全文浏览一遍需要近二十五分钟。[2]在中国农业银行的官方网站上注册开通个人网上银行服务时，中国农业银行提供了《网络金融个人用户服务协议（网络版）》，一份文件共有五页六千余字，全文浏览一遍需要近五分钟。[3]此外，中国工商银行在其官方网站上提供了《中国工商银行网上银行个人用户服务协议》[4]、《中国工商银行网上银

---

〔1〕　参见刘颖："论电子合同成立的时间与地点"，载《武汉大学学报（社会科学版）》2002年第6期。

〔2〕　参见网址：https://ibsbjstar.ccb.com.cn/CCBIS/V6/STY1/CN/FB30101_protocol.jsp。

〔3〕　参见网址：https://perbank.abchina.com/EbankSite/JuniorRegisterCheckPhoneAct.do。

〔4〕　参见网址：http://www.icbc.com.cn/ICBCDynamicSite2/FILE/AGREEMENTFILE/ICBC〔%E6%80%BB〕01021201601.html。

行章程》[1]和《个人网上银行交易规则》[2]，三份文件近一万五千字；中国银行在其官方网站上提供了《中国银行股份有限公司网上银行个人服务业务规则》[3]《中国银行股份有限公司网上银行章程》[4]共计十一页近一万一千字。可见，网上银行的格式合同篇幅长、内容多，在实践中，用户不会全文阅读甚至根本不阅读这些文件。

第二，在网上银行开通流程中不要求用户对合同进行充分阅读。网上银行有很多点击合同并不要求相对人阅读完毕所有协议的全部条款便可直接勾选"我同意"以进行下一项操作，这就使得用户在申请开通网上银行业务时，容易出现为了追求快捷、便利就在未对用户协议内容进行了解的情况下便直接选择"我同意"以进行下一步操作的情形。以中国建设银行普通用户的网上银行开通流程为例，用户在建行开通网上银行业务时便无需浏览合同即可直接勾选"我已认真阅读并同意遵守以上协议"以进行下一步操作。

第三，格式合同剥夺了用户协商选择条款的权利。《消费者权益保护法》第9条[5]规定了消费者的选择权，但用户在想要获得某项服务时，没有获得和网上银行面对面协商、更改的权利，必须全盘接受网上银行已经制定好的格式合同条款，选择同意或者是不同意，而且在某些情形下，用户为了获得相应的服务，不得不选择同意，以至于并不具有选择拒绝的权利。

第四，用户缺少专业知识和经验，难以就格式合同的内容维护自身合法权益。网上银行电子合同涉及的双方权利义务比较繁多，大多数用户并不具备足够的法律意识和维权能力，对其规定的内容经常视而不见，未经思索和比较分析便直接选择同意，当合同中存在有一些滥用或者侵害用户权利的条款时，用户又很难维护自身的合法权益。

第五，网上银行免责情形普遍加重用户责任。除了电子合同的格式条款

---

〔1〕 参见网址：http://www.icbc.com.cn/ICBC/html/download/wyfwxy/zhangcheng_ dianziyinhang. htm。

〔2〕 参见网址：http://www.icbc.com.cn/icbc/html/download/wyfwxy/wsyh_ jygz. htm。

〔3〕 参见网址：https://www.boc.cn/ebanking/service/cs1/200810/t20081022_ 990706. html。

〔4〕 参见网址：https://www.boc.cn/ebanking/service/cs1/200810/t20081022_ 989535. html。

〔5〕《消费者权益保护法》第9条规定：消费者享有自主选择商品或者服务的权利。消费者有权自主选择提供商品或者服务的经营者，自主选择商品品种或者服务方式，自主决定购买或者不购买任何一种商品、接受或者不接受任何一项服务。消费者在自主选择商品或者服务时，有权进行比较、鉴别和挑选。

本身的缺陷之外，网上银行在设定电子合同的内容时，往往是从自身利益出发，过多免除银行自身责任，加重用户责任。以《中国银行网上银行电子支付服务协议》的免责条款为例[1]，该项条款明显地将黑客入侵、设备故障、恶意程序攻击等情形视作非银行原因，将网上银行排除在了责任承担范围之外。《商业银行法》规定了商业银行自主经营，自担风险，自负盈亏，自我约束的特点[2]以及保障存款人权益不受侵犯的法定义务和合同义务。《商业银行法》第6条规定：商业银行应当保障存款人的合法权益不受任何单位和个人的侵犯。而免责条款中所规定的免责事由本是作为专业金融机构的商业银行从事网上银行业务所必须面对的经营风险，也是银行应当承担的法定义务和主要合同义务。商业银行在网上银行服务协议的免责条款中约定的免责情形过于普遍，加重用户责任，排除自身应当承担的主要责任，违反了风险和损失相一致的原则，构成《民法典》第497条规定的格式条款无效的情形。

（三）未明确电子代理人出现错误后的责任承担

随着电子商务的不断发展，电子交易的规模正在不断快速扩大，对于银行等金融机构来讲，如果还依靠人力开展网上业务的话，将必然不符合电子商务发展的需要。为了应对电子商务高效、快速、便捷的要求，一种可以按照预先设计好的程序，自动发出要约与承诺、自动发出、接收、处理电子交易订单的系统便随之产生，这就是以自动电文系统等为代表的电子代理人。所谓电子代理人（Electronic agent），根据美国《统一计算机信息交易法》的定义[3]，是指"能够代表当事人对收到的电子讯息进行审查或做出反应的计算机程序或其他自动化装置"。该电子代理人与传统民法上的代理人之间在法律属性、缔约能力以及行为归属和责任承担方面都有着显著的区别。电子代理人是一种由人编写的程序，基于该法律属性，电子代理人便不具备民事主

---

[1]　《中国银行股份有限公司个人客户电子支付服务协议》第12条规定：因不可抗力或者其他非乙方原因（黑客入侵、设备故障、恶意程序攻击等），造成的乙方没有正确执行甲方提交的电子支付指令或者业务中断的，乙方不承担任何责任。

[2]　《商业银行法》第4条规定：商业银行以安全性、流动性、效益性为经营原则，实行自主经营，自担风险，自负盈亏，自我约束。商业银行依法开展业务，不受任何单位和个人的干涉。商业银行以其全部法人财产独立承担民事责任。

[3]　美国《统一计算机信息交易法》第102条a款第（27）项规定："电子代理人"指为某人用来代表该人对电子讯息或对方的行为采取行动或做出反应，且在做出此种行动或反应之时无需该人对该电子讯息或对方的行为进行审查或做出反应的一个计算机程序，或电子手段或其他自动化手段。

体所享有的缔约能力，作为由其控制人制造的用于缔结合同的工具，其缔结的合同的责任效果也应当归属于其控制人承担。但如果电子代理人自身出现错误的话，该损失应当如何承担，法律并没有对此作出明确的规定。以"许霆案"[1]为例，当事人许霆从某银行的 ATM 取款机取款人民币 1000 元却发现其银行卡账户只被扣除了人民币 1 元，如果仅从民事责任的角度考虑，在这种情况下银行受到了损失，该损失应当由谁来承担。电子代理人出现错误在电子商务以及网上银行业务中并不少见，如果发生电子代理人出现错误并造成交易相对人（用户）的损失的情况，责任承担问题就尤为重要。

（四）未规定电子合同签订过程中出现错误时的责任承担

电子合同错误包括两种情形：第一种情形是用户身份导致的电子合同错误，网上银行服务省略了交易双方当面协商的环节，这在为交易双方带来便捷的同时，也给交易双方的身份遮了一层"面纱"，使得交易双方都难以确定屏幕背后的对方的真实身份。在大数据时代，存储在各种服务器上的海量个人数据易被第三人获取收集，在不易得到证实的情况下，这也为用户之外的第三人冒用用户身份与交易相对人订立电子合同提供了便利，造成用户损失；第二种情形是电子合同的内容出现错误，电子合同内容错误可以分为主观错误和客观错误，前者是指要约人的输入错误，后者则是指由于信息系统在生产、发送、接受或存储信息时仍然可能发生难以预测和控制的技术故障，使得在信息到达前或到达后，可能发生错误或丢失等风险。[2]由于数据信息的传输速度，数据电文一经发出即可到达交易相对人，其在途时间通常可以忽略不计，这就使得用户的意思表述一经作出即告生效。而交易相对人通过自动电文系统作出回复的时间亦可忽略不计，换言之，用户的意思表示一经作出合同即告成立，即使出现错误用户也难以通过要约的撤回和撤销制度进行更改。《电子签名法》对于如何处理这两种电子合同错误的情形是没有明确规定的。《中华人民共和国电子商务法》（以下简称《电子商务法》）则只规定了电子商务经营者应当保证用户在要约作出前具有更正输入错误的机会，但同样并未规定出现错误后的责任承担和处理方法。通常认为，对于存在上述

---

〔1〕 参见广州市中级人民法院（2008）穗中法刑二重字第 2 号刑事判决书。

〔2〕 参见赵旭东主编：《中华人民共和国电子商务法释义与原理》，中国法制出版社 2018 年版，第 375 页。

错误的电子合同属于可撤销的合同，当事人可以通过《民法典》第 147 条的规定[1]主张存在重大误解从而撤销合同实现救济。我国现有的规定是只要存在重大误解，即可主张撤销，且对于该种错误的撤销并不需要经过诉讼或者仲裁程序，因此，有必要在电子合同撤销中规定更为严格的适用条件，通过提高具体适用条件降低程序要求的办法兼顾交易双方的利益。[2]

二、电子签名"技术中立"的立法模式存在缺陷

随着电子认证技术的快速进步，《电子签名法》所采用的广义电子签名的含义确实可以避免因立法的滞后性和法律规定的局限性所带来的未来新型电子签名法律效力不确定的情况，并且可以在激烈的市场竞争中，依靠市场这个"看不见的手"，由网上交易的双方通过协商的方式选择更中意、更可靠的电子签名作为双方的认证方式，通过市场对电子签名进行筛选，推动电子签名技术方案的不断进步，这有助于推动电子认证服务行业的发展，加强对交易双方意思自治的保护。但是这种广义概念将只要符合基本要求的电子签名均视为可靠的电子签名，过于笼统，使目前存在的多种电子签名缺乏一个统一的安全标准，而且相关立法也并没有对电子签名技术作出任何强制性限定，也没有规定交易双方在使用电子签名过程中所产生不利后果的责任承担问题。由于缺乏统一安全标准以及具体的责任承担方式，在网上银行的电子签名实践中，存在诸多潜在风险，非常容易造成网上银行用户的财产损失。

对比国内外有关电子签名的立法，可以将立法模式分为"技术中立"模式、"技术特定"模式和"折中型"模式。"技术中立"的立法模式要求立法者确立电子签名技术的中立地位，对技术手段只提出原则性要求，具体的选择和使用交由市场和消费者自己去判断。采取这一种立法模式的国家有美国、澳大利亚、新西兰等，其中以美国的《联邦电子签名法》为代表。"技术特定"的立法模式要求立法者确定以非对称加密技术为基础的数字签名为合法的电子签名技术，并对认证机构的技术和财务等条件作出规定。采取这一种

---

[1]《民法典》第 147 条规定：基于重大误解实施的民事法律行为，行为人有权请求人民法院或者仲裁机构予以撤销。

[2] 参见赵旭东主编：《中华人民共和国电子商务法释义与原理》，中国法制出版社 2018 年版，第 377 页。

立法模式的国家有德国、丹麦、韩国等。"折中型"模式即将"技术中立"的立法模式和"技术特定"的立法模式相结合，该模式要求立法者一方面设定电子签名技术的最低限度要求，另一方面则对一些电子签名技术赋予更强的法律效力，对电子签名技术的选择作出法律指引。采用这一立法模式的有联合国《电子签名示范法》、新加坡《电子交易法》和欧盟《欧洲议会和理事会 2014 年 7 月 23 日第 2014/910 号废止 1999/93/EC 指令并关于内部市场电子交易中的电子身份和可信服务规范》（以下简称《电子身份和可信服务规范》）[1]等，其中，欧盟《电子身份和可信服务规范》根据电子签名安全性的不同将电子签名区分为简单的电子签名、一般的电子签名和严格的先进电子签名，对于电子签名的安全性有明显的不同程度的偏向，对不同技术基础的电子签名给予区别对待，赋予满足法定安全性标准的电子签名以较高的法律效力，通过法定标准对电子签名市场进行引导、规范，以此来建立起一个相对安全性高、可依赖性强的网上银行交易环境。[2]

"技术中立"立法模式与"技术特定"立法模式各有利弊。"技术中立"的立法模式在为电子签名技术的快速发展提供宽松的条件，赋予网上银行自主决定所选择的电子签名技术的权利的同时，如果将电子签名技术的选择权全部交给网上银行，那么网上银行就有可能为了降低经营成本，延缓对电子签名技术的更新，造成网上银行用户交易安全受损的情形[3]。而"技术特定"的立法模式对于规制电子签名行业的乱象，整合电子签名行业的资源，统一电子签名技术的技术标准有着重要的推动作用，但同样也应当注意到，"技术特定"的立法模式将更加容易阻碍电子签名技术进一步发展。因此，借鉴国外电子签名立法发展方向，采用"折中型"立法模式将会更有优势。应当在《电子签名法》中采用"折中型"模式，在鼓励新型电子签名技术方案发展的同时，有效规制电子签名应用领域的乱象。

---

〔1〕 全称为：Regulation (EU) No 910/2014 of the European Parliament and of the Council of 23 July 2014 on electronic identification and trust services for electronic transactions in the internal market and repealing Directive1999/93/EC。

〔2〕 参见王予予："论大数据时代网上银行的安全保障义务"，北京工商大学 2016 年硕士学位论文，第 14 页。

〔3〕 参见李晗："大数据时代网上银行的安全保障义务研究"，载《当代法学》2016 年第 4 期。

三、未经授权电子支付未对用户责任进行限制

(一) 未区分经授权和未经授权电子支付情形

未经授权的电子支付，是指用户以外的其他人未经用户的许可授权，擅自取得并使用用户的身份认证信息，并以用户的名义发起支付指令转移用户名下账户中资金的行为。未经授权的电子支付在实践中常见的情形如下：一是不法分子窃取持卡人身份信息以及银行卡信息后进行网上消费，在需输入短信验证码时，冒充银行用户经理致电持卡人，诱骗持卡人告知其手机所收到的短信验证码；二是持卡人在银行的预留手机号被修改导致资金失窃；三是持卡人的手机于账户异动期间出现异常[1]，即使前述犯罪行为人已经被公安机关抓获归案，但犯罪行为人所获得的赃款却很难被追回，而犯罪行为人本身又不具备赔偿用户财产损失的条件，那么用户的财产损失也就无法从犯罪行为人处得到赔偿。用户为了分担财产损失，通常会向人民法院起诉银行，要求银行承担赔偿责任。人民法院对于此类民事诉讼的判决结果各有不同，其中有的法院以"不能认定银行存在过错"为由判决驳回了用户的诉讼请求，有的法院则会根据双方的过错程度来分配银行与用户的责任。在发生未经授权电子支付的情形时，责任主体如何确定，财产损失如何承担长期以来都是困扰司法机关的一个难题。目前，我国规制网上银行电子支付的主要法律依据是《电子支付指引（第一号）》和《电子银行业务管理办法》，但在这些规定中却并没有对未经授权的电子支付的责任承担问题进行明确的规定。根据《电子支付指引（第一号）》第45条的规定[2]，如果未经授权的电子支付指令通过了银行的安全防护程序，那么银行就仅具有"积极配合用户查找原因，尽量减少用户损失"的责任[3]，而在这当中并没有规定银行的赔偿责任。而《电子银行业务管理办法》第89条则对非授权交易的责任问题进行了

---

[1] 参见广东省广州市中级人民法院金融庭课题组、谢春晖："线上非授权支付纠纷的裁判规则"，载《人民司法（应用）》2018年第1期。

[2] 《电子支付指引（第一号）》第45条规定：非资金所有人盗取他人存取工具发出电子支付指令，并且其身份认证和交易授权通过发起行的安全程序的，发起行应积极配合用户查找原因，尽量减少用户损失。

[3] 银行通常在与用户的协议中约定：用户凭用户号、账号、卡号或者其他凭证号，使用查询密码、交易密码、动态密码、数字证书进行的个人网上银行业务操作，银行均视为用户本人合法有效的业务指令，并视为已被授权进行相关的业务操作，用户对该操作引起的所有结果承担一切责任。

简单的规定：如果由于银行的过错导致的非授权电子支付的发生造成了用户的财产损失，那么由银行对用户的损失承担相应的赔偿责任；如果由于用户的过错导致的非授权交易的发生造成了用户的财产损失，那么银行可以根据合同的约定免除相应的责任。《电子银行业务管理办法》第89条规定了根据过错原则对非授权交易的责任分担问题进行处理，但在现实情况中，可能存在银行和用户都不存在过错但因为黑客的攻击导致用户的账户资金在未经授权的情况下被黑客转移的情况，那么在这种情况下根据《电子银行业务管理办法》第89条的规定，既无法由银行承担该损失又无法由用户承担该损失，因为双方都不存在过错，从而导致该损失责任最终仍是由用户承担。在《网上银行个人用户服务协议》中，银行普遍在协议中约定有密码条款和挂失止付条款[1]。由于存在银行和用户就密码条款和挂失止付条款的约定，在出现未经授权电子支付的情形下，银行并不存在过错，损失最终仍然由用户自行承担。

《电子商务法》第57条[2]则是针对第三方支付机构未经授权电子支付的适用情形和责任承担问题作出了规定。根据《电子商务法》第57条的规定，"未经授权电子支付"包括安全工具遗失、被盗用或者其他未经授权的支付的情形。用户在发现存在上述未经授权电子支付的情形后，应当及时通知电子支付服务提供者。电子支付服务提供者对未经授权的支付造成的损失承担过错推定责任。电子支付服务提供者还负有防止未经授权电子支付损失扩大的责任。当前，支付宝作为我国主要的第三方支付机构之一，根据《支付宝安全保障规则》的规定，其将未经授权的电子支付定义为"第三人未经支付宝账户持有人或银行账户持有人授权，擅自使用用户的支付宝服务，但有理由认为该未经授权的支付是由用户的配偶、亲友或雇员、代理人等所为的；或是因用户的故意行为、重大过失或违法行为造成的；或是因他人的欺诈、胁

---

〔1〕 如"用户的身份认证要素是银行在提供网上银行服务过程中识别甲方身份真实性的依据"，"通过身份认证要素发出的交易指令或完成的交易操作均视为用户本人所为，用户应对由此产生的后果负责"，"用户对挂失手续完成前的损失承担责任"。

〔2〕《电子商务法》第57条规定：用户应当妥善保管交易密码、电子签名数据等安全工具。用户发现安全工具遗失、被盗用或者未经授权的支付的，应当及时通知电子支付服务提供者。未经授权的支付造成的损失，由电子支付服务提供者承担；电子支付服务提供者能够证明未经授权的支付是因用户的过错造成的，不承担责任。电子支付服务提供者发现支付指令未经授权，或者收到用户支付指令未经授权的通知时，应当立即采取措施防止损失扩大。电子支付服务提供者未及时采取措施导致损失扩大的，对损失扩大部分承担责任。

迫等行为造成的等多种例外情况；或是因不可抗力、技术故障等原因造成的"。[1]相较于商业银行制定的《网上银行个人用户服务协议》中的密码条款，第三方支付机构在合同中承认了未经授权电子支付情形的存在。虽然支付宝对由其承担未经授权电子支付责任的条件进行了层层限制，但不得不承认第三方支付机构至少在这一方面走在了传统金融机构的前面。

　　虽然《电子支付指引（第一号）》和《电子银行业务管理办法》对未经授权电子支付的情形做了一定程度上的区分，但其规定仍有需要完善之处。现行的相关法律规范多是规章性质的电子支付操作性规范，难以作为处理电子支付纠纷的法律依据。以《网上银行个人用户服务协议》的密码条款和挂失止付条款为例，若用户认为前述条款无效，银行应当就未授权支付行为承担赔偿责任，法院则不能援引《电子银行业务管理办法》第89条第2款的规定认定前述条款无效。即使能够援引《电子银行业务管理办法》第89条第2款的规定认定前述条款无效，但若要银行承担赔偿责任，依据传统的证明责任分配规则，又需要由用户承担难以完成的证明责任。[2]《电子商务法》[3]虽然对未经授权电子支付的适用情形和责任承担作出了规定，却是适用于第三方支付机构的，对于能否适用于网上银行业务仍存在争议。因此，对未经授权电子支付情形下的责任承担进行明确法律规定尤为重要，以对网上银行

---

　　〔1〕《支付宝安全保障规则》第3条第4款规定排除保障的情形有：（1）经调查或经支付宝合理判断，对未经本人授权支出的事实存疑或支付宝有理由认为可能由您本人操作或是您的配偶、亲属等所为的；（2）经调查或经支付宝合理判断认为是因您的故意行为、重大过失或违法行为造成您自身资金损失的；（3）经调查或经支付宝合理判断认为是因他人的欺诈、胁迫等行为造成您资金损失的；（4）您未能提供支付宝所要求提供的全部或部分资料，或不积极配合支付宝调查的等情况下支出的；（5）由于盗用者以外的其他第三方原因造成您资金损失的；（6）您没有遵守本规则或者《支付宝服务协议》等，经支付宝合理判断认为不需要向您进行补偿的，包括您曾在任一阿里网站有过欺诈、炒信、侵犯他人合法权益等行为；（7）因台风、地震、海啸等不可抗力之因素，造成我们系统障碍不能执行业务的；（8）由于黑客攻击、电信部门技术调整或故障、经提前公告的网站升级、银行方面的问题等原因而造成的服务中断或者延迟。

　　〔2〕参见刘颖："电子银行法律风险的几个问题"，载《暨南学报（哲学社会科学版）》2014年第12期。

　　〔3〕《电子商务法》第2条第3款规定：法律、行政法规对销售商品或者提供服务有规定的，适用其规定。金融类产品和服务，利用信息网络提供新闻信息、音视频节目、出版以及文化产品等内容方面的服务，不适用本法。根据该规定，如果用户使用网上银行进行网上购物则可以适用《电子商务法》的规定。但如果用户仅使用网上银行办理储蓄存款业务或其他金融服务则难以适用《电子商务法》的规定。

用户的责任进行限制，保障网上银行用户的最终合法权益。

美国针对未经授权的电子支付专门出台了调整借记卡的《电子资金划拨法》和规则 E，以及调整信用卡的《真实信贷法》和规则 Z。根据《电子资金划拨法》和规则 E 的规定，借记卡的消费者对未经授权的划拨所需要承担的最高责任限额根据消费者所具有的过错程度的不同分为三种情况：如果借记卡的消费者发现其银行账户存在安全隐患并在合理时间内立即告知金融机构的，那么对于任何未经授权的划拨将由消费者承担不超过 50 美元的责任；如果经金融机构证实，消费者在知道其银行账户存在安全隐患的情况下未在 2 个营业日内（特殊情况下有适当延展期）向金融机构报告以避免损失的发生，那么将由消费者承担最高 500 美元的责任；如果消费者在收到未经授权划拨的通知后的 60 天内仍未及时通知金融机构的，那么对于发生在 60 天以后的任何未经授权电子支付或账户错误造成的损失都将由消费者承担无限责任。根据《真实信贷法》和规则 Z 的规定，对于未经授权的电子支付造成的损失，如果发卡行对持卡人事先履行了告知持卡人权利、提供发卡人的联系方式的义务并且该信用卡可以识别使用者的话，那么信用卡的持有者最高仅需要承担 50 美元的责任，否则，信用卡持有者将不承担责任。在英国，根据英国的《银行业管理守则》的规定，如果持卡人的银行卡存在遗失、被盗或密码泄露的安全隐患，在持卡人告知银行前，因信用卡安全隐患造成的损失由持卡人承担最高限额仅为 50 英镑的责任；如果在远程交易中出现未经授权电子支付的情形，那么持卡人将无需承担任何责任。对于借记卡因安全隐患造成的损失，在持卡人尽到合理注意义务的情况下，持卡人将无需为此承担责任。欧盟《关于电子支付工具建议》规定，在持卡人不存在欺诈或重大过失的情况下，采取所有合理步骤以确保电子支付工具本身安全，并将电子支付工具所具有的安全隐患及时通知金融机构的持卡人，承担最高不超过 150 欧元的责任。

对比国外对未经授权电子支付和对持卡人责任限制的规定，我国在未经授权电子支付的适用范围、责任主体、用户的责任限制方面缺乏法律规定，因此有必要构建我国的电子支付法律体系，填补未经授权电子支付的适用情形和法律责任的立法空白，寻求用户利益和网上银行利益的动态平衡。

（二）关于未经授权电子支付责任承担的规定不合理

目前，在网上银行未经授权支付的司法实践中，法院通常按照"谁主张，谁举证"的原则在当事人之间分配证明责任，由网上银行用户承担证明存在非授权支付的行为以及银行对非授权支付存在过错，这实质上是将非授权支付的风险分配给了用户承担，而《网上银行服务协议》中约定的密码条款更是加重了网上银行用户的责任，这种对于未经授权电子支付的责任承担的规定并不合理。

1. 证明责任的分配不合理

以《最高人民法院公报》上公布的"顾某诉上海交行储蓄合同纠纷案"和"王某胜诉中国银行股份有限公司南京河西支行储蓄存款合同纠纷案"为例，审理法院的裁判思路为：非授权支付行为，在本质上讲属于无权代理行为，在银行卡非授权支付中，发卡行在持卡人未授权的情况下从持卡人卡内借记资金进行支付，只要第三人的交易行为不构成表见代理，发卡行就不应将其视为持卡人的交易，发卡行对其借记持卡人卡内资金的行为应当承担违约责任。[1]法院一般认为，对于过错的证明，应根据"谁主张谁举证"的原则，要求持卡人必须证明银行或者特约商户对非授权交易的发生存在过错。[2]只有在银行具有过错的情况下，第三人使用密码的银行卡交易才可能不构成表见代理。但是由于银行与用户订立的《银行卡章程》中的密码条款，只有在银行对密码泄露具有过错时，该条款才不能适用，即如果持卡人不能证明银行对密码泄露负有过错，则非授权交易的损失就完全由持卡人承担。[3]

目前，司法实践中最主要的问题在于采取过错责任原则，由用户承担举证责任。在现有的网上银行电子支付方式下，由用户证明存在非授权支付的行为非常困难。在有卡支付的情况下，持卡人尚且存在多种方法证明存在非授权支付的行为。但是如果在网上银行电子支付等无卡支付的情况下，用户仅需要通过网络输入账户密码便可完成电子支付，且不存在签字确认的交易凭证，只要持有密码、验证码等，即可进行操作，用户想要证明存在非授权支付行为将会变得非常困难。银行在同用户签订的《网上银行服务协议》中普遍约定有密码条款。基于该条款，只要在网上银行电子支付中使用用户的账户密码等身份认证要素皆被推定为是用户本人的操作或者是用户本人授权

---

〔1〕　参见张雪楳："银行卡纠纷中的民刑交叉问题研究"，载《商事审判指导》，2011年第3辑（总第27辑），人民法院出版社2012年版，第99页。

〔2〕　参见王宪森、侯春雷："关于银行卡民事纠纷案件及诉讼事务问题的调研报告"，载《商事审判指导》2011年第4辑（总第28辑），人民法院出版社2012年版，第136页。

〔3〕　参见彭冰："银行卡非授权交易中的损失分担机制"，载《社会科学》2013年第11期。

的操作，或者是符合表见代理的构成要件，那么其后果就应当由用户一方承担。在有卡支付中用户尚且可以通过证明真正的银行卡尚在用户手中，短时间内难以实现在距离较远的两地实现跨地区支付，但在无卡支付中，除非公安机关能够及时将未经授权的第三人逮捕归案，通过第三人在刑事案件中的供述证明存在未经授权的支付行为，或者通过证明用户并没有开通网上银行服务或者没有开通网上银行的电子支付服务，从而证明支付人不可能是用户本人，否则将难以证明存在未经授权的支付行为。

网上银行业务的复杂性使得一般用户难以证明网上银行存在过错，用户对完成网上银行电子支付的具体技术手段、支付流程、安全保障措施等常缺乏全面的了解，也就难以证明网上银行没有尽到安全保障义务从而具有过错。有的用户为了证明网上银行安全系统存在漏洞，从而证明银行在履行安全保障义务方面存在过错，甚至向人民法院提交了一份有关国内部分银行安全控件被曝存在高危漏洞的媒体报道[1]作为证据，而在此案中，网上银行为了证明其安全系统不存在安全风险隐患，其本身尽到网上银行的安全保障义务而不具有过错，则向人民法院提交了由国家信息技术安全研究中心、公安部计算机信息系统安全产品质量监督检验中心、中国信息安全测评中心计算机测评中心、信息产业信息安全测评中心、中金金融认证中心有限公司、北京国舜科技股份有限公司等多家机构曾经出具的检测报告及书面证明等证明材料。而法院则认为，原告提供的证据距离诈骗案的发生已逾半年，至今亦无任何证据显示在此期间曾有他人因被告的网上个人银行系统存在安全漏洞导致资金损失的案件发生，而且以上报道的内容并未直接指向被告的个人版网上银行系统，且对被告的网上银行系统的安全措施进行认可，同时，基于被告提供的证明材料，法院认定上述证据不足以证明银行的网上个人银行系统存在安全漏洞[2]。除此之外，在司法实践中，也存在银行的工作人员在银行的营业场所内利用职务之便，在用户办卡过程中，要求、指导、协助用户办卡，授权开通网上银行，并在用户不知情的情况下调包用户 U 盾，并伙同他人通过网上银行将用户账户中的资金进行转移的案件发生[3]。法院通过从公安机

---

〔1〕　参见"银行安全控件被曝高危漏洞，黑客可随意操控"，载 http://sz.people.com.cn/n/2015/0512/c202846-24833447.html。

〔2〕　参见广州市中级人民法院（2017）粤 01 民终 8843 号民事判决书。

〔3〕　参见石家庄市中级人民法院（2019）冀 01 民终 7010 号民事判决书。

关获得的涉案银行工作人员的供述从而证明了"U盾调包"行为的发生，并且基于调包人的银行工作人员的身份，且该调包过程系在被告的营业场所内完成等因素，从而认定银行没有尽到安全保障义务，具有过错。但也存在不少网上银行用户在诉讼中主张其所持U盾在开户时存在被更换的可能性，却未能举证证明，从而未被法院认可的情形〔1〕。

2. 格式条款加重了用户责任

现行的与网上银行业务相关的法律规定加大了用户的责任，对于用户的财产损失并没有进行足够保障。虽然《电子支付指引（第一号）》在许多条款中规定了银行需要承担的责任与义务，但是在差错处理上多是要求银行对差错进行纠正，对于银行是否应当就差错对用户造成的损失进行赔偿则并没有作出明确的规定。只在部分条款中规定了银行需要承担相应的责任，且允许由银行在合同当中对于赔偿的数额、赔偿的方式等诸多问题进行自行约定。众所周知，网上银行在实践中普遍采用格式合同的形式与交易相对人，即用户订立合同，用户仅拥有同意该合同或不同意该合同的权利，在此情况下，用户通常处于弱势一方的不利地位。虽然《民法典》第497条规定了银行免除自身主要义务的格式合同条款不生效，但在不违反该规定的情况下，银行通常都会规定一些较为苛刻的赔偿条件以及赔偿的最高限额。比如，在"上海浦东发展银行股份有限公司长春一汽支行与于某卡纠纷上诉案"〔2〕中，案发时的银行就在其所使用的《个人网上银行服务协议》中约定"使用用户账号和密码登录的行为将被认为是用户本人的操作行为"〔3〕。该条款将凡是使

---

〔1〕　参见石家庄市中级人民法院（2018）冀01民终2489号民事判决书。

〔2〕　参见长春市中级人民法院（2016）吉01民终3587号民事判决书。

〔3〕　《个人网上银行服务协议》第2条：甲方的用户号、卡/折号、密码数字证书、接收动态密码的手机是甲方进行个人网上银行交易的重要要素，甲方承诺由本人妥善保管，并保证不将该等资料或物品提供或泄露给任何第三方，对其因自身提供、泄露、被窃、遗失等原因造成该等资料或物品被他人使用的，该行为完全视为甲方完成的行为，甲方对该使用行为的后果承担责任。乙方执行甲方通过个人网上银行发出的业务指令后，甲方不得要求变更或撤销业务指令。第12条：用户凭用户号、账号、卡号或者其他凭证号，使用查询密码、交易密码、动态密码、数字证书进行的个人网上银行业务操作，浦发银行均视为用户本人合法有效的业务指令，并视为已被授权进行相关的业务操作，用户对该操作引起的所有结果承担一切责任。第13条：用户应自行妥善保管密码、数字证书、接收动态密码的手机等机密资料，并对借助以上部分或全部要素完成的个人网上银行交易负责。用户不得将密码、数字证书、接收动态密码的手机泄露或提供给他人。浦发银行不承担因用户资料窃取、泄露产生的风险或损失。

用用户的网上银行账户名和密码的交易操作都一概认为是用户本人的交易操作，银行只需要对此进行形式上的审查。而用户的网上银行账户名和密码得以被他人使用又通常会被认为是用户自身原因所造成的，用户若要证明自身对于网上银行账户名和密码的保管不具有过错又相当困难。那么基于该条款的规定，用户的财产损失都将由用户自行承担，而银行却可以不加区分地置身事外，这使得该条款具有明显的免除银行主要责任、加重用户责任的性质。对于该格式条款的效力审查，在司法实践中有不同的看法，有的认为该格式条款的规定有效；有的则认为该格式条款的规定被推定为有效，但如果有相反的证据证明该密码系他人以秘密窃取的方式从用户处获得，使用该密码完成的交易行为不能视为用户本人所为[1]。但是在某些情况下，用户对其密码的失窃可能并不存在过错，却仍要承担其账户存款被盗的损失。在"蔡某辉诉金某来信用卡纠纷案"[2]中，原告在被他人劫持后由于受到他人的胁迫而不得已向对方透露了自己的银行卡密码，致使劫持者得以使用原告预留了签名的信用卡刷卡消费，而商家并未对签名进行认真核对造成原告的财产损失。在此种情况下，法院认为原告的财产损失不仅是由于商家未尽到谨慎的注意义务，也是原告自身泄露密码的缘故造成的财产损失。鉴于原告本身也存在过错，则判决商家对原告的损失承担60%的赔偿责任。目前的相关法律规范以及实践中签订的电子合同一般都未对网上银行用户所需承担损失的最高限额作出规定，最终往往就是无论实际损失多少，皆由用户自行承担，这对用户而言并不公平。因此，除了应对网上银行和用户的主要权利和义务、归责原则进行明确的法律规定，还应确定用户应当承担的最高责任限额，适当分担用户的财产损失风险。

《电子银行业务管理办法》第89条对金融机构和用户所需要承担的责任范围作出了规定，其规定了网上银行不仅要对因为自身系统存在安全隐患或者自身违规操作造成的用户财产损失承担赔偿责任，还要对"其他非用户原因等"造成的用户损失承担赔偿责任。从立法目的来看，该款规定的立法目的是将非用户过错所造成的财产损失的风险交由银行承担，但是在实践中

---

〔1〕 参见中山市中级人民法院课题组、姜新林、李世寅："网银诉讼中客户权益特别保护机制研究"，载《重庆理工大学学报（社会科学）》2016年第9期。

〔2〕 "蔡某辉诉金某来信用卡纠纷案"，载《中华人民共和国最高人民法院公报》2010年第12期。

"非用户原因"并不是一个明确的概念,而银行又很容易通过合同中的免责事由在不违反格式条款规定的前提下,通过双方的意思自治的形式将该项责任加以免除,比如不可抗力,而该项兜底规定则在实质上成了空文。第 89 条第 2 款则规定了对于用户自身过错所造成的网上银行账户存款被他人盗取的财产损失,由其自负责任。在司法实践中,只要用户存在将自己网上银行的密码泄露给他人的行为,法院即会判决该损失由用户自己承担,而不问用户是否出于故意或者过失,这对于用户资金安全以及权益保护都明显不利。

以"王某荣诉交通银行股份有限公司郑州建设西路支行银行卡纠纷案"[1]为例。在本案中,王某荣和交行建设西路支行开办了银行卡一张,该银行卡只开通了网上银行和手机银行中除转账汇款外的业务。王某荣在申请书最后声明及签署部分签名确认"对于条款的任何变更,交通银行将以公告的形式告知用户,不再另行通知"。后王某荣由于受到电信诈骗而向上述银行卡内汇款人民币 180 余万元。而诈骗行为人则从该银行卡内通过网上银行及手机银行的转账汇款业务将 180 余万元转移出去。该案的一审和二审法院均认为,王某荣被犯罪分子利用造成其个人重要交易信息泄露并被他人掌握,是导致其损失的直接原因,王某荣具有明显过错,应承担相应责任。但对于交行建设西路支行通过公告方式开通王某荣网上银行的转账汇款功能的行为,一审法院认为"该变更行为并非是只针对王某荣一个人的行为。程序变更后开通转账功能,仅是增加了王某荣的风险程度,对王某荣的损失具有次要过错",从而判决王某荣承担损失的 80%。而二审法院则认为交行建设西路支行的上述行为违反了保障交易安全的义务,且"保障交易的安全性更是银行应遵循的首要法则和应承担的最基本义务,应担负作为保障用户交易安全最后一道屏障的责任",从而判决王某荣承担损失的 50%。

与此相类似的有"中国农业银行股份有限公司宁波东外滩支行诉张某琴储蓄存款合同纠纷案"[2]。在本案中,在张某琴本人未到农行宁波东外滩支行营业场所的情况下,吕某阳持有张某琴身份证代理张某琴在农行宁波东外滩支行开立了一般的个人结算账户但并未申请开通网上银行。上述账户开立后,张某琴向上述银行账户转入一笔资金。之后,银行发现该银行卡中资金

---

〔1〕 参见郑州市中级人民法院(2018)豫 01 民终 9576 号民事判决书。
〔2〕 参见宁波市中级人民法院(2014)浙甬商终字第 693 号民事判决书。

被他人通过网上银行转账的方式转走，张某琴认为开卡当日，其本人从未到过农行宁波东外滩支行营业场所，从未开通过网上银行，遂要求农行宁波东外滩支行全额赔付存款。本案历经一审程序、二审程序和再审程序。该案的一审和二审法院均认为农行宁波东外滩支行在张某琴本人未到场的情况下便擅自开通网上银行，系造成张某琴的损失根本原因，即"如果农行宁波东外滩支行业务操作规范合法，张某琴本人未到场的情况下网上银行业务未开通，网上银行转账根本无法实现，张某琴的任何可能性过失也不会导致其银行卡资金被网上银行转账而发生损失"。而农行宁波东外滩支行则不能证明存在张某琴曾委托吕晓阳开通网上银行，或张某琴曾故意或重大过失泄露过银行卡密码的情况。故判决农行宁波东外滩支行对张某琴的损失负全部责任。而再审法院认为，张某琴对借记卡密码的泄露具有保管不善的过错，而密码的泄漏与案涉存款损失亦存在相当的因果关系，张某琴对存款损失应承担与其过错相适应的责任。而农行宁波东外滩支行在工作人员管理、营业场所管理以及存款业务操作流程等方面均存在明显过错，其应对案涉存款损失承担主要责任。再审法院判决张某琴承担损失的 20%，农行宁波东外滩支行承担损失的 80%。

在相关司法实践中，只要用户存在密码保管不善、没有按照商业银行的要求登录正确网址等过错情形，那么用户就要对其自身的财产损失承担主要甚至是全部责任。除非是像上述两个案例一样，存在商业银行在未经用户同意的情况下违规开办网上银行业务等情况，才能由商业银行分担用户的损失。而分析两份判决中商业银行所存在的过错程度，法院通常认为，商业银行在用户本人未到场提交开通网上银行业务申请的情况下，违规开通网上银行业务的过错性，大于商业银行以公告的方式变更协议内容，事实上开通用户之前不想开通的业务。近年来随着网络技术的不断进步，各种新型的电信诈骗手段层出不穷，对于网络经验并不丰富的用户来讲，因误点击犯罪分子创造的虚假网址或者带有木马病毒的网页链接而落入犯罪分子精心布置好的陷阱当中的风险大幅提升，被犯罪分子窃取到用户的网上银行账号和密码，从而以用户的身份向网上银行发出指令将用户账户上的资金进行转移，造成用户财产损失的情况频发。根据现行法律的规定以及既有的司法判决，此类网上银行用户的财产损失只能向实施电信诈骗的犯罪分子主张损害赔偿责任，而银行方面是可以用户没有尽到应尽的安全注意义务为由进行抗辩而免除自己赔偿责任的。

第八章

CHAPTER 8

大数据时代网上银行交易安全保障义务的
立法比较及借鉴

第一节　美国网上银行交易安全保障义务的法律规定

一、美国网上银行的发展历程

　　网上银行最早起源于美国，其后迅速蔓延到因特网所覆盖的各个国家。美国安全第一网络银行（SFNB）从 1996 年就开始了网上金融服务。1994 年 4 月，美国三家银行联合在因特网上创建了美国安全第一网络银行，这是新型的网络银行，是得到美国联邦银行管理机构批准、在因特网上提供银行服务的第一家银行，也是在因特网上提供大范围和多种银行服务的第一家银行。1995 年 10 月，美国安全第一网络银行在网上开业。开业后的短短几个月，即有近千万人次上网浏览，给金融界带来极大震撼。于是，有若干银行立即紧跟其后，在网上开设银行，网上银行的风潮逐渐蔓延全世界，走进了人们的生活。1996 年初，美国安全第一网络银行在因特网上正式营业和开展银行服务，用户可以采用电子方式开出支票和支付账单，可以上网了解当前货币汇率和升值信息，由于该银行提供的是一种联机服务，因此用户的账户始终是平衡的。1998 年 1 月，美国安全第一网络银行通过因特网为用户提供一种称为环球网（WEB INVISION）系统的服务。环球网系统是建设在美国安全第一网络银行 PCINVISION 之上的一种金融管理系统，利用该系统，用户能够通过因特网访问自己最新的账目信息，获取最近的商业报告或通过直接拨号实时访问资金状况和投资进展情况，不需要在用户端安装特殊的软件。环球网系统主要是面向小企业主和财会人员设计的，这些人可以利用环球网系统了解公司资金的最新情况，还可以利用环球网系统使用他们的电子邮件与美国安全第一网络银行联系，访问全国或地区性的各种经济状况和各种相关数据。1998 年 10 月，在成功经营了 5 年之后，美国安全第一网络银行正式成为拥有 1860 亿美元资产的加拿大皇家银行金融集团（Royal Bank Financial Group）旗下的全资子公司。从此，SFNB 获得了强大的资金支持，力图继续保持在网络银行领域内的领先地位。随着美国网上银行的不断发展，网上银行的作用越来越重要，于此同时也带来了诸多风险，网上银行的安全问题日益突出，网上银行的交易也日益面临着更多的安全问题，例如，银行交易系统被非法入侵；信息通过网络传输时被窃取或篡改；交易双方的身份识别；账户被他人盗用。因此，除了在技术层面加强对网上银行交易安全的管控，更需要通过法律手段来切实保障网上银行的交易安全。

二、美国网上银行交易安全的主要立法

（一）1952 年《统一商法典》（UCC）

美国《统一商法典》是由美国法学会和美国的统一州法全国委员会于 1952 年合作制定的，被美国各州议会分别采纳，共 10 编 406 条，内容包括总则、买卖、商业票据、银行存款和收款、信用证、大宗转让、仓单、提单和其它所有权凭证、投资证券、担保交易、账债和动产契据的买卖、生效日期和废除效力。《统一商法典》在美国商事法律中占据重要地位，并在一定程度上体现了英美法系的商事法律原则，但它并不因此成为一部独立的法典，它并没有对所涉及的商事交易作出全面的法律规定，对于没有涉及的大量问题，仍需要依靠美国的普通法。[1] 为了适应电子商务发展的需要，《统一商法典》特意在第 4A 编对电子商务中的重要环节——电子资金划拨进行了规定。电子资金划拨与网上银行的交易安全息息相关，对完善网上银行交易安全的法律规定具有重要意义，其主要通过支付命令与安全程序两个方面来进行规制。

1. 支付命令

"支付命令"是美国《统一商法典》第 4A 编中用以表示电子支付指令的概念，其类似于各国票据法中的"汇票""支票"等概念。根据美国《统一商法典》第 4A 编的规定，支付命令指发送人对命令接收行所发出的一项指令，

---

〔1〕 参见邹瑜、顾明主编：《法学大辞典》，中国政法大学出版社 1991 年版。

这项指令以口头方式、电子方式或书面形式传送，是支付或使另一家银行支付固定的或可确定的货币金额给受益人的指令。支付命令须同时具备以下条件：

第一，支付命令的发送对象限于"银行"，美国《统一商法典》第4A编将通过银行系统外的小额交易支付排除在了调整范围之外，因此，《统一商法典》第4A编的调整范围限于大额支付系统；第二，除了支付时间外，指令不得附加条件；第三，指令的金额必须是固定的或可确定的；第四，支付指令的发起方须是付款人一方，该法调整所有由支付的付款人发动银行程序的贷记支付，排除适用由收款人所发动的借记支付；第五，指令须由发送人直接传送给接收银行，或通过其代理人、资金划拨系统或通讯系统传送给接收银行。该法将非直接传送给银行的，以支票或信用卡等为工具的支付排除在了适用范围之外。此外，通过非银行金融机构进行的支付也处于适用范围之外。[1]

2. 安全程序

安全程序[2]是美国《统一商法典》第4A编创设的一种认证方法，是为检测欺诈及解决损失分担而创设的概念，通过用户和银行订立协议的方式建立，其目的在于确认支付命令的发出人是否是用户本人或经过用户授权，以及确认支付命令在传递过程中是否出现错误。如果安全程序通过协议的方式在用户和银行之间建立起来，那么在大额电子支付系统中的欺诈损失分担将适用美国《统一商法典》第4A编的规则加以解决；如果安全程序未在用户和银行双方之间建立起来，那么在大额电子支付系统中因欺诈所造成的损失，应通过美国《统一商法典》第4A编以外的原则，特别是代理法的原则在当事人之间进行分配。[3]

（二）1999年《统一计算机信息交易法》（VCITA）

美国《统一计算机信息交易法》作为世界上全面调整直接电子商务的第一部法律，为美国计算机网上交易提供了基本的法律规范，对保障网上银行

---

[1] 参见刘颖："支付命令与安全程序——美国《统一商法典》第4A编的核心概念及对我国电子商务立法的启示"，载《中国法学》2004年第1期。

[2] 安全程序，是指由客户和接收行基于以下目的合意建立的程序：（1）为证明该支付命令的修改或撤销和有关通信是出自该客户的，或（2）为发现传输中或支付命令和通信内容的错误的。

[3] 参见刘颖：《电子资金划拨法律问题研究》，法律出版社2001年版，第192页。

的交易安全也提出了基本的规范要求。

在计算机信息交易合同的成立和效力方面，该法从电子商务的特点出发，提出了"电子代理人"的概念，对借助计算机程序或自动化系统订立的合同效力予以承认。该法规定，电子代理人的意思表示具有法律上的约束力，通过电子代理人订立合同的双方当事人之间成立合同法律关系，受到合同内容的约束。在一方是自然人作为交易相对人和电子代理人订立合同的过程中，自然人应当以作出声明或者行为的方式表示其同意缔结的意思。[1]

在格式许可合同方面，依据《统一计算机信息交易法》的规定，格式许可合同是指用于大规模市场交易的标准许可合同，包括消费者合同及其他适用于最终用户的许可合同。计算机信息的提供者拟定的这类合同面向广大公众，基于基本相同的条款提供基本相同的信息。这类合同的最大特点就在于具有非协商性，一方提供了格式条款之后，对方要么全部接受，要么全部拒绝，没有讨价还价的余地。由于网上交易大量采用自动格式许可合同的形式，因此，为了保护格式合同相对人的利益，该法对这种合同的约束力作出了专门的规定，但未就格式条款内容向对方当事人履行提示说明和告知义务的，对方当事人不受格式条款的约束。[2]

此外，由于网络上的交易活动从缔约到履行基本上是自动完成的，有些不法之徒便借机从事违法或欺诈活动，因此，VCITA 规定计算机信息的提供者对其提供的计算机信息负有担保的义务[3]。具体而言，计算机信息提供者应当担保其许可的专利权或其他知识产权在其所属国的领域内是合法、有效的，如果计算机信息提供者不想承担担保义务，它必须向接受者作出清楚的说

---

〔1〕 例如，当申请注册免费电子邮件地址的用户，登录到电子邮箱提供者的网页上，要求注册电子邮件地址时，网页会出示一份很长的格式合同，详细规定了用户使用电子邮件的条件和要求，最后则是一个很大的表示同意的图标，如果用户点击了这一图标，就表示同意注册电子邮件的全部合同条件，并将这一同意的意思表示发送给对方的电子代理人，用户与电子邮箱提供者之间的合同就成立了。

〔2〕《统一计算机信息交易法》规定，格式许可合同的对方当事人只有在对合同条款表示同意的情况下，才受合同约束。如果有些格式条款不易为人所察觉，例如字体过小、含义模糊或者相互冲突，则不对格式合同的相对人具有约束力。在这种情况下，即使格式合同的相对人已经付了款，支付了有关费用甚已遭受了损失，格式合同的提供方应当予以合同补偿。

〔3〕 即担保其提供的计算机信息不侵害任何第三方的权利，在许可期间被许可人的利益不会因为任何第三方对计算机信息主张权利而受到损害。

明〔1〕。

（三）2000 年的《国际和国内贸易电子签名法案》（Esign Act）

2000 年签署生效的《国际和国内贸易电子签名法案》（Esign Act, Electronic Signatures in Global and National Act）（以下简称《电子签名法案》）在电子商务领域是一部非常重要的立法，其显著的特征之一是采纳了"技术中立"的立法模式，通过不强制要求使用某一特定的电子签名技术的立法方式来促进电子签名技术的推广运用，其主要的内容具体如下：

第一，规定电子签名的适用范围。该法规定的电子签名的适用范围，包括一切影响到国内和国外的商业交易合同、协议和记录，以及《1934 年证券交易法》管辖范围的事项。

第二，明确电子签名的效力。《电子签名法案》并没有规范电子签名的形式和认证规则，而是将其工作重点放在了如何确定和查证这些电子文件签名人的真实身份和其真实意图上，能够使得电子合同准确地订立。该法案不但认可了电子签名与手写签名一样具有相同的法律效力，也认可了电子合同和电子记录与传统书面合同一样具有相同的法律效力；该法案不仅将"数字签名技术"纳入了"电子签名"的范畴，还为未来可能出现并投入使用的其他类型的电子签名技术方案提供了被认可的空间；该法案也明确其规定不影响现有关于合同、记录必须采用书面、签名或电子形式以外的其他形式的法律要求。

第三，对于电子签名的使用需要事先征得消费者的许可。消费者在进行交易时拥有自由选择进行电子交易形式的权利。如果消费者选择线上交易作为本次的交易方式，则必须以电子方式对其意思表示进行确认。《电子签名法案》规定，公司必须在消费者作出是否同意的意思表示之前通过明示的方式告知消费者，其本人拥有获得一份非电子形式的记录和撤回其意思表示的权利，以及取得保留电子记录所需要的硬件和软件条件的权利。而对于消费者向公司所作出的意思表示，需要通过书面形式作出。

《电子签名法案》的特点在于：首先，《电子签名法案》通过"技术中立"的立法模式明确表明保障线上交易安全的电子认证方式并不唯一，未来

〔1〕　例如，在计算机信息的网上自动交易中，标明在您享用信息之时，如受到干扰，提供者不承担担保责任。

可以有更先进、更安全、更便捷的电子签名技术方案出现并投入市场；其次，与欧盟的《九五指令》的相关内容进行比较，《电子签名法案》具有重要意义的部分便在于，它试图通过为电子交易的可靠性和安全性构建一个法律框架的方式，采取自由化的和非歧视的市场手段，通过企业本身和行业内部的自律，限制行政手段对电子认证行业的非适当干预，放弃法律规范对电子签名技术标准作出强制性规制方案；最后，《电子签名法案》规定了州制电子签名法不得有悖于该法案的原则，有助于避免参差不齐的联邦州法限制其国内新型电子签名技术方案的进步，有助于推动互通性电子签约系统的构建，有助于构建较为完备的电子签名规范体系。

第二节　欧盟网上银行交易安全保障义务的法律规定

在全球电子商务的发展潮流中，欧盟国家一直致力于促进电子商务在其成员国内部的发展。而良好的立法保障对电子商务的快速健康发展起到不可或缺的重要作用，欧盟曾相继颁布了一系列保障和促进电子商务发展的重要法律文件，其中就包括了对网上银行交易安全的一系列法律规定。其中 1999 年的《关于建立电子签名共同法律框架的指令》和 2000 年的《电子商务指令》构成了欧盟国家电子商务立法的核心和基础。

一、欧盟网上银行交易安全的主要立法

（一）2000 年的《电子商务指令》

《电子商务指令》是欧盟一部全面规范关于开放电子商务市场、电子交易、电子商务服务提供者责任等重要问题的法律规范。欧盟各成员国需要在规定的期限内，将《电子商务指令》中的具体规定转化成国内法。与一般的法律规范截然不同，《电子商务指令》具有地区性国际条约的性质。《电子商务指令》的主要内容如下：一般规定（第一章，第 1～3 条，涉及适用范围、基本定义和内部市场等）；基本原则（第二章，第 4～15 条，涉及前置审批排除原则、信息披露、商业通信、电子合同、中间服务提供者责任和一般监测义务排除等）；实施规定（第三章，第 16～20 条，涉及行为准则、庭外争端解决、法庭诉讼、跨国合作和罚则等）以及最终规定（第四章，第 21～24

条，涉及再评估和内国贯彻等[1]。

首先，《电子商务指令》的适用范围并不局限于狭义的电子商务，而是具有相当的一般性，包括提供所有"信息社会服务"，例如搜索引擎、在线销售产品或者服务等的情形，作为其规范体系的核心，构成"信息社会服务"必须同时具备四项条件：（1）一般属于有偿服务；（2）远距离提供；（3）通过电子手段；（4）应接受服务方的个别要求而提供。此外，《电子商务指令》明确规定其不适用于以下事务：（1）税收事宜；（2）数据保护；（3）博彩活动。其次，关于基本的监管要求，《电子商务指令》第3条明确规定，在欧盟法协调领域内，各成员国不应当限制成员国之间跨国提供"信息社会服务"的业务自由（信息社会服务自由流动原则），当然，这一原则要求不涉及知识产权、消费者合同以及当事方选择适用法自由等事项。再次，《电子商务指令》在实体层面设计了信息社会服务的自由流动原则，其适用例外必须满足以下前提条件：（1）出于公共政策、公共卫生防护、公共安全或者消费者保护目的而采取必要的限制措施；（2）该措施应当符合比例性要求（Proportionality）。此外，指令在程序层面设计了信息社会服务自由流动原则适用例外必须履行的强制报告义务（Notification Obligation），据此，如果成员国意图引入限制性措施，必须及时向欧盟委员会做出报告，由后者评判所涉措施与欧盟法的兼容性。最后，需要指出的是，《电子商务指令》第4条特别强调，各成员国不得针对信息社会服务提供者设定前置批准程序，也不得采取具有同等效果的其他类似措施。

（二）2014年的《电子身份和信托服务规范》

欧盟委员会于2014年颁布了《电子身份和可信服务规范》，并废除了1999年的《电子身份和信托服务规范》。2014年的《电子身份和信托服务规范》在继承1999年的《电子身份和信托服务规范》的基础上，进一步提出了电子身份管理的问题。《电子身份和信托服务规范》采取双重政策原则：一方面，确保电子签名认证服务市场自由开放，规定"成员国不得将认证服务业务至于预先批准的制度之下"；另一方面，授权成员国"建立或维持旨在改善服务水平的资源特许制度。[2]《电子身份和信托服务规范》提出一个涉及电子签

〔1〕　载《官方公报》（Official Journal）L. 178，2000年7月17日，第1~16页。

〔2〕　参见李双元、王海浪：《电子商务法若干问题研究》，北京大学出版社2003年版，第33页。

名和电子认证服务提供者的法律框架，它依据交易敏感度的不同，将电子签名依其安全水平的高低分为"基本电子签名"和"高级电子签名"，前者适用于低水平交易，后者适用于需要较高安全水平的交易。但《电子身份和信托服务规范》并没有提出具体的技术导向，偏向于采用数字签名。《电子身份和信托服务规范》提出了电子签名的非歧视原则，但它要求"高级电子签名"必须满足国内法的形式条件，而且事实上只将数字签名视为效力等同于手写签名的电子签字方式。此外，它规定电子签名作为证据不得因其为电子形式而被拒绝，具有可强制执行力和可采证力。但《电子身份和信托服务规范》规定的内容非常有限，所有关于合同或非合同义务的规定被排除在《电子身份和信托服务规范》的范围之外，关于合同订立、效力的问题也必须符合国内法或欧盟法律所规定的条件。

总的来说，《电子身份和信托服务规范》采用了"双轨"模式，集中了欧盟每个成员国对电子签名技术方案的不同规范，明确了电子签名安全的基本要求，重点关注电子签名以及电子认证服务提供者所应当具有的综合性条件。但依然有不足之处：第一，虽然《电子身份和信托服务规范》承认市场将会在电子签名技术的进一步发展上起到关键性的作用，但同样认为，由于市场所具有的固有弊端，市场需求不能够清晰准确地给予电子签名服务提供者以正确的发展方向，电子签名市场的蓬勃发展既需要行业内部的自律调整，也需要法律规范的调整，而政府永远是发挥主导性质的力量；第二，虽然《电子身份和信托服务规范》将数字签名视为具有完全等同于签章的效力，且认可了其他电子签名技术方案所具有的法律效力，但其法律约束力却要取决于各成员国的国内法规定；第三，虽然《电子身份和信托服务规范》详尽地规定了电子认证服务提供者的责任，但对于认证证书持有人的责任和消费者对电子认证服务提供者所享有的权利却没有作出具体规定。[1]

二、欧盟网上银行交易安全立法的主要特点

（一）立法目的在于制定统一的规则

欧盟各成员国的国内法有关电子商务的规定存在诸多不同，加上电子商务本身所具有的跨区域流通的特点，这势必对电子商务在欧盟内部的发展产

---

〔1〕 参见王一怀："欧盟与美国的电子签名法述评"，载《信息网络安全》2006 年第 10 期。

生极大的法律障碍。一个成员国的国内法将极有可能限制来源于另一成员国的电子商务进入其国内市场，从而阻碍电子商务在欧盟内部的统一运用。此外，还可能会造成适用于电子商务的法律规范的不确定性。为此，欧盟意图建立一个清晰的、概况性的法律框架，以协调欧盟成员国之间就有关电子商务的法律问题达成共识。考虑到电子商务的全球性，欧盟还在与其他国家和地区共同探索全球性的电子商务法律规则。

（二）用信息社会服务来概括各类电子商务活动

欧盟使用"信息社会服务"[1]（information society services）一词来概况各类电子商务活动。信息社会服务涵盖的范围很广，例如，通过计算机网络进行货物买卖、在计算机网络上提供信息或者商业性宣传等行为都属于信息社会服务。有些服务在本质上不能以电子方式远程提供，例如，法定的公司账目审计，或者需要对病人进行现场检查的医疗服务，不属于信息社会服务。欧盟法律协调的范围只包括在线信息、在线广告、在线购物、在线签约等通过计算机网络进行的经贸活动，不涉及安全、标识、产品责任、货物运输和配送等网下的活动。欧盟要求成员国保障信息社会服务在联盟统一市场内的自由流通，不得要求从事信息社会服务的企业在建立和提供之前履行任何审批手续。

电子商务跨国界流通的性质使法律的适用成为难点。欧盟虽然不主张建立任何新的冲突法规则或者管辖权规则，但是认为依照原有规则适用的法律不应限制提供信息社会服务的自由。欧盟法律规定，为了保证法律适用的确定性，信息社会服务应当受服务提供者所在国[2]法律的管辖。一个公司通过互联网网站提供服务的所在地不是指支持网站运行的技术所在地或者网站可以被访问的地点，而是指网站从事经济活动的地点，例如，一个公司不论将其网站服务器设在哪个国家，也不论其网站能够在多少个国家被访问，只要其主要营业地设在欧盟某个成员国内，就要受该国法律的管辖。[3]如果某个

---

〔1〕　信息社会服务一般是指在接受服务的用户的要求下，通过处理和存储数据的电子装置远程提供的服务。

〔2〕　服务提供者所在国是指在一段时间内实际从事经济活动的固定的机构所在国，例如，公司总部所在国或者主要营业机构所在国。

〔3〕　参见［英］戴恩·罗兰德、伊丽莎白·麦克唐纳：《信息技术法》，宋连斌等译，武汉大学出版社 2004 年版，第 97 页。

从事信息社会服务的公司为了规避欧盟某个成员国的法律，故意选择将营业机构设在另一成员国内，那么前一成员国有权对设立在他国但其全部或大部分活动是在本国实施的服务提供者适用本国法律，以制裁该服务提供者规避本国法律的行为。

第三节　日本网上银行交易安全保障义务的法律规定

日本于 2000 年通过的《电子签名及认证法》对于促进日本电子商务的发展起到了重要作用。该法涉及电子签名的立法原则、宗旨、电子签名的种类与效力、认证机构的职能及其认定条件、承认外国认证机构颁发电子证明书的效力问题、指定调查机构的标准以及对电子签名犯罪的惩罚等，旨在规范日本电子商务活动，确保信息的真实性和可靠性，为跨境电子商务交易活动的发展创造条件。

一、《电子签名及认证法》的主要内容

（一）《电子签名及认证法》基本原则

1. 确保交易的安全性和可预测性

《电子签名及认证法》的主要目的便是降低线上交易的安全风险，保障线上交易安全性和交易情况的可预测性。此前，当地的相关法律通常都是根据个案的实际情况对于文书上签章的真伪进行判断。由于电子商务通常具有固定的交易方式，即通过计算机网络的电子信息交换来签订合同、完成交易，其记录在计算机或磁盘等载体中的内容是被法律所认可的。所以，针对电子商务领域所应用的认证模式，需要从法律的角度构建详细的效力条件，让交易当事人可以评判交易中所具有的风险程度，从而让电子商务交易更加安全，推动电子商务有序发展。这不但是《电子签名及认证法》的基本任务，还是其必须坚持的原则。只有线上交易的可预测性以及安全性能够优先得到强有力的保证，才能够充分发挥电子商务高效便捷的特点，这不但离不开技术上安全方案的大力支持，以降低其中存在的技术风险，而且需要法律上的充分保障来降低其中存在的法律风险。例如，《电子签名及认证法》通过明确加强电子签名技术方案的安全标准，设置专门的认证资格和认证规则等详细的认

证机制，构建能够令消费者感到安全的在线交易环境，减轻消费者对线上交易风险的担忧，使线上交易的安全程度和过去书面形式保持基本一致。

2. 坚持"技术中立"的立法模式

《电子签名及认证法》对电子签名技术方案秉持着中立态度。电子商务作为一种新兴产业，涉及的参与者包括硬件制造商、软件开发商、信息供应商和消费者等众多主体，而要实现双方利益的均衡，达成公平的目标，必须保持"技术中立"的立法模式和实施中立。[1]目前，世界上的众多国家通常采用数字签名技术方案作为主要的电子签名技术方案，但考虑到法定电子签名技术对技术进步和技术垄断的影响，许多国家的立法者并未排斥其他种类的电子签名技术的法律效力，并且还为新型电子技术的本国适用提供了空间。由于电子签名技术通常伴随现代科技手段的进步而飞速发展，为了规避法律的滞后性问题，推动和鼓励研发更多有关电子签名的新式技术方案，保障使用者可以根据自身的交易需求具备自由选择电子签名技术的权利，日本《电子签名及认证法》采用了"技术中立"的立法模式。《电子签名及认证法》依旧采用了数字签名作为基本框架，这样做一方面是为了让电子签名制度可以在社会实践中得到广泛的应用，另一方面也是为设置其他有关规定保留足够的空间，进而契合电子签名技术发展的需要。对于实施中立来说，随着国际互联网技术不断成熟并得到广泛应用，国家间的商贸联系也越来越多，对于本国以及跨国的电子商务活动必须同等对待，对于国外和日本本国的认证机构需要具有一致的认证标准，享有同等待遇，对于彼此的认证规则和认证结果能够互相予以承认，进而使认证程序变得更加方便快捷。为了促进国际间电子认证服务提供者能够得到同等待遇，该法规定国外的电子认证服务机构必须经过本国主管机关的认定。契合日本的电子签名技术标准，得到日本国内主管机关认可的国外电子认证服务机构所签发的电子证书，具有和日本国内的电子认证服务机构所签发的电子证书同等的法律效力，以此解决不同国家间电子签名认证效力的承认问题。

3. 尊重电子签名人的意思自治

《电子签名及认证法》充分尊重电子签名人的意思自治。在电子商务交易

---

〔1〕　参见宋锡祥："论日本《电子签名法》及其对我国的启示"，载《政治与法律》2003 年第 5 期。

的整个过程中，《电子签名及认证法》通过将当事人的意思自治作为基本的指导原则，给予当事人更加充分的意思表示空间和切实的法律保障。由于电子认证服务机构在电子签名中具有不可或缺的地位，其在电子交易中扮演着认证数据信息真实性和可靠性的角色，所以，需要有关行政机构制定一定的技术标准和认证标准。只要电子签名技术方案达到有关行政机构所设计的技术标准和认证标准的要求，即可获得法律的认可，使电子签名具有法律效力。至于电子认证服务机构是否接受有关行政机构的认证，由电子认证服务机构自主决定，法律并不加以强制性要求。以及电子签名人是否会选择使用该种电子签名技术方案，或者选择何种电子签名技术方案，亦由电子签名人自主决定，法律也并不加以强制性要求。这种做法旨在减少法律规范对电子签名的技术进步可能产生的束缚，使电子商务领域更好地贯彻当事人的意思自治原则。

诚然，电子认证服务机构应按照不同用户的不同需要，给予用户相应的电子认证服务，保障电子签名人具有自由选择电子签名认证方案的权利，进而保障电子认证服务行业实现有序稳步发展。具体而言，在订立传统书面合同的交易中，交易当事人能够根据交易的内容、交易的风险等影响因素，选择签名、盖章亦或出具证明书中的一种或几种方式作为认证书面合同内容的方式。那么在电子交易的过程中，当事人也同样可以根据交易的内容、交易的风险等影响因素，选择一般电子签名技术方案亦或是拥有推定效力的电子签名技术方案作为电子合同的认证方式。电子交易用户可自行选择何种电子认证方案，而交易成本、交易风险等因素将成为客户自行作出抉择的重要依据。

(二)《电子签名及认证法》的基本规定

1. 对数字签名的规范化定义

日本《电子签名及认证法》从技术前瞻性的观点出发，在保持技术中立的同时，对数字签名作出了定义，其第2条[1]规定"数字签名"应当具备以下要件：构成"数字签名"的信息能够表明该信息系由实施该措施的人所作出的；可以确认该信息自作出之时起未经过任何形式的改变。数字签名以技

---

[1]《电子签名及认证法》第2条规定：依据本法之目的，"电子签名"系指对可记载于电磁记录（由电、磁及自然识别能力不能识别之其他方式生成并用于计算机数据处理）中的信息所采用的一种措施。

术为中心，因此，由利用指纹、虹膜等生物学技术而做成的数字签名，当然属于这部法律调整的范围。[1]

2. 关于电子认证服务提供者的规定

电子认证中最为基础性的问题当属电子认证服务提供者的运营主体资格问题。在日本，由法务省民事局下辖的法务局开具法人的印鉴证明书，由地方自治体负责开具自然人的印鉴证明书，所以具有更高的可信性和真实性。然而，《电子签名及认证法》规定了电子认证服务提供者能够让民间机构负责营运，因此，就必须明确何种机构具有安全性以及何种机构值得信赖这个问题。在《电子签名及认证法》关于认证业务相关的规定中，对作为最低标准的"特定认证业务"作出了定义。经营者希望进行特定业务认定时，应当提请主管大臣进行认定，只有获得认定许可的经营者，才能进行该项业务。主管大臣在开展认证调查工作时，有权指定调查机关进行全部或部分事项的调查。通过认定的经营者，可以将所获证明向社会大众公示，借此获得电子签名人的信赖。此外，为了保持社会对电子认证业务的信赖，电子认证服务提供者应当对电子签名人承担一定程度的保护义务，主要包括与业务有关的账簿文件的制作及保管义务、禁止无权使用信息资料、基于主管大臣要求提交报告及接受例行检查的义务等。[2]

事实上，政府不应当对民间电子认证机构自由从事电子认证业务的权利加以过度限制，民间机构也可以成为电子认证服务的经营主体。但在这种情形下，民间电子认证机构在社会上所具有的可信赖程度就成为其推广电子认证业务的关键。传统的印鉴登记制度下，法人到法务局、自然人到地方公共团体进行登记，其本意是基于公权力更值得信赖，但是一味地以是否由公权力进行认证来判断效力时，民间认证机构的存在就没有必要了。

3. 电子认证服务提供者的责任问题

对于电子认证服务提供者的责任承担问题，如果是由于电子认证服务提供者的原因产生了电子认证错误造成电子签名人或者电子签名信赖人损失，因为《电子签名及认证法》并未对责任承担问题作出相应的规定，则应当适用其他的法律规范中的责任分配规则。大体有以下几种情况：第一，如果是

---

〔1〕　参见张楚：《电子商务法初论》，中国政法大学出版社 2000 年版，第 174 页。
〔2〕　参见李柯："日本《数字签名及认证法》评析"，载《河北法学》2002 年第 5 期。

电子认证服务提供者（民间的电子认证机构）工作不负责任，在没有确认电子签名人其本人身份的情况下而发出了认证证书，致使经营者信任证明书的可靠性而做了交易因此遭受了损失的，那么经营者可以依据民法的规定向电子认证服务提供者主张民事赔偿责任；第二，电子签名人到行政机关或地方公共团体的电子认证服务提供者申请认证证书时，由于该电子认证服务提供者的工作人员在履行职务时行使的是公权力，如果因为工作人员的过错给当事人造成的损害，因为认证机关是地方公共团体的组成部分，那么当事人有权根据国家赔偿法的规定向有关机构主张赔偿责任；第三，如果是由于第三人冒用当事人的身份资料去办理电子签名申请的，由于地方公共团体认证机构的职员的过错，错误地向冒名人发出了电子签名的，被冒名人可以根据国家赔偿法的有关规定向地方公共团体主张赔偿责任。

此外，对于电子认证服务提供者所需要承担的民事责任是否需要加以限制，如果需要对电子认证服务提供者所需要承担的责任范围加以限制的话，又应当将责任范围限定在何种程度，才能实现电子认证服务提供者的权益保护和电子商务交易双方权益保护的动态平衡，既能使得电子认证行业加速发展，又能避免因为对电子签名行业的过度保护阻碍该行业的发展，是一个值得探讨的问题。如果将电子认证服务提供者需要承担的责任范围无限制地加以扩大，就会给电子认证服务提供者，尤其是民间认证机构造成巨大的经济压力，甚至会影响到电子签名机构的存续问题。由于电子认证服务提供者与电子签名人之间存在的法律关系是一种合同关系，电子认证服务提供者作为合同的一方当事人在享有合同中所约定的权利的同时，也要履行合同中所约定的义务。立法中应当根据电子认证实践中存在的情况，在电子认证服务提供者的权利与义务之间达成动态平衡，要在责任范围方面研究出一个使当事人双方都能够尽可能满意的分配方案，要以民法的公序良俗原则为基础来进行设定。

4. 电子数据在民事诉讼法中的地位

针对电子数据在民事诉讼法中处于何种地位的问题，该法仅仅对电子数据的成立作了推定性的规定。与其他国家的法定证据主义相比，日本采用"自由心证主义"制度，即原则上一切与待证事实有关的材料皆可以作为证据向法院提交，但是对于被提交的证据的真实性、关联性以及证明力的大小，则由法官在合理的范围自由地做出判断。在日本《民事诉讼法》的规定中，电子数据应当在验证是否真实之后由法官决定其是否可以作为证据使用。在《电子签名及认证法》颁布之前，在日本的判例中存在将电子数据视作准文书的观点，即被视为纸质的文书予以对待，但在提出时应当连同内容和程序文档一同提交，这就说明在电子数据作为证据提交时，亦应当承担上述义务。在《电子签名及认证法》中规定今后电子数据作为证据提交时，可以在不经过验证的情况下直接以准文书作为证据提交，在这种情况下，电子数据的载体必须具备可视性，以便供法庭质证时使用，连同电子数据一同提交法庭。

二、日本有关电子交易的政策走向

（一）电子签名及其认证系统

在 20 世纪末到 21 世纪初，日本政府相继颁布了旨在促进电子认证行业发展进而推动电子商务发展的政策性文件[1]和打造"数字化日本"的行动纲领[2]，这些政策性文件和行动纲领主要提到了以下几项内容。第一，在现行法律缺乏对电子签名、电子认证系统的法律地位及效力明确规定的情况下，需要制定新的规范性文件，通过赋予电子签名像书面签名一样的法律效力的方式来确保电子签名的法律效力，解决网上交易的安全问题，进而树立公众对电子商务的信心；第二，关于电子签名的国内立法应当从互联网的国际属性出发，注意与美国及欧盟的相关立法保持协调一致，推动日本的电子认证机构能够顺利进入国外的电子签名市场，使日本的电子签名技术方案能够得到其他国家的认可，同时国外电子认证机构所提供的电子签名技术方案也能被日本国内所接受和认可；第三，继续强调电子签名认证系统对发展电子交易的重要意义，并分析了立法者对几类具体的电子认证系统所持有的态度。此外，还建议着重开展以下工作：明确电子签名的法律地位；保障电子签名所使用技术的中立性和认证组织活动的自由；保障用户选择认证服务的自由；保护个人隐私及公司及其他组织数据的安全；保持与国际通行做法相一致等。

（二）网络服务提供者的法律责任

线上交易的安全离不开网络服务提供者的服务保障，安全、稳定、可靠

---

[1] "与电子签名和认证有关的法律条款——促进电子商务并为基于网络的社会和经济活动奠定基础"的政策性文件，由日本邮政省、通产省及法务部联合草拟，并于 1999 年 11 月公布。

[2] "数字化日本之发端——行动纲领"，由日本政府组织的"下一代国际互联网政策研究小组"于 2000 年 6 月推出。

的网络服务对于线上交易的进行具有十分重要的意义。但是，当网络服务提供者提供越来越多的增值服务之后，其所要承担的法律风险也随之增加。[1]在借鉴了美国以及欧盟等国的相关立法经验和实施效果之后，出于推动本国网络行业发展的考虑，日本认为应当对网络服务提供者所需要承担的法律风险加以适当的限制。对于如何限制网络服务提供者所需要承担的法律风险，日本提出了以下建议：第一，鼓励网络服务提供者在事先向相对人履行提示说明和告知义务的情况下通过责任限额条款、免责条款等方式适当减轻、免除所需要承担的部分责任[2]；第二，在制定任何关于调整网络服务提供者责任的法律规范时，一定要充分考察、研究和借鉴其他国家的相关立法经验，从全球化的视角出发，构建网络服务行业的法律规范；第三，鼓励网络服务提供者研发新的技术手段，通过实施相关技术手段，避免侵犯他人的知识产权。

第四节　新加坡网上银行交易安全保障义务的法律规定

一、1998 年《电子交易法》的规定

由于新加坡 1998 年《电子交易法》颁布的时间较欧盟的《电子商务指令》及美国的《统一计算机信息交易法》都早，而且在内容和体例上具有独到之处，因此不仅在亚洲地区，而且在世界范围内都产生了较大的影响。如果说研究欧盟、美国、日本的电子交易立法是为了考察发达国家和地区电子交易立法的特点，那么新加坡立法活动则为我们研究新兴工业国家的电子交易立法提供了很好的材料。新加坡的电子交易立法主要涉及三个核心法律问题，即电子签名、电子合同的效力和网络服务提供者的责任问题，其中，有关电子签名的法律规定占据了大量的篇幅，是该法最核心的内容。

电子签名是电子交易立法必须首先解决的问题，否则网上交易者需要直面较高的安全风险。1998 年《电子交易法》详细规定了电子签名的一般效

---

　　[1]　网络服务提供者的责任风险主要包括侵犯知识产权的责任、传播诽谤他人信息的责任、传播非法和有害信息（如色情信息）的责任、提供咨询服务产生的责任以及提供中介服务产生的责任。

　　[2]　例如，网络服务提供者事先向用户说明其服务的性质和责任的范围，以合同形式限制网络服务提供者可能承担的责任。

力、特定类型的"安全"电子签名技术及其法律意义、使用电子签名者的义务、电子签名认证机构的义务等重要问题。该法主要关注以下几个方面的内容：

首先是立法模式。电子签名需要借助某种技术手段才能发挥传统书面合同中签章的认证作用[1]，不同的电子签名技术方案具有不同程度的安全性与可靠性。那么为了保障电子签名技术方案的安全与可靠，是否有必要通过立法的方式将特定的电子签名技术方案固定下来，以避免市场上不同安全性能的电子签名技术方案鱼龙混杂。但以立法的方式将某些电子签名技术特定化，又有可能因为法律规范的滞后性阻碍新型电子签名技术方案的研发和应用，最终阻碍电子签名技术的进步。对此，新加坡的立法者一方面设定电子签名技术的最低限度要求[2]，另一方面则在区分安全电子签名[3]和不可靠电子签名[4]的基础上对一些电子签名技术赋予更强的法律效力，对电子签名技术

---

〔1〕　例如，交易双方对于涉及房地产买卖等巨额或大宗的交易文件，为了确保盖章的真实性，用印一方需在盖章之前将印章提交公证机关登记，并申请印章证明，再将印章证明与盖过章的文件一起送交对方，收到的一方将印章证明与文件印章相对比，在认定两者一致的情况下，方确认文件的真实性。同样，在采用公共密钥技术的电子签名中，在使用电子签名之前，签名一方须将其公共密钥交由一个可依赖的第三方安全认证机构进行登记，并由该机构签发电子凭证。签名一方在用私人密钥在文件上签名之后和电子凭证一起交给接收文件的对方。对方通过电子凭证用公共密钥验证电子签名的正确性。

〔2〕　新加坡 1998 年《电子交易法》在第 2 条中对电子签名的含义作出了规定，电子签名指任何以数字形式表现的任何字母、字符、数字或其他代码，其特征是附随于电子记录之后，或与之具有逻辑关系，或为了认证或批准某一电子记录而执行或采用的代码。

〔3〕　新加坡 1998 年《电子交易法》第 20 条规定了以数字签名形式签署的电子记录的任何部分，如果符合特定条件，该数字签名得视为该电子记录中安全的数字签名。这些条件分为两部分，第一，数字签名在有效证书的失效日期内签署，而且能够用证书内指出的公共密钥加以证实；第二，该有效证书由于以下原因，构成公共密钥与个人身份的准确连接，从而成为可靠证书：（1）证书由授权认证机构依照《电子交易法》第 42 条的规定核发；（2）证书由新加坡以外的外国认证机构核发，该外国机构由管理官员按照本法第 43 条规定予以认可；（3）证书由政府部门、国家机构或公共公司核发，该政府部门、国家机构或公共公司由部长在其符合法定条件时批准行使认证机构的职能；（4）当事人明示同意双方将数字签名作为安全程序，并且数字签名经过发布人的公共密钥证实。除非有相反证据证明，否则，授权认证机构发布的证书如果为登记人接收，那么其中包含的信息应视为准确信息。

〔4〕　新加坡 1998 年《电子交易法》第 22 条规定：除非法律或合同另有规定，如果数字签名符合本法规定的合理因素，那么个人依赖该数字签名签署的电子记录承担数字签名无效或数字签名不真实的风险。这些合理因素包括：（1）依赖于数字签名签署的电子记录的个人知道或已经注意到有关事实，包括证书中列举的事实或包含在其他附录中的事实；（2）如果知道数字签名签署的电子记录的价值及其重要性；（3）依赖数字签名签署的电子记录的个人和登记人之间有处理过程，已经可以获得的数字签名之外的签署是否可靠的其他情况；（4）使用任何交易方式，尤其是使用可靠系统或其他电子交易方式执行交易。

的选择作出法律指引。

其次是电子签名认证机构的审核。电子签名认证机构在电子签名制度中占据重要位置。普遍认为设立电子签名认证机构存在两种方式：一种是由政府或者经授权的机构作为电子签名认证机构，以政府信用作为担保；另一种则是通过市场的方式建立，在市场竞争中建立信用。从1998年《电子交易法》的规定来看，新加坡采取的是后一种方式。但是，新加坡对电子认证机构的管理有着非常严格的法律规定。第一，该法要求由政府任命一个电子签名认证机构的管理机构，负责许可、证明、管理和监督安全认证机构的活动；第二，该法规定了所有从事电子认证业务的机构都必须遵循的统一认证标准；第三，电子签名认证机构可以自愿向管理机构申请许可，虽然管理机构的许可并不妨碍电子签名认证机构进入市场，但是获得许可的电子签名认证机构可以享受到包括责任限制在内的"优惠"待遇。[1]

最后，1998年新加坡《电子交易法》规定了电子认证服务提供者的责任。电子认证服务提供者在签发电子签名，从事电子认证业务的活动中，需要承担很大的法律风险。《电子交易法》规定了电子认证机构具有使用可靠系统、进行信息披露[2]、保证数字证书安全[3]的义务。如果申请电子凭证的一方提供了虚假的身份信息，而安全认证机构没有通过仔细核查发现这些问

〔1〕 参见郑成思、薛红："国际上电子商务立法状况"，载《科技与法律》2000年第3期。

〔2〕 新加坡1998年《电子交易法》第28条规定了认证机构应披露的事项，包括：（1）一项证书包含与私密钥的公共密钥，另一项证书则是由认证机构用于数码签署的（在本条中指认证机构证书）；（2）任何有关证书的操作陈述；（3）撤销或中止认证机构证书的通知；（4）其他任何能对机构发布证书可靠性或行使服务的能力造成实质影响或不利影响的事实。同时规定一旦发生对机构发布证书可靠性或行使服务的能力造成实质影响或不利影响的事实，认证机构应尽合理程度的努力，通知任何已知或预料知道会受此事件影响的人，并按照证书操作陈述中声明的处理程序处理该事件。

〔3〕 新加坡1998年《电子交易法》第30条对保证数字证书安全作出了规定。第一，认证机构发布一项证书，应向合理的依赖于该证书的或依赖于该证书内载明的证实公共密钥的数字签名的个人作出陈述，说明认证机构发布证书，是依据证书中载明的操作陈述，或依据其他材料，使依赖人能够注意。第二，在未包括证书操作陈述的情况下，认证机构应声明其已确信：（1）在签发证书时，认证机构遵守本法有关规定，在公布证书或以其他方式将证书提供给信赖人之后，证书内载明的登人已接收证书；（2）经识别，证书内登记人持有的私密钥与证书中载明的公共密钥相符；（3）登记人的公共密钥与私密钥组成一对功能密钥；（4）证书中所有信息准确无误，除非认证机构在证书中声明或通过证书的附加材料说明，某些信息的准确性未经核实；（5）认证机构并不知道存在某些基本事实，这些基本事实如在证书中载明，将会对上文1到4所指的可靠性造成下级影响。第三，如果实际的证书操作陈述中包含了一项证书附录，或依赖人已注意到该陈述，即使在披露与操作陈述不符时，上述第二的内容亦发生效力。

题，没有及时告知接收电子签名文件的一方，就需要承担责任。又如，如果某个电子凭证已经失效，安全认证机构却没有及时告知对方，也需要承担责任。在电子商务领域，电子认证服务提供者的地位与网络服务提供者相比具有一定的相似之处，如果立法者不对电子认证服务提供者所要承担的法律风险进行适当限制，电子认证服务提供者为了规避其所需要承担的法律风险，就势必要付出更高昂的成本，而增长的成本也会随之转嫁给电子签名用户，从而增加电子签名用户的负担，不利于电子认证业务的普及，从而阻碍电子认证市场的拓展。对此，包括新加坡在内的世界各国的立法者普遍都对电子认证服务提供者所需要承担的责任加以一定程度上的限制。新《电子交易法》规定，经政府管理机构许可的电子认证服务提供者可以在其与电子签名用户所缔结的订户协议中约定其所要承担的责任限额。[1]

二、2010 年《电子交易法》的规定

新修正的 2010 年《电子交易法》在 1998 年《电子交易法》的框架基础上进行了重新建构，在对原有的体例结构进行了优化的同时，还对内容进行了重大修改。新《电子交易法》的主要特点包括：

首先是适应国际电子交易立法的趋同化走势[2]。在电子商务领域，为了实现国际间调整电子商务法律规范的协调统一，目前主要是依靠国际条约、惯例和示范法等手段来实现的。正是在世界法律趋同化的情况下，联合国在广泛听取了相关专业意见的基础上，制定出了全世界第一个电子交易领域的专门性公约——《国际合同使用电子通信公约》，在电子交易领域统一立法的实践道路上迈出了坚实一步。[3]为了顺应世界法律趋同化的新形势，避免与世界主流国家的相关立法以及有关的国际公约相冲突，新《电子交易法》在

---

　　〔1〕　新加坡 1998 年《电子交易法》第 45 条对经政府管理机构许可的电子认证服务提供者的责任限额进行了规定。第一，如果授权认证机构遵守本法规定，依赖一项虚假陈述或伪造的数字签名而造成损失，该机构对损失不承担责任。第二，如果标准依据限额是由于下列原因造成扩大的费用，该机构不承担证书内载明的额外费用：（1）由于依赖证书中关于授权认证机构应当遵守的陈述错误而造成损失；（2）未能遵守第二十九条和第三十条关于证书发布的规定。

　　〔2〕　法律的趋同化是指不同国家的法律，随着国际交往日益发展的需要，逐渐相互吸收、相互渗透，从而趋于接近甚至趋于一致的现象。

　　〔3〕　参见孙占利："《国际合同使用电子通信公约》：解读与评价"，载《时代法学》2007 年第 5 期。

原有规定的基础上进行了重大调整。增加了对电子原件要求、要约邀请、自动电文系统的运用和电子通信中的错误等方面的规定，完善了发送和接收电子通信时间和地点的确定规则。

其次是坚持电子交易立法的国际化与本土化趋势相统一。互联网作为一个开放性的全球平台，体现了当今社会的全球化趋势[1]，而依托互联网开展线上经营活动的电子商务，也就更易走向世界从而在全球范围内进行。《电子交易法》颁行实施的十多年以来，新加坡的电子交易环境产生了巨大的变动，这些变动反过来也在不断促使立法者根据新的发展形势不断完善与电子交易相关的法律规范。为了适应其国内电子交易环境的变化，新加坡政府在注重有关立法的国际化的同时，也注意到了其国内立法的本土化问题。

最后是增强电子交易立法的适应性和可操作性。为了确保新《电子交易法》的有关认证机构管理制度能够适应新兴信息安全技术的发展，新加坡重新修订了《电子交易（认证机构）规则》，对认证机构实施自愿许可制[2]，但经许可的电子认证服务提供者所签发的认证证书具有证据法上的推定效果。[3]

第五节　对国外网上银行交易安全保护的法律借鉴

通过建立和健全电子合同、电子签名和电子支付的法律制度加强对网上银行交易安全的保障，是世界大多数国家的共同做法和成功经验，也符合我国加强银行业管理、保障银行业健康和稳定发展以及保护网上银行用户权益的现实要求。通过比较大数据时代各国关于网上银行交易安全的法律规定，在借鉴美国《统一计算机信息交易法》的基础上，应建立我国的电子合同撤销制度；在借鉴美国《联邦电子签名法》、欧盟《电子身份和可信服务规范》以及日本《电子签名及认证法》的基础上，我国应适用"技术中立"与"技

〔1〕　参见朱海龙："网络社会信息嬗变对政治参与动员的影响"，载《湖南师范大学社会科学学报》2010 年第 3 期。

〔2〕　即原则上电子认证机构对外签发认证证书无需主管机关许可，但电子认证机构如果希望所签发的认证证书具备特定的法律效果，需要经过许可。

〔3〕　参见郑远民、李俊平："新加坡电子商务法最新发展及对我国的启示"，载《湖南师范大学社会科学学报》2012 年第 5 期。

术特定"相结合的电子签名立法模式；在借鉴美国《电子资金划拨法》的基础上，我国应明确经授权和未经授权电子资金划拨情形和责任，从而进一步完善大数据时代我国网上银行交易安全的法律规范。

一、建立电子合同撤销制度

美国《统一计算机信息交易法》中明确了在自然人发生电子意思表示错误的情况下，该自然人不受合同约束的具体条件，即由于信息处理系统未提供检测和纠正错误的方法，在消费者通过该系统进行相关交易时，如果出现错误，消费者知悉电子意思表示错误后应立即通知相对人并按要求将相关信息交付给相对人或相对人指定的第三方，并且该信息未被利用或被他人获得。在一方是自然人而另一方是计算机系统时，交易安全的风险就会增大，自然人的电子意思表示一旦发出即使出现错误也不可撤回，这实际上有违意思自治原则。我国可以吸收和借鉴美国的立法经验以建立我国的电子合同撤销制度，明确电子合同撤销权的行使主体为电子合同双方当事人，但合同优势方仅在不存在过错的情况下才可以行使撤销权，明确电子合同撤销权的行使条件是一方当事人在发现电子错误后立即告知合同相对人，并且以返还利益等形式确保其没有从该合同中获得利益。

二、适用"技术中立"与"技术特定"相结合的电子签名立法模式

美国《联邦电子签名法》是"技术中立"立法模式的典型代表，立法者没有对电子签名技术设置太高的"准入门槛"，使得任何技术水平的电子签名都能够具有相应的法律效力。"技术中立"的立法模式可以使电子签名人的自由选择权得到充分保障，以激发市场本身的积极性。欧盟《电子身份和可信服务规范》采用严格的"技术特定"立法模式，欧盟根据电子签名安全性的大小将电子签名区分为简单的电子签名、一般的先进电子签名和严格的先进电子签名。目前的《电子签名法》采取的是完全"技术中立"的立法模式，这种立法模式最大程度地保护了网上用户的选择权，但是很难保证网上银行会付出较大的技术成本选择使用水平更高的电子签名技术。因此，我国的电子签名立法可以借鉴欧盟《电子身份和可信服务规范》的做法，承认任何技术水平的电子签名都具有法律效力，同时规定不同安全等级的电子签名具有

不同层级的法律效力和证据力，采用这一模式有助于进一步规范网上银行的电子签名技术，加强对网上银行用户合法权益的保护。

三、区分经授权和未经授权电子资金划拨情形和责任

在电子支付的场合，网上银行以身份认证信息作为识别电子支付指令发出人身份的安全措施，且将使用客户身份认证信息进行的操作行为都视为客户本人的操作行为，所有后果均由客户承担。这一做法在经授权的电子支付场合没有疑问，但是忽视了未经授权的电子支付情形，间接性地加大了客户的责任承担。因此，应当区分非本人电子支付属于经授权还是未经授权，进而区分客户的责任承担。但实践中未经授权的电子支付千差万别，往往不能够进行穷尽式列举，可以借鉴美国《电子资金划拨法》的规定，对不适用未经授权电子支付的情形进行规定：首先是客户提供账号、密码或其他访问工具给第三人，除非用户通知网上银行不再授权该第三人划拨电子资金，而第三人划拨电子资金的；其次是用户和第三人共同欺诈划拨电子资金的；最后是网上银行实施的错误电子资金划拨。[1]

---

〔1〕 参见李晗："大数据时代网上银行的安全保障义务研究"，载《当代法学》2016年第4期。

第九章

大数据时代网上银行交易安全
保障义务的法律完善

第一节　完善电子合同的相关法律制度

一、细化电子合同的内容要求

网上银行电子合同本质上是格式合同，同样适用《民法典》有关格式合同的规定。根据《民法典》第 496 条、第 497 条的规定，网上银行应当合理制定电子合同条款，确定双方的权利义务。如果网上银行制定的电子合同出现违反法律强制性规定的情形时，应适用《民法典》的规定，认定该条款无效。但是由于网上银行涉及的是风险更大的用户资金的安全，对于网上银行用户的权益保护应当有更细致的法律规定。因此，对于网上银行电子合同的内容本身，可以在《民法典》的基础上，作如下细化的规定：

一方面，应当加强对用户意思自治的保护。如今的网上银行服务不论是在用户注册还是在执行交易等环节都必须事先勾选"同意服务协议和风险提示"的提示框，才可以完成用户注册和执行交易等环节。而许多机构通常都不会把服务协议和风险提示的内容直接放在页面上，因为文字内容太多页面不够，这就需要用户自己手动点击"同意服务协议和风险提示"的文字，才能手动打开界面以查询服务协议和风险提示的内容。这会造成许多用户在进行用户注册和交易执行等环节时，为了节省时间而对这些与自身权益紧密相关的、包含责任承担等条款的重要文件置之不理，直接勾选"同意服务协议和风险提示"的提示框，以尽快完成相关环节。这也就造成了当用户与商业银行就相关事项发生纠纷的时候，用户通常处于不利地位。因此，为了避免用户在未阅读相关合同文件的情况下就随意表示已经阅读过并同意网上银行的服务协议和风险提示的情况发生，保障用户的合法权益，应当以强制性的手段使用户不得在用户注册和执行交易等环节放弃阅读服务协议和风险提示的权利，比如，在用户注册和申请执行交易等环节自动弹出服务协议和风险提示的内容，并设置强制显示的阅读时间限制，该时间以通常阅读所需时间为准，仅在时间经过后，才允许用户勾选"同意服务协议和风险提示"的提示框并可以进行接下来的相关操作。这种强制显示的措施可以在用户没有其他相反证据证明用户本人不是出于自身原因未阅读"同意服务协议和风险提示"的情况下，推定用户已经阅读了与此次交易相关的文件，知晓其中的规定，愿意自负风险，避免在纠纷发生时，用户以未阅读服务协议和风险提示，或以其同意服务协议和风险提示的意思表示不真实作为抗辩。

另一方面，应当加强对合同公平性的保护，适当限制免责条款的范围。在网上银行格式合同中，存在大量免责条款的运用。银行通常在免责条款中规定"非因银行过错或因计算机黑客袭击、系统故障、通讯故障、网络拥堵、供电系统故障、电脑病毒、恶意程序攻击等不可预测、不可控制因素及不可抗力原因给用户造成的损失，银行不承担责任"，但该规定存在着许多不合理之处。第一，基于风险产生原因的角度来看，银行方作为提供网上银行业务的专业机构，其开设网上银行业务的目的在于便利储户、节省成本、增强竞争力。但是，这也可能给不法分子提供利用网上银行业务的技术缺陷进行违法犯罪活动的可乘之机，从而导致用户面临损失风险。因此，根据获益和损失相当原则，对于网上银行系统、设备等存在的技术缺陷对用户造成的损失，银行作为前述交易风险的制造者，应当承担责任，这也是银行作为金融产品的经营者应当承担的经营风险。第二，从责任承担能力的角度来看，应考虑将责任分配给能够以最小的成本减少损失的一方当事人，由银行先行承担损失，可以敦促银行凭借其所既有的更强的经济、技术、法律能力向有关责任方追偿。第三，基于损失防控的角度来看，由银行承担可能产生的风险，可以促进银行通过纠正技术缺陷、改进安全措施，尽可能地降低用户可能面临的交易风险，促使更多用户有意愿使用网上银行，促进网上银行业务更好地推广使用。因此，对于网上银行免责条款中所规定的事项，不应当一概免除银行的全部责任。

综上，银行在制定网上银行服务的电子合同时，应当细化电子合同的内容，加强对用户意思自治的保护，合理安排双方的权利义务，分配双方所要承担的风险，注意维护电子合同的公平性。

二、减少电子合同错误的发生

对于网上银行电子合同出现错误的情形，应当完善网上银行审慎审查义务和安全技术标准的法律规范。第一，网上银行的网络设备和安全技术应当保证电子合同在存储和传输过程中不被篡改和删减，保证用户签名行为的不可否认性和用户签名的不可仿冒性[1]；第二，规定网上银行审慎核实用户身份的义务，由于网上银行对于用户身份审查的内容多是用户线上提交的身份资料，其审查效果往往远远不如柜台当面审核的效果，因此，应当强调加强网上银行审查用户身份的能力，审慎审查用户的个人信息、用户电子签名的真实性等内容[2]；第三，严格限定因为用户自身原因造成电子合同错误时的责任承担，因为网上银行交易的特殊性以及用户所处的弱势地位，应当对用户可能承担的责任进行适当限定，以免用户承担过重的责任，可以规定如果用户采取了必要的行为，且避免了损失的扩大时，用户可以不承担责任，例如，当用户得知发生或者可能出现电子合同错误后及时通知网上银行，并且提供了所需必要的信息，并且没有造成重大损失，则用户不承担责任[3]；第四，当网上银行有理由相信有可能存在电子合同错误的情形时，银行方面应当先行停止对合同的履行，并立即将情况通知用户，在得到用户的反馈后再决定是否恢复合同的履行。

三、建立电子合同撤销制度

针对电子合同的特殊性，非常有必要建立我国的电子合同撤销制度，明确规定网上银行用户有权撤回电子合同要约或者承诺，这符合《民法典》合

---

〔1〕　参见王利明主编：《电子商务法律制度：冲击与因应》，人民法院出版社 2004 年版，第 151 页。

〔2〕　参见李晗："大数据时代网上银行的安全保障义务研究"，载《当代法学》2016 年第 4 期。

〔3〕　参见张新宝主编：《互联网上的侵权问题研究》，中国人民大学出版社 2003 年版，第 119～122 页。

同编的规定。根据《民法典》第 141 条[1]、第 475 条[2]、第 485 条[3]的规定，行为人可以撤回要约及承诺，撤回要约或承诺的通知应当在要约或承诺到达交易相对人之前或者与要约或承诺同时到达交易相对人。《民法典》采用的是"到达主义"的生效模式，虽然数据电文一经发出，便立即到达了对方当事人的系统内，用户几乎不可能存在先于或者同时到达对方当事人之前进行撤销的情况，但是只要符合《民法典》第 141 条、第 475 条、第 485 条的规定，就不能否认网上银行用户有撤回电子合同要约或者承诺的权利，因为基于网络交易的特殊性，在出现网络故障、网络病毒或者网络繁忙等原因导致要约或者承诺不能立即到达网上银行系统内的情形时，应当保证用户仍有权撤回其意思表示，以保护用户的合法权益。[4]

在电子合同错误的撤销条件和责任承担方面，我国可以借鉴国外的立法经验。在撤销条件方面，美国《统一计算机信息交易法》中的相关规定阐明了在自然人发生电子意思表示错误的情况下，该人不受合同约束的具体条件[5]，即由于信息处理系统未提供检测和纠正错误的方法，在消费者通过该系统进行自动交易而出现电子错误，消费者知悉电子意思表示错误后应立即通知相对人并按要求将相关信息交付给相对人或相对人指定的第三方，并且该信息未被利用或被他人获得。美国《统一计算机信息交易法》中载入这类规定的理由是：在一方是自然人而另一方是自动计算机系统的交易中，发生的差错可能不被注意而具有更高的风险。在这种情况下，自然人一旦已发出承诺，发生的差错可能就是不可撤回的。而在个人之间的交易中，双方当事人在行动前更有可能做到更正错误。但如果个人在同自动电文系统打交道时

---

〔1〕 《民法典》第 141 条规定：行为人可以撤回意思表示。撤回意思表示的通知应当在意思表示到达相对人前或者与意思表示同时到达相对人。

〔2〕 《民法典》第 475 条规定：要约可以撤回。要约的撤回适用本法第一百四十一条的规定。

〔3〕 《民法典》第 485 条规定：承诺可以撤回。承诺的撤回适用本法第一百四十一条的规定。

〔4〕 参见王泽鉴：《债法原理》，北京大学出版社 2009 年版，第 97~99 页。

〔5〕 美国《统一计算机信息交易法》第 214 条第 a 款规定："电子错误"指如没有提供检测并纠正或避免错误的合理方法，消费者在使用一个信息处理系统时产生的电子讯息中的错误。第 b 款规定：在一个自动交易中，对于消费者无意接受，并且是由于电子错误产生的电子讯息，如消费者采取了相应的行为，即不受其约束。这些行动包括：（1）于获知该错误时，立即将错误通知另一方以及使所有的信息拷贝交付给另一方，或，按照从另一方收取的合理指示，将所有的信息拷贝交付给第三人，或销毁所有的信息拷贝；（2）未曾使用该信息，或从该信息中获得任何利益，也未曾使信息可为第三方获得。

出错，则无法在对方当事人依赖错误的通信采取其他行动之前更正错误。[1]在责任承担方面，美国《统一计算机信息交易法》主要规定了处于优势地位的提供自动缔约系统的当事人的赔偿责任[2]。但是，也应当注意到美国《统一计算机信息交易法》规定的行使电子合同撤销权的主体只限定于消费者，排除了信息处理系统提供者的适用。

我国可以吸收借鉴美国的立法经验建立电子合同撤销制度。其一，应当规定电子合同撤销权的行使条件。电子合同撤销权的行使主体应当为电子合同的双方当事人，但仅在优势方不存在过错的情况下得以行使撤销权。从撤销权的使用范围来看，撤销范围既包括主观瑕疵，也包括客观瑕疵。此外，对当事人的身份有特殊要求的电子合同也可以撤销。从撤销权的行使条件来看，一方当事人如果想要行使电子合同撤销权，需要在发现电子错误后立即告知合同相对人，并且确保其没有从该合同中获得利益。其二，还应当限制免责条款在电子合同撤销制度中的运用。

四、明确电子合同的成立时间

对于电子合同的成立问题，应当考虑到一方当事人未按照另一方的要求将电子信息发送到对方指定以外的电子信息接收系统的情况。在此种情况下，如果再继续适用意思表示到达生效的规则，则可能存在如下问题：首先，如果在当事人已经明确告知了相对人其所指定的电子信息接收系统的情况下，仍将带有意思表示的数据电文发至其他系统的，适用检索到达主义的规则在双方之间分配风险将更为合理；其次，对送到了相对人的其他电子信息系统，那么相对人就应当为自己的过错承担与之相对应的责任，对于如何判断意思表示是否到达意思表示的相对人，按照到达主义规则的观点，一般情况下是

---

〔1〕　参见刘万啸："电子通信错误对合同效力的影响"，载《政法论丛》2011 年第 2 期。

〔2〕　美国《统一计算机信息交易法》第 816 条第 e 款规定了被许可方可以就由于电子自助的错误使用引起的直接的和附随性损害获得赔偿。特殊情况下，被许可方还可就由于电子自助的错误使用所引起的后果性损害获得赔偿，而不论此种损害赔偿是否为许可证条款所排除。这些情况包括：（1）在第 d 款第（1）项所规定的期限内，被许可方向许可方指定的人发出通知善意地说明损害的一般性质和大小；（2）许可方有理由知道电子自助的错误使用可能导致第 f 款所规定的特定类型的损害；（3）许可方没有提供第 d 要求的通知。

通过"控制范围"理论来判断该意思表示是否进入受领人的控制范围[1]，对于一般人来讲，既然相对人已经指定了专门接受数据电文的电子信息接收系统，那么其应尽的注意义务在通常情况下应当集中在其指定的电子信息接收系统上，对于要求受领人在未指定的其他信息接收系统上尽到与指定信息接收系统相同的注意义务恐怕并不公平；最后，还可以参考《国际合同使用电子通信公约》第 10 条[2]的规定，如果根据电文内容等情况，发送人所选择发送的信息接收系统被认为是不合理的话，那么接收人收到数据电文的时间就是数据电文由其检索到的时间。因此，收件人的检索义务不应超出交易惯例的要求，也不能超出正常情况下收件人预见的范围。[3]

五、完善电子代理人的相关规定

针对因电子代理人出现错误造成交易相对人损失由此导致的责任承担的问题，学界有着不同的观点。有学者从保护消费者利益的角度提出该损失应当由银行承担[4]，还有学者认为，电子代理人出现故障是有多种原因的，应当根据不同的情况区别对待[5]：如果出现故障的原因是银行等控制人未尽到合理的注意义务，比如操作不当，那么就应当由银行来承担该损失；如果出现故障的原因是黑客的攻击或意外，那么在银行已经尽到了合理的注意义务的情况下，比如银行已经采取了现阶段已有的安全措施，但仍不能抵御黑客的攻击或已经采取了现阶段已有的保障措施但仍无法避免该错误等，可以按照不可抗力规则处理，由双方分担损失；如果是因为银行等未妥善履行其应尽的安全保障义务造成的错误，那么应当由银行对该损失承担责任，再考虑到网上银行业务以及电子交易中，交易双方实力的非对称性，对于该责任的归责原则可以对银行等电子代理人的控制人采取过错推定原则，在举证责任

---

〔1〕 参见［德］迪特尔·梅迪库斯：《德国民法总论》，邵建东译，法律出版社 2000 年版，第 211 页。

〔2〕《国际合同使用电子通信公约》第 10 条规定：电子通信的收到时间是其能够由收件人在该收件人指定的电子地址检索的时间；电子通信在收件人的另一电子地址的收到时间是其能够由该收件人在该地址检索并且该收件人了解到该电子通信已发送到该地址的时间；当电子通信抵达收件人的电子地址时，即应推定收件人能够检索该电子通信。

〔3〕 参见谢勇：《电子交易中的合同法规则》，人民法院出版社 2015 年版，第 21 页。

〔4〕 参见朱遂斌、陈源源："电子商务合同成立的法律问题"，载《政法论坛》1999 年第 4 期。

〔5〕 参见周平："电子合同若干法律问题"，武汉大学 2001 年硕士学位论文，第 30~31 页。

的分配上也应当对用户进行适当照顾。因此，电子代理人的控制人借助电子代理人这个工具作出意思表示，其意思表示错误的法律后果也应当归属于电子代理人的控制人，但是以理性人的一般认知能够判断出该意思表示明显属于错误意思表示的，则不应当归属于电子代理人的控制人。对于电子代理人的控制人所应当承担责任的比例，应当根据控制人对电子代理人在实施的安全保障措施是否符合当时的技术标准和商业习惯的要求进行衡量。

第二节　完善电子签名的相关法律制度

一、适用"技术中立"与"技术特定"相结合的立法模式

"技术中立"立法模式是希望通过市场和消费者的自身需求对电子签名技术做出选择，以实现电子签名技术的优胜劣汰。但"技术中立"的立法模式可能存在电子签名技术的安全风险仍是转移到网上银行客户身上，不利于网上银行用户权益的保护。"技术特定"立法模式是希望通过确定电子签名行业的技术标准以规范电子签名市场。采用"技术特定"立法模式的国家通常以数字签名作为法定的电子签名，赋予其与书面签名一样的法律效力。但是"技术特定"立法模式可能存在特定技术限制了电子签名技术的全面发展、也不利于网上银行用户的权益保护的问题。

从国外的相关立法经验来看，美国《联邦电子签名法》便是"技术中立"立法模式的典型代表。立法者对电子签名的定义采用广义的概念，没有对电子签名技术设置太高的"准入门槛"，使得任何技术水平的电子签名都能够具有相应的法律效力。"技术中立"的立法模式可以使电子签名人的自由选择权得以充分保障，以激发市场本身的积极性。但是其缺陷也显而易见，即因为缺乏对电子签名技术标准的强制性规定，而不利于对电子签名人权益的保护。而与之相对应的是采用严格的"技术特定"立法模式的欧盟《电子身份和可信服务规范》，与美国《联邦电子签名法》相比较，欧盟《电子身份和可信服务规范》在对不同技术的电子签名的法律地位认定上比美国的《联邦电子签名法》更进一步。根据电子签名安全性的大小对电子签名进行区分，电子签名安全性越高，相应的其可信性和真实性就越高。欧盟《电子身份和可信服务规范》在推动不同安全性能的电子签名技术发展的同时，又通过赋

予不同电子签名不同的法律地位鼓励市场选择严格的先进电子签名，通过设定较严格的技术标准实现对电子签名安全与真实的保障。[1]

《电子签名法》采取的是"技术中立"的立法模式，对电子签名的定义也采取的是广义的电子签名的含义。这样规定既可以保证未来新出现的电子签名的效力同样能够得到法律认可，也使网上银行用户的选择权在一定程度上得到了保障，具有"技术中立"立法模式一贯的优点。但也不可以忽视这种立法模式存在的风险，即很难保证网上银行会付出较大的技术成本选择使用水平更高的电子签名。因此，我国在立法中可以借鉴欧盟《电子身份和可信服务规范》的做法，在认可任何技术水平的电子签名的同时，规定不同安全等级的电子签名所具有的不同法律效力和证据力，采纳"折中型"立法模式，有助于进一步规范网上银行的电子签名技术，加强对网上银行用户合法权益的保护。目前，我国商业银行普遍选择第三方电子认证服务机构维护网上银行交易安全，不同的商业银行会选择不同的电子认证服务机构，不同的电子认证机构有着强度不同的认证规则，这就使得不同商业银行的网上银行服务的安全性可能不尽相同。认证系统的不统一有可能进一步影响到国家统一联网交易的安全，可以考虑结合认证规则的强度确定电子签名的安全等级，在相同安全等级的电子签名技术范围内统一电子签名认证标准，实现相同安全等级的电子签名的技术兼容，整合当前国内市场上技术水平相同的电子签名资源。随着全球化趋势的加强和大数据时代的到来，世界各国的金融体系日益紧密结合在一起，国内电子签名技术的安全标准也应当逐渐与国际标准接轨，并逐步与国际上的电子签名技术相兼容。

二、规定网上银行在电子认证中的附随义务

（一）网上银行对用户负有保证认证证书所载信息真实性的义务

作为第三方认证机构的用户，网上银行在和第三方认证机构订立电子认证服务合同要求认证机构签发认证证书的目的，就是借助第三方机构的中立身份和公正地位向用户证明自身身份和存储信息的真实性和业务的安全性，吸引更多的用户向其申请办理网上银行业务。因此，网上银行对用户应负有

---

〔1〕 参见王予予："论大数据时代网上银行的安全保障义务"，北京工商大学2016年硕士学位论文，第26页。

保证认证证书所载信息真实性的附随义务。如果认证机构签发的认证证书存在错误，网上银行因为违反了保证证书所载信息真实性的义务，应该向信赖认证证书的网上银行用户承担缔约过失责任或者违约责任。[1]

（二）网上银行对用户负有帮助追查、追偿的义务

《电子签名法》第 28 条规定了电子认证服务提供者的过错推定责任。但在网上银行交易中，网上银行往往提供电子签名技术的选择，而用户是因为信赖网上银行才选择了电子认证服务提供者，而且由于用户的相对弱势，向电子认证服务提供者索赔，往往很难得到有效赔偿，因此，在出现电子认证服务提供者造成用户损失情形时，网上银行应该负有帮助用户追查、追偿的义务，提供电子认证服务者的相关信息，帮助用户向电子认证服务者索赔，提供相关的证据。用户开通网上银行业务后，会从银行处取得数字证书用于使用网上银行服务，如果因电子认证服务提供者的原因造成用户在网上银行账户中的存款被他人盗取等未经授权签名的情况发生，用户欲向电子认证服务提供者主张权利，由于用户同电子认证服务提供者之间不存在直接的合同关系，那么用户仅能向电子认证服务提供者主张侵权损害赔偿责任。虽然根据《电子签名法》第 28 条的规定，对电子签名提供者适用过错推定原则，减轻了用户证明的难度，但在未经授权签名的情形下，未授权签名是由于第三人行为造成的，电子认证服务提供者属于帮助侵权的情形，根据《民法典》第 1198 条的规定，电子认证服务提供者仅在其过错范围内承担责任，再加上电子服务提供者在《数字证书服务协议》中会约定其承担责任的最高限额，那么对于用户来讲向电子认证服务提供者主张赔偿责任将显得不够明智。在这种情况下，如果由用户向银行主张违约责任，银行可以以损失系第三方认证机构造成，与银行无关作为抗辩事由，那么在此情形下，银行向电子认证服务提供者主张违约责任似乎更为合适。首先，如果用户在网上银行的存款被他人盗取，那么银行的利益也会受到损失；其次，与电子认证机构相比，银行的地位更有优势，由银行承担举证责任具有较小的败诉风险；最后，网上银行从电子认证机构取得的赔偿金应当优先用于填补网上银行用户的损失。

---

〔1〕　参见李晗："大数据时代网上银行的安全保障义务研究"，载《当代法学》2016 年第 4 期。

第三节　完善未经授权电子支付的相关法律制度

一、具体区分经授权和未经授权电子资金支付的情形和责任

在电子支付的情形下，网上银行目前以身份认证信息作为识别电子支付指令发出人身份的安全措施，且将使用用户身份认证信息进行的操作行为都视为用户本人的操作行为，所有后果均由用户承担。但该规定忽视了未经授权的电子支付的情形，将未经授权的电子支付的风险转移给了用户承担。对此，应当对电子支付是否经过授权进行区分，确定在未经授权电子支付中用户需要承担责任的情形。值得注意的是，现实生活中出现的未经授权电子支付的情况千差万别，很难采用列举式规定涵盖所有情形，会造成网上银行借此推卸责任，因此，我国可以借鉴美国《电子资金划拨法》的规定，对不适用未经授权电子资金支付的情形进行规定：其一，用户提供账号、密码或其他访问工具给第三人，除非用户通知网上银行不再授权该第三人划拨电子资金，第三人划拨电子资金的；其二，用户和第三人共同欺诈划拨电子资金的；其三，网上银行实施的错误电子资金划拨。[1]

对于未经授权的电子支付责任承担，应当对用户的一般过失、重大过失和故意进行区分。如果用户对于未经授权支付具有一般过失，则应当就造成的损失承担部分责任，但该责任应当有一定的上限。对于何谓一般过失，基于现有的部分司法判例，应当是虽然有违用户的妥善保管身份认证要素的义务，但根据一般人的判断用户的过错程度尚在容忍的范围之内，比如在面临抢劫、绑架等严重暴力犯罪，具有紧迫的人身危险而不得已交出网上银行账户的身份认证要素时；或者是在银行营业场所内，由于用户自身的客观原因不会操作网上银行系统或者开通 U 盾而需要银行工作人员的帮助与指导，基于对银行及其工作人员的信任而产生的未妥善保管的风险。如果用户对未经授权支付具有一般过失，用户应当网上银行未经授权支付的损失承担有限责任，其责任限额可以为不超过财产损失的 20%；如果用户对于未经授权支付具有过错，则应当承担与其过错相应的责任；如果银行也同样具有过错，则

---

[1]　参见李晗："大数据时代网上银行的安全保障义务研究"，载《当代法学》2016 年第 4 期。

根据双方的过错程度大小由双方分担损失；如果银行不具有过错，则应当减轻甚至免除责任。

除此之外，还要严格规范电子支付参与方的行为习惯，促进形成良好的交易环境。当前，我国的电子支付领域尚未形成良好的安全氛围，许多持卡人也尚未具备良好的安全意识和交易习惯，有许多未经授权电子支付的发生都是由于用户本人不具备妥善保管本人身份认证信息的意识，因而误信诈骗短信或误入钓鱼网站等，向第三人泄露了应当由本人保管的网上银行身份认证信息，给了不法分子可乘之机，导致了网上银行未经授权电子支付的发生。而我国目前众多网上银行面对当前复杂激烈的竞争局势，均不太重视交易安全，这不利于公众形成良好的网上交易安全意识和电子支付习惯。面对这种情况，在网上银行用户和银行之间就未经授权电子支付造成的损失进行分配时，应当在保证公平与效率的同时，兼顾对用户作为网上银行用户的倾向性保护，合理平衡双方之间的法律地位，使参与方之间互相监督、制约，共促电子支付安全。建议规定用户对于网上银行未经授权电子支付的损失承担有限责任，如果用户对于未经授权电子支付并无过错，则不用承担损失。在此种情况下，如果银行也不具有过错，鉴于银行相较于用户可以有更多的渠道、更好的方式去转嫁风险，具有更强的风险承担能力，则应当由银行承担损失。即使为了体现公平原则，要求由用户分担未经授权支付的部分损失，无过错和一般过失的用户所需要承担的责任也应当有一定的限额。

二、统一未经授权电子支付纠纷的归责原则

在网上银行未经授权支付纠纷的归责原则方面，目前的司法实践对于网上银行非授权支付纠纷所适用的案由通常是侵权责任纠纷和储蓄存款合同纠纷，但用户提起侵权之诉的情形并不常见，用户更倾向于请求银行承担违约责任。《民法典》对违约责任采取的是严格责任原则，但这不意味着《民法典》排斥过错责任，只不过是将过错责任作为法律规定的特别情况对待。[1]但在现阶段司法实践当中大多数法院通常采取的是根据最高人民法院公布的指导案例所确立的过错原则，而只有部分法院在判决中则采取严格责任原则。由于裁判标准的不统一，将有可能导致"同案不同判"的情况发生。因此，

---

[1]　参见王利明：《违约责任论》，中国政法大学出版社 2003 年版，第 64 页。

应当统一网上银行未经授权支付纠纷的裁判标准。根据《电子商务法》对第三方支付机构的未经授权支付责任分配的规定，也是倾向于对未经授权电子支付纠纷采用严格责任的归责原则，这样做既符合《民法典》中规定的违约责任的一般原理，也符合我国对网上银行用户实行倾向性保护的立法要求。因此，立法者应当针对网上银行未经授权支付纠纷的归责原则，可以同《电子商务法》规定的未经授权支付纠纷的归责原则相一致，实现未经授权支付纠纷归责原则的统一。

在严格责任下，由银行方面承担网上银行未经授权支付造成的损失，用户对网上银行未经授权支付的发生具有故意或重大过失的，可以作为银行方面的法定免责事由，再结合银行方面对网上银行未经授权支付的发生是否具有过错，确定银行方面应当承担的损失赔偿责任，应当由银行承担网上银行未经授权支付造成的损失：如果银行方面能够证明用户对未经授权支付具有故意或重大过失的，则相应减轻银行的赔偿责任；如果银行方面能够证明用户对未经授权支付具有一般过失，则由用户承担的赔偿责任不应当超过损失的 20%。

三、合理分配网上银行未经授权支付纠纷的证明责任

当网上银行用户与银行因网上银行业务发生纠纷而向法院提起诉讼时，无论是用户一方还是银行一方，为了使其提出的诉讼请求得到法院的支持，都需要进行举证。但在相关案件的审理中，法院需要查清是否是网上银行用户本人的操作，还需要审查网上银行账户信息或密码泄露的原因等。除了少数被侦破的网络盗刷案件，其他案件中当事人很难提交直接证据证明网上银行账户信息或密码泄露的原因[1]。而由于审理相关案件的法院或法官的不同，使得证明责任在当事人之间的分配情况也不同，也就导致了同案不同判现象的出现。

在举证责任的分配上，由于用户、银行、第三方认证机构这三方所具有的掌握电子数据的能力各不相同且并不对等，由网上银行用户提出相应的证据往往具有难以想象的困难。如果在网上银行用户起诉银行或者第三方认证

---

[1] 北京市第二中级人民法院课题组："银行卡盗刷案件审判思路探析——以案件相关主体间的法律关系分析为重点"，载《法律适用》2017 年第 3 期。

机构的诉讼中，仍按照传统的举证责任分配规则要求当事人来承担举证责任，那么对于普通的网上银行用户来讲，就要承担更大的因举证不能所造成的败诉风险，而推出网上银行业务的银行和推出电子认证服务的第三方认证机构作为专业机构，有条件、有能力去了解和掌握网上银行系统和电子认证系统的原理和技术。此外，在网上银行业务乃至电子商务中，电子证据的持有人多是银行或者是第三方认证机构，因此，应当适当减轻网上银行用户一方的举证责任，即由"谁主张，谁举证"的举证责任分配规则调整为以"谁持有，谁举证"为主，辅之以"谁主张，谁举证"的举证责任分配规则，以解决网上银行用户举证难的问题。

针对网上银行未经授权电子支付问题，当出现用户因其网上银行账户内的资金被他人窃取而要求银行承担损害赔偿责任时，现行网上银行纠纷所适用的归责原则是根据最高人民法院公布的有关指导案例所确立的过错责任原则。基于过错责任原则，需要由请求银行承担违约责任的用户对存在非授权支付行为、银行未尽到交易安全保障义务、银行具有过错等要件承担举证证明责任。但如果由网上银行用户承担证明银行未尽到交易安全保障义务和银行存在过错的证明责任，难度过大，其提出的证据一般难以被法院认可，导致其主张最终难以得到法院的支持。

为了解决非授权支付纠纷的证明责任分配问题，2018 年，最高人民法院发布了《关于审理银行卡民事纠纷案件若干问题的规定》（征求意见稿），在专门的"网络盗刷"[1]一节中对举证责任的分配问题试探性地给出了解决方案。该关于审理银行卡民事纠纷案件若干问题的规定》（征求意见稿）规定由用户承担证明存在非授权支付行为的证明责任，由银行承担证明不存在非授权交易和提供电子交易记录的举证证明责任[2]，这可以称得上是在解决网上

---

〔1〕《关于审理银行卡民事纠纷案件若干问题的规定》（征求意见稿）第 15 条第 2 款规定：本规定所称网络盗刷交易，是指他人冒用持卡人名义、使用持卡人网络交易身份认证信息进行网络交易，导致持卡人银行卡账户资金减少或者透支金额增加的行为。

〔2〕《关于审理银行卡民事纠纷案件若干问题的规定》（征求意见稿）第 16 条规定：规定持卡人主张存在网络盗刷事实的，可以提供刑事判决、案涉时间及其前后其持有银行卡以及其未进行网络交易、其与收款人没有基础法律关系、其持有银行卡所在地地址与网上交易 IP 地址不同、网络异常交易记录、报警记录、挂失记录等证据进行证明。发卡行、非银行支付机构主张争议交易为持卡人本人交易或者持卡人授权交易的，应承担举证证明责任。发卡行、非银行支付机构应提交由其持有的案涉交易行为发生时的电子交易记录等证据，无合理由拒不提供的，应承担举证不能的法律后果。

银行非授权支付行为"证明难"的问题上迈出了重要一步，但值得注意的是，该规定主要立足于通过刑事案件的解决来证明未经授权电子支付行为的存在。在网上银行电子支付中，用户通常需要凭借银行卡号、银行卡密码等身份认证要素完成电子支付。在不符合刑事案件立案标准或者该案件难以侦破的情况下，那么网上银行用户又该如何证明其本人未主动将银行卡号和密码告诉收款人，即双方之间不存在授权关系；又该如何证明其与收款人不存在基础法律关系，即不存在用户本人与收款人通谋假借非授权支付之名进行虚假诉讼骗取银行赔偿的可能，这都是需要回答的问题。

因此，针对网上银行未授权支付纠纷在证明责任分配上的问题，应当由网上银行用户承担证明其与银行之间存在合同法律关系以及银行方面存在未准确执行支付行为的证明责任，由银行承担证明该支付行为获得了用户授权或用户对非授权支付存在故意或重大过失的责任。

其一，在银行提供证据证明该支付行为得到了用户的授权时，不得仅凭借输入正确密码的网上银行交易记录便推定该支付行为得到了网上银行用户的授权，而需要附加其他证据进行辅助证明，以达到高度盖然性的证明标准。一方面，如果仅要求银行提供真实、完整的交易记录就完成了银行证明该支付行为得到了用户授权的证明责任，如此之低的证明标准将会使得由银行方面承担非授权支付损失的可能性大大降低，阻碍网上银行安全保障技术措施的升级与进步，从而影响网上银行业务的发展；另一方面，在司法实践中，存在将密码条款认定为无效的格式条款的情形，这也使单独的网上银行交易记录不足以证明该支付行为得到用户的授权。

其二，在网上银行提供证据证明用户对未授权支付行为的发生存在过错时应当严格限制用户过错推定的适用。目前，在我国的司法实践中，有不少法院判决认为，根据一般的生活经验，银行账户名、U盾和各类交易密码都应当由用户本人保管。如果用户尽到了妥善保管身份认证要素的义务，则不会让第三人掌握本应当由用户本人掌握的身份认证要素从而实施非授权支付。因此，非授权支付的发生便是由于用户存在过错。与之相对的，也有不少判决认为，即使通过输入正确的银行卡号和交易密码完成了交易，也不意味着第三人掌握用户的身份认证要素就是由于用户本人的过错造成的，也有可能存在银行及其工作人员泄露的情形，因此，不应当直接就非授权支付推定用户存在过错。有学者指出，这两种观点的差异在于是否承认用户存在过错的普遍生活经验，以弥补事实认定之缺陷，减轻电子支付服务提供者的证明负担。[1]当前，我国网上银行用户的安全意识整体并不高，由于用户本人泄露网上银行的账户和交易密码导致网上银行非授权支付的案件时有发生。出于公平和效率的角度考虑，应当在一定条件下允许用户过错推定的适用。但是，由于推定用户过错具有减轻银行方面证明责任的效果，因此，一方面，应当在用户具有故意或重大过失的情况下，由用户承担责任；另一方面，应当在网上银行证明其已经尽到了安全保障义务的前提下适用，并且对于用户提出的反证无须达到高度盖然性的证明标准。

---

〔1〕 参见李建星："互联网非授权支付的责任分担规则"，载《法律科学（西南政法大学学报）》2020 年第 4 期。

[1] 王泽鉴：《民法学说与判例研究》（第 3 册），中国政法大学出版社 1997 年版。

[2] 王泽鉴：《侵权行为法》（第 1 册），中国政法大学出版社 2001 年版。

[3] 王泽鉴：《债法原理》，北京大学出版社 2009 年版。

[4] 王利明：《违约责任论》，中国政法大学出版社 2003 年版。

[5] 王利明主编：《民法典·侵权责任法研究》，人民法院出版社 2003 年版。

[6] 王利明主编：《电子商务法律制度：冲击与因应》，人民法院出版社 2004 年版。

[7] 王利明：《侵权责任法研究（上）》，中国人民大学出版社 2011 年版。

[8] 张新宝：《侵权责任构成要件研究》，法律出版社 2007 年版。

[9] 张新宝主编：《互联网上的侵权问题研究》，中国人民大学出版社 2003 年版。

[10] 梁慧星主编：《现代侵权损害赔偿研究》，法律出版社 1998 年版。

[11] 杨立新主编：《侵权法热点问题法律应用》，人民法院出版社 2000 年版。

[12] 江帆、孙鹏主编：《交易安全与中国民商法》，中国政法大学出版社 1997 年版。

[13] 尹田编著：《法国现代合同法》，法律出版社 1995 年版。

[14] 常怡主编：《比较民事诉讼法》，中国政法大学出版社 2002 年版。

[15] 邹瑜、顾明主编：《法学大辞典》，中国政法大学出版社 1991 年版。

[16] 刘颖：《电子资金划拨法律问题研究》，法律出版社 2001 年版。

[17] 刘颖：《大额电子支付的法律基础——以美国〈统一商法典〉第 4A 编为中心的论述》，北京邮电大学出版社 2001 年版。

[18] 李双元、王海浪：《电子商务法若干问题研究》，北京大学出版社 2003 年版。

[19] 张楚：《电子商务法初论》，中国政法大学出版社 2000 年版。

[20] 林诚二：《民法债编总论：体系化解说》，中国人民大学出版社 2003 年版。

[21] 王卫国：《过错责任原则：第三次勃兴》，中国法制出版社 2000 年版。

[22] 刘志云等：《商业银行社会责任的法律问题研究》，厦门大学出版社 2011 年版。

[23] 高晋康、唐清利：《金融全球化条件下中国金融安全的法律保障：商业银行运行中的法律漏洞及其弥补》，法律出版社 2008 年版。

［24］ 王远均：《网络银行监管法律制度研究》，法律出版社 2008 年版。

［25］ 王华庆主编：《网上银行风险监管原理与实务》，中国金融出版社 2003 年版。

［26］ 李仁真主编：《欧盟银行法研究》，武汉大学出版社 2002 年版。

［27］ 帅青红、苗苗主编：《网上支付与电子银行》，机械工业出版社 2010 年版。

［28］ 谢勇：《电子交易中的合同法规则》，人民法院出版社 2015 年版。

［29］ 周友军：《交往安全义务理论研究》，中国人民大学出版社 2008 年版。

［30］ 张波、任新利主编：《网上支付与电子银行》，华东理工大学出版社 2012 年版。

［31］ 沈达明、郑淑君编著：《英法银行业务法》，对外经济贸易大学出版社 2015 年版。

［32］ 谈李荣：《银行与客户法律关系》，中国金融出版社 2004 年版。

［33］ 刘德良：《网络时代的民商法理论与实践》，人民法院出版社 2008 年版。

［34］ 张斌主编：《金融消费者保护理论与判解研究》，法律出版社 2015 年版。

［35］ 蔡永泉主编：《数字鉴别与认证》，北京航空航天大学出版社 2011 年版。

［36］ 张继红：《大数据时代金融信息的法律保护》，法律出版社 2019 年版。

［37］ 王忠：《大数据时代个人数据隐私规制》，社会科学文献出版社 2014 年版。

［38］ 韩世远：《合同法总论》，法律出版社 2018 年版。

［39］ 明俊等译：《个人数据保护：欧盟指令及成员国法律、经合组织指导方针》，法律出版社 2006 年版。

［40］ ［德］马克西米利安·福克斯：《侵权行为法》，齐晓琨译，法律出版社 2006 年版。

［41］ ［德］迪特尔·梅迪库斯：《德国民法总论》，邵建东译，法律出版社 2000 年版。

［42］ ［德］迪特尔·梅迪库斯：《德国债法总论》，杜景林、卢谌译，法律出版社 2003 年版。

［43］ ［德］克雷斯蒂安·冯·巴尔：《欧洲比较侵权行为法》（上卷），张新宝译，法律出版社 2004 年版。

［44］ ［德］克雷斯蒂安·冯·巴尔：《欧洲比较侵权行为法》（下卷），焦美华译，法律出版社 2004 年版。

［45］ ［英］维克托·迈克–舍恩伯格、肯尼思·库克耶：《大数据时代》，盛杨燕、周涛译，浙江人民出版社 2013 年版。

［46］ ［英］戴恩·罗兰德、伊丽莎白·麦克唐纳：《信息技术法》，宋连斌等译，武汉大学出版社 2004 年版。

［47］ ［美］文森特·R. 约翰逊：《美国侵权法》，赵秀文等注，中国人民大学出版社 2004 年版。

［48］ ［美］John Chirillo、Scott Blaul：《存储安全技术——SAN、NAS 和 DAS 的安全保护》，金甄平等译，电子工业出版社 2004 年版。

［49］ Teresa M. payton, Theodore Claypoole, *Privacy in the Age of Big Data：Recognizing Threats*,

Defending Your Rights, and Protecting Your family, Rowman and LittleField, 2014.

[50] Davi Otterheimer, *The Realities of Securing Big Data*, John Wiley and Sons, 2014.

[51] Julia lane, Victoria Stoden, Stefan Bender, Helen Missenbaum, *Big data, and the Public Good*, Cambridge University Press, 2014.

[52] Viktor Mayer-Schonberger, Kenneth Cukier, *A Revolution That Will Transform How We Live, Work and Think*, John Murray, 2013.

[53] Nathan Sult, *Internet Banking FAD or ATM of the Future*, Hawaii State Association Hawaii Bar Journal, March, 1998.

参考论文

[1] 张新宝:"论网络信息安全合作的国际规则制定",载《中州学刊》2013年10期。

[2] 张新宝:"从隐私到个人信息:利益再衡量的理论与制度安排",载《中国法学》2015年第3期。

[3] 王利明:"论个人信息权的法律保护——以个人信息权与隐私权的界分为中心",载《现代法学》2013年第4期。

[4] 王利明:"论举证责任倒置的若干问题",载《广东社会科学》2003年第1期。

[5] 杨立新:"电子商务交易中电子支付服务损害赔偿责任及其规则",载《中州学刊》2019年第2期。

[6] 刘颖:"论电子合同成立的时间与地点",载《武汉大学学报(社会科学版)》2002年第6期。

[7] 吴汉东:"论信用权",载《法学》2001年第1期。

[8] 齐爱民:"论信息法的地位与体系",载《华中科技大学学报(社会科学版)》2006年第1期。

[9] 李井杓:"EDI合同的法律问题——兼论《中国合同法(草案)》上的EDI问题",载《法商研究(中南政法学院学报)》1999年第1期。

[10] 李怡:"个人一般信息侵权裁判规则研究——基于68个案例样本的类型化分析",载《政治与法律》2019年第6期。

[11] 任龙龙:"论同意不是个人信息处理的正当性基础",载《政治与法律》2016年第1期。

[12] 张慧卿、倪海鹭、高道远:"我国个人金融信息保护立法研究",载《金融纵横》2019年第12期。

[13] 刘颖:"支付命令与安全程序——美国《统一商法典》第4A编的核心概念及对我国电子商务立法的启示",载《中国法学》2004年第1期。

[14] 刘颖:"电子银行法律风险的几个问题",载《暨南学报(哲学社会科学版)》2014

年第 12 期。

［15］刘颖、孙志煜："论电子认证机构民事责任的归责原则"，载《暨南学报（哲学社会科学版）》2007 年第 6 期。

［16］刘万啸："电子通信错误对合同效力的影响"，载《政法论丛》2011 年第 2 期。

［17］刘满达："电子签名认证中的消费者权益保护"，载《法学》2009 年第 1 期。

［18］王磊："美国的隐私法与大众传媒"，载《新闻大学》1995 年第 1 期。

［19］丁晓东："个人信息私法保护的困境与出路"，载《法学研究》2018 年第 6 期。

［20］李伟："电子签名认证的责任分担"，载《法治研究》2010 年第 7 期。

［21］吴宏、丁广："合同法视野下的金融机构安全保障义务"，载《人民司法》2009 年第 12 期。

［22］雷婉璐："我国个人信息权的立法保护——对美国和欧盟个人信息保护最新进展的比较分析"，载《人民论坛·学术前沿》2018 年第 23 期。

［23］崔力："云存储技术的优势研究"，载《中国新通信》2020 年第 6 期。

［24］张淑芳等："DNA 数据存储技术研究进展"，载《计算机科学》2019 年第 6 期。

［25］王昌奎："银行应承担电信诈骗资金紧急止付告知义务"，载《人民检察》2016 年第 24 期。

［26］尹龙："数字化时代的中国银行业：网上银行的发展与监管"，载《金融研究》2003 年第 4 期。

［27］邢玲："网上银行的安全保障义务研究"，载《河北法学》2008 年第 11 期。

［28］钟志勇："网上支付中的民事责任研究"，载《法学论坛》2007 年第 5 期。

［29］郭薇、秦浩："行业协会与政府合作治理市场的可能性及限度"，载《东北大学学报（社会科学版）》2013 年第 1 期。

［30］周洪政："制定我国《电子交易法》刍论"，载《中南大学学报（社会科学版）》2012 年第 3 期。

［31］马永保："网上银行不平等对待个人消费者：现状、原因及救济"，载《西南金融》2013 年第 8 期。

［32］朱萍："电子合同法律调整：模式与框架的探讨"，载《武汉大学学报（社会科学版）》2002 年第 5 期。

［33］马志毅："日本银行法"，载《环球法律评论》2005 年第 6 期。

［34］梅臻："《电子签名法》适用的难点问题探析"，载《法律适用》2016 年第 7 期。

［35］刁胜先、李艳："论电子认证的法律关系"，载《重庆邮电大学学报（社会科学版）》2010 年第 6 期。

［36］任宇宁："我国合同法中严格责任原则的价值及适用"，载《吉首大学学报（社会科学版）》2019 年第 A1 期。

[37] 熊丙万、杨莹："电子签名法律制度考"，载《信息网络安全》2010年第8期。

[38] 刘定华、易志斌："对我国金融电子认证法律制度的思考"，载《法学评论》2003年第1期。

[39] 郑正坚、刘颖："论电子签名立法的若干问题"，载《商业研究》2005年第11期。

[40] 李晗、邱鹏："违反安全保障义务之归责问题研究"，载《人民司法》2013年第1期。

[41] 李晗："大数据时代网上银行的安全保障义务研究"，载《当代法学》2016年第4期。

[42] 王一怀："欧盟与美国的电子签名法述评"，载《信息网络安全》2006年第10期。

[43] 钱健、吕向生："探析《欧盟电子签名统一框架指令》——评对我国电子商务立法的影响"，载《中国经贸》2003年第1期。

[44] 张雪楳："银行卡纠纷中的民刑交叉问题研究"，载《商事审判指导》2012年。

[45] 王宪森、侯春雷："关于银行卡民事纠纷案件及诉讼事务问题的调研报告"，载《商事审判指导》2012年。

[46] 彭冰："银行卡非授权交易中的损失分担机制"，载《社会科学》2013年第11期。

[47] 中山市中级人民法院课题组、姜新林、李世寅："网银诉讼中客户权益特别保护机制研究"，载《重庆理工大学学报（社会科学）》2016年第9期。

[48] 李柯："日本《数字签名及认证法》评析"，载《河北法学》2002年第5期。

[49] 李双元、张茂、杜剑："中国法律趋同化问题之研究"，载《武汉大学学报（哲学社会科学版）》1994年第3期。

[50] 孙占利："《国际合同使用电子通信公约》：解读与评价"，载《时代法学》2007年第5期。

[51] 朱海龙："网络社会信息嬗变对政治参与动员的影响"，载《湖南师范大学社会科学学报》2010年第3期。

[52] 朱遂斌、陈源源："电子商务合同成立的法律问题"，载《政法论坛》1999年第4期。

[53] 宋锡祥："论日本《电子签名法》及其对我国的启示"，载《政治与法律》2003年第5期。

[54] 郑成思、薛红："国际上电子商务立法状况"，载《科技与法律》2000年第3期。

[55] 郑远民、李俊平："新加坡电子商务法最新发展及对我国的启示"，载《湖南师范大学社会科学学报》2012年第5期。

[56] 广东省广州市中级人民法院金融庭课题组、谢春晖："线上非授权支付纠纷的裁判规则"，载《人民司法（应用）》2018年第1期。

[57] 苏盼："网络盗刷银行卡纠纷损失分配机制的构建——以安全程序规则为中心"，载《法律适用》2019年第18期。

［58］林一英："非授权支付的责任承担——兼评《电子商务法》相关条款"，载《北京邮电大学学报（社会科学版）》2018 年第 6 期。

［59］张继红："论我国金融消费者信息权保护的立法完善——基于大数据时代金融信息流动的负面风险分析"，载《法学论坛》2016 年第 6 期。

［60］杨东、黄尹旭："《电子商务法》电子支付立法精神与条文适用"，载《苏州大学学报（哲学社会科学版）》2019 年第 1 期。

［61］李建星："互联网非授权支付的责任分担规则"，载《法律科学（西北政法大学学报）》2020 年第 4 期。

［62］北京市第二中级人民法院课题组："银行卡盗刷案件审判思路探析——以案件相关主体间的法律关系分析为重点"，载《法律适用》2017 年第 3 期。

［63］刘佳："银行卡盗刷民事诉讼举证责任分配研究——基于 2017 年全国法院裁判的实证分析"，载《湖北社会科学》2018 年第 11 期。

［64］张丽娜、阎文斌："网上银行安全支付问题研究"，载《计算机工程与科学》2013 年第 6 期。

［65］郭德香："论我国网络银行风险的法律规制"，载《中州学刊》2011 年第 6 期。

［66］周坤琳："金融信息权与金融隐私权差异性研究——基于维权利弊之视角"，载《金融经济》2019 年第 8 期。

［67］杨芳："论个人信息的隐私权保护——信息自由原则之下的有限保护"，载《西南科技大学学报（哲学社会科学版）》2016 年第 2 期。

［68］李耕："浅谈我国网站隐私权保护与隐私政策声明"，载《教育教学论坛》2010 年第 9 期。

［69］许文颖："对网络银行控管之探讨"，载《网络法律评论》2011 年第 1 期。

［70］廖小平："我国网上银行操作风险现状与防范"，载《中国金融电脑》2007 年第 11 期。

［71］梁樑、许婷婷："网上银行格式条款法律规制研究"，载《北京航空航天大学学报（社会科学版）》2017 年第 5 期。

［72］曾伟亮："路径依赖视野下网上银行安全保障义务的理性之维"，载《广西政法管理干部学院学报》2012 年第 4 期。

［73］连金英："对银行网络安全民事责任的探讨"，载《比较法研究》2006 年第 2 期。

［74］朱丽圆："电子商务中的消费权益保护问题"，载《法制与社会》2010 年第 3 期。

［75］崔璐璐、韩东："我国网络银行监管的问题研究"，载《现代经济信息》2017 年第 23 期。

［76］郎庆斌："国外个人信息保护模式研究"，载《信息技术与标准化》2012 年第 C1 期。

［77］侯小锋："欧美国家金融隐私保护制度比较及对我国的启示"，载《金融发展评论》2012 年第 10 期。

［78］郭世斌、刘慧："美国、欧盟个人信息保护立法改革路径与启示"，载《华北金融》2017 年第 4 期。

［79］王融："欧美个人信息保护政策的分歧与妥协以及对我国的启示"，载《现代电信科技》2014 年第 10 期。

［80］董宝茹："欧盟与美国对征信领域中金融消费者保护的比较研究"，载《上海金融》2013 年第 10 期。

［81］夏建邦："日韩个人金融信息保护做法与借鉴"，载《金融发展评论》2017 年第 9 期。

［82］西村洋："日本个人信息保护制度及其对中国的启示"，载《网络法律评论》2016 年第 1 期。

［83］徐世杰、金秋："韩国大数据应用与个人信息保护法律问题及其启示"，载《金融创新法律评论》2018 年第 1 辑。

［84］周平："电子合同若干法律问题"，武汉大学 2001 年硕士学位论文。

［85］孔立平："对网络银行风险及其控制问题的研究"，东北财经大学 2002 年硕士学位论文。

［86］余素梅："网上银行业务安全法律保障机制研究"，武汉大学 2005 年博士学位论文。

［87］郭薇："政府监管与行业自律——论行业协会在市场治理中的功能与实现条件"，南开大学 2010 年硕士学位论文。

［88］曹渊："论商业银行在理财产品中的告知义务"，华东政法大学 2017 年硕士学位论文。

［89］王予予："论大数据时代网上银行的安全保障义务"，北京工商大学 2016 年硕士学位论文。

［90］宋雨晴："金融消费者个人信息权法律保护研究"，北京交通大学 2017 年硕士学位论文。

［91］祁琦琦："互联网借贷平台信息披露制度完善研究"，浙江大学 2017 年硕士学位论文。

［92］孙聆瑜："大数据背景下隐私之嬗变及隐私权保护研究"，武汉理工大学 2019 年硕士学位论文。

［93］Thomas Lengauer, "Statistical Data Analysis in the Era of Big Data", *Chemie Ingenieur Technik*, Vol. 92, No. 7, 2020.

［94］Janakiraman Moorthy, et al., "Big Data: Prospects and Challenges", *Vikalpa: The lounal for Decision Nakers*, Vol. 40, No. 1, 2015.

［95］Jun Zhang, "Recent advances in security and privacy in Social Big Data", *Future Generation Computer Systems*, Vol. 87, 2018.

［96］ Victoria Wang, Harrison Nnaji, Jeyong Jung, "Internet banking in Nigeria: Cyber security breaches, practices and capability", *International Journal of Law, Crime and Justice*, Vol. 62, 2020.

［97］ Weber Alan S. a, "Suggested Legal Framework for Student Data Privacy in the Age of Big Data and Smart Devices", *Frontievs in Artificial Intelligence and Applications*, Vol. 262, 2014.

［98］ Min Xiao, Mei Guo, "Computer Network Security and Preventive Measures in the Age of Big Data", *Procedia Computer Science*, Vol. 166, 2020.

［99］ Grishin Dennis, Obbad Kamal, Church George M. , "Author Correction: Data privacy in the age of personal genomics", *Nature Biotechnology*, Vol. 37, No. 11, 2019.

［100］ Hao Wang, Shenglan Ma, Hong-Ning Dai, Muhammad Imran, Tongsen Wang, "Blockchain-based data privacy management with Nudge theory in open banking", *Future Generation Computer Systems*, Vol. 110, 2020.

［101］ Qin Liu, Md Zakirul Alam Bhuiyan, Jiankun Hu, Jie Wu, "Preface: Security & privacy in social big data", *Journal of Parallel and Distributed Computing*, Vol. 141, 2020.